HOLGER KALWEIT

ERDMUTTER WILL RITUALE

NATURTHERAPIE-
EINWEIHUNG INS GEDÄCHTNIS DER ERDE

ARUN

... die gesamte Bemühung im Leben des Menschen
war darauf gerichtet,
sein Leben in Verbindung zu bringen
mit dem elementaren Leben des Kosmos,
dem Leben der Berge, der Wolken, des Donners,
der Luft, der Erde und der Sonne,
um Energie, Macht und eine Art geheimnisvoller Freude zu gewinnen.
Diese Bemühungen um reinen, unverhüllten Kontakt,
ohne Vermittler oder Mittler,
ist der Ursinn von Religionen.

- D. H. Lawrence -

Arun-Verlag, Engerda 28, D - 07407 Uhlstädt-Kirchhasel.
Tel: 036743-2330, Fax: 036743-23317.
Email: info@arun-verlag.de, Homepage: www.arun-verlag.de.
Titelbild © Björn Ulbrich.
Gestaltung: Holger Kliemannel, Arun.
Herstellung: Hubert & Co., Göttingen.

ISBN 3-935581-91-2

INHALTSVERZEICHNIS

VORWORT

KULTUR ABWERFEN WIE WELKES LAUB

Das Ritual der inneren Wahrheit

Hast du je laut und schreiend ausgesprochen, was du wirklich vom Leben willst? Hast du wie ich allein am Strand der Insel Tiburon zwischen Walfischknochen getanzt und dem Meerschaum deine innersten Hoffnungen und abgründigsten Wünsche entgegengeschrien? Der Mensch muß wissen, was er in seinen tiefsten Tiefen will, warum ihn die Wiedergeburt an dieses Lebensufer angetrieben hat. Das ist dein erstes Ritual und vielleicht auch dein letztes – wagst du, aufs Ganze zu gehen? Also stelle dich irgendwo ans Ufer des Seins und schreie den Böen von Raum und Zeit entgegen: Was treibt mich an zum Leben?

Tanze federleicht zwischen Walfischknochen … am Strand der Insel Tiburon, Baja California, Mexiko

Tiburon, die Haifischinsel, ist Eigentum der Seri Indianer im Norden Mexikos zwischen der Baja California und dem Festland. Indianische Freunde haben mich hinübergefahren und dort mit abgehäuteten Walfischknochen alleingelassen. Nur allein kann ich mir meine innere Wirklichkeit ins Bewußtsein stemmen, dazu dient die Inselnatur. Die Insel ist mein Spiegel, sie zeigt mir, wer ich bin – *mehr noch, was ich nicht bin. Naturschauspiele spiegeln mir zurück, was schlaffe Träume, vage Hoffnungen und dumme Ausreden mir verborgen haben und was der ganze Gott ist, den ich in mir nicht verwirklicht habe. Naturwunder sind schonungslos, weil ich mich dauernd schone, nicht dem Sturmwind nackt entgegentrete, nicht weiß, was ich von diesem meinem kurzen, kalten Leben wirklich will. Natur ist ein Spiegel, also schaue ich in einsam durchwachten Nächten am Meergestade der Baja California hinein. Ich habe das getan und tue es, wenn die Natur in mir nachläßt und vom Lärm der glänzenden Städte, der vielwissenden Mitmenschen verkrustet ist; wenn ich so geschwächt bin, zurückgefallen auf Kultur, raffe ich mich auf und schreie am menschenlosen Strand des mexikanischen Meeres springenden Delphinen und tümpelnden Walen entgegen, was ich wirklich will. Versteht man mich, ungeschminkt, ungeschönt, ohne meine Berufsmaske, ohne mein kluges Stadtwissen, ohne meine Überheblichkeit aus Schwäche? Wenn ich dem Seewind entgegenbrülle, was ich will, wenn ich winderstickend kreische, wozu geboren zu werden ich mich entschied, dann ist das das erste Ritual, nenne es „Erziehung abwerfen wie welkes Laub"; denn erst muß ich ein bißchen gestorben sein, um der Wahrheit ein bißchen lauschen zu können. Als erstes ging ich in breite, weite Naturen, Steppen und Wüsten, wo ich meine Einsamkeit spüren lernte, wo mir in der Weite meine Geringfügigkeit gezeigt wurde. Wenn ich erschöpft, vereinsamt, ausgehungert und am Ende war, raffte mich der Überlebenstrieb auf, und ich rief den Spiegel der weiten Ebene, den Spiegel des Wüstenhorizonts an und bat sie, mir zu enthüllen, was ich wahrhaft von diesem heiligen Leben will. Wenn mein Denken erloschen, mein Wissen zermürbt ist und mein arrogantes Ich nur noch auf Sparflamme flackert, dann endlich schreie ich dem Donnergrollen des Seins meine ersten und letzten Leidenschaften entgegen. Wenn Erziehung abgefallen ist wie welkes Laub, wenn mein beschränktes, selbsternanntes Ich von Inseleinsamkeit und Strandlangeweile verschluckt mir nur noch endlose Weite und kosmisches Rauschen entgegenheult, dann, und nur dann bringe ich den Übermut auf, den Elementen von Tag und Nacht meine insgeheimen, karmischen Hoffnungen entgegenzuschleudern wie von Vulkanen entschleuderte Felsen; Freund, dann werde ich werden, der ich bin. Das ist das erste Ritual, der Beginn des Wegs.*

Also: Was ich wahrhaft im Innersten will, das sei nun gesagt.

Ich möchte ein Frosch gewesen sein und schwimmend lernen, wie der Fischschwarm zu denken; zudem möchte ich erfahren, wie es ist, als Giraffe in Savannen hohe Äste abzugrasen. Wohin muß ich wandern, um Frösche, Fischschwärme und Giraffen zu treffen, die mich lehren? Klar ist: Ich muß windböig durch die Wildnis schweifen, Freunde am Seerosenteich, Lehrer am Meergestade gewinnen und Zutrauen bei den Meistern des Grazilen in langhalmigen Gräsern finden. Selbst muß ich Natur werden, nicht darüber lesen oder schreiben, Erziehung abwerfen wie welkes Laub.

Lobt mich oder nicht: ich möchte mehr. Ich möchte Freunde besuchen unter den Toten. In die Unterwelt einsteigen, den Hades erkunden, das ist mein heroischer Traum. Ich möchte tot sein und doch lebendig. Die Unterwelt will ich meistern, um mit der Oberwelt zu harmonieren. Will ich noch mehr?

Dämonen möcht ich furchtlos entgegentreten. Ihren Kräften mag ich jedoch nicht erliegen. Das Dämonenreich zu erkunden bedeutet, unsere Welt erstmals in vollem Umfang zu begreifen. Ich weiß bereits, daß es sie gibt, die Herrscher der Erde, bin einigen gar wider Willen begegnet, doch übermannte mich die Furcht. Ich weiß bereits, daß sie die Erdgesetze und den Lebensgang der Menschheit regeln; gerade deshalb will ich ihnen Auge in Auge gegenübertreten und fragen: Wozu das Ganze? Will ich noch mehr?

Kaum wage ich es auszusprechen. Mich drängt es den Höchsten, den Göttern niedergebeugt und kniend zu opfern. Ein maßloser Wunsch aus Selbstüberhebung. Dennoch scheue ich mich nicht, geheimste Wünsche auszusprechen – was kehrt mich da Hochmut? Will ich noch mehr?

Ich möchte die volle geistige Kapazität, die mir von Geburt an mitgegeben wurde, ganz erlangen, ausleben und verwirklichen. Ich möchte meinen als Samenkorn mir mitgegebenen Lebensplan erreichen, das beste aus dem Angelegten möchte ich machen und mich einen langen Zentimeter darüber hinaus aufschwingen. Ich möchte einfach mein Bestes geben und mein Schlechtestes verringern. Hört man das? Und was will ich noch mehr?

Im mitmenschlichen Verkehr möchte ich freier werden, größer, stärker, wahrer, faustisch das mir Mitgegebene verkünden, ohne mich zu schämen, weil ich mich lächerlich gemacht habe. Ich möchte ohne Ich auftreten, rein als Maßstab der Natur, in mir inkarniert, und funkensprühend der Wahrheit Plan aussprechen.

Ich möchte Tiere zu Freunden, möchte einen ganzen Zoo von Freunden um mich scharen und wie der Heilige in der Schar der Pelikane, Pelztiere und Puten als Gleicher unter Gleichen sitzen.

Ich möchte unserer Kultur etwas schenken, das Schöne, das Gute, das Wahre. Mögen mir daher Dämonen oder Engel beistehen, die Guten mir die Hand reichen, die Bösen mich prüfen und die Kräfte der Natur mich Wahrheiten lehren und mich schützen oder mir Leiden bescheren, um mir Erkenntnis zu schenken.

Vereint mit allem möchte ich einsam unter Wölfen sterben. Mein Leib sei ihnen ein Mahl, mir mein letztes oder erstes Opfer.

So! Willst Du noch mehr Offenbarungen und Entkleidungen hören, die ich dem Meerwind auf der Insel Tiburon entgegenschrie? Ich schweige hier, denn letzte Wahrheiten zu äußern verbieten uns tiefe Herzgefühle.

1. NATUR RUFT:
ICH WILL RITUALE

Vorgespräche der Frauen zum Ritual

WAS IST RITUALTHERAPIE?

Vor 30 Jahren war es gefährlich, das Wort „Ritual" in den Mund zu nehmen, geschweige denn ein Ritual durchzuführen. Das Wort war im Volksglauben mit Schwarzer Magie verbunden und galt als dunkel und schwarz. Heute steigt das Ritual als Ersatz für die Psychotherapie auf, als Alternative zur intellektuellen Philosophie. Das Ritual ist die Urform der Heilung, die Urform philosophischer Daseinserkenntnis. Das Ritual ist nichts anderes, als eine eifrige und bewußte Hinwendung an die Natur des Seins oder das Sein der Natur. Äußere Natur und meine innere Natur sind nicht zwei, sondern von den gleichen Gesetzen durchwaltet. Indem ich mich mit allen Naturen verbinde und so eins werde mit dem Ganzen, erlange ich meine Urkraft wieder und erlange Verbündete; das Sein strömt besser in mir und gelangt wie der Fluß zum Ziel, zum Meer. In der modernen Psychotherapie werden Probleme gewälzt, doch in der Naturtherapie, wie ich sie unter der Anleitung von Steinen und Sternen entworfen habe, gebe ich mich dem Naturfluß hin und gelange so wieder ins Gleichgewicht mit den Naturwesen und damit mit mir selbst, *denn allein im Spiegel der Naturwesen erfahre ich mich als Ganzheit, weil alle Naturwesen zusammen ein einziges Wesen ergeben.* Naturtherapie, Naturritual ist also ein *Weg der Erinnerung, der Wiederherstellung des Gedächtnisses der Erde.* Der moderne Mensch, der sich allein helfen will und sich allein in den Mittelpunkt seines Lebens rückt, hat seinen Weg verloren. Das Ritual dagegen ist nichts anderes als die Vereinigung und Eheschließung mit anderen Wesen aus Meer und Moos, Wesen mit anderen Gesichtern, die aber nicht weniger ausdrucksstark sind als die Gesichter der Menschenartigen. Lassen wir uns nicht durch zeitgenössische Verstandeskultur und ihre abartigen Thesen verwirren! Natur kann man nicht entzweien und in tausend Wesen auseinanderreißen; sie alle stehen zusammen, sind Glieder eines großen Wesens, und der Auftrag aller ist, dies zu erfahren. Das Ritual der Erdmutter ist die Zusammenschau aller Naturen, die Große Vereinigung. Damit beginnt Wahrheit und – wenn man so will – Wissenschaft, alles zuvor sind Kinderspiele und Schatten an der Wand.

Dies ist mein zweites Buch über Naturtherapie, und ich konzentriere mich darin auf das Ritual, denn es ist der praktische Weg zurück ins Urgedächtnis der Erde. Das Ritual verbindet instinktiv mit dem im reinen Sein des Augenblicks gespeicherten Urwissen. Dieses Urwissen ist in jedem Naturding gleichermaßen vorhanden, weshalb es gleichgültig ist, wohin Du dich wendest – sei es an Grashalme oder Grashüpfer, sie alle werden Dir die gleichen Weisheiten zuflüstern, denn alle Naturformen sind nichts anderes als verschiedene Lesarten dessen, wie sich die ganze Erdmutter widerspiegelt.

Rituale kannst du nicht allzulange durchhalten, weil dein Energieniveau bald sinkt; es ist einfach keine Hingabe mehr da, und du bist von der übermäßigen Konzentration ausgelaugt. Das schadet nicht, denn es ermöglicht dir lediglich, zum rechten Zeitpunkt aufzuhören. Nun entspannst du dich, setzt dich unweit des Ritualplatzes nieder, träumst, döst und läßt Zeit verstreichen. Das ist eine Form der Reinigung, denn du läßt so alle Unruhe und Gedanken aus dir herausfließen, wodurch du erneut Kraft für die Fortsetzung des Rituals tankst. So kann man über den Tag hin mehrere Rituale durchführen – zum Beispiel bei Sonnenaufgang, im Morgennebel, bei Sonnenuntergang oder wenn der Mond aufsteigt, das Klima wechselt, die Vögel erwachen, der Wind sich legt oder wenn es einfach stimmt.

Rituale haben einen Anfang und ein Ende. Du entscheidest dich eindeutig, jetzt ein Ritual durchzuführen, du machst das nicht nebenbei. Und ebenso messerscharf, wie du beginnst, endest du auch. Am Anfang steht die Einstimmung auf die Umgebung, dann folgt eine herzzerreißende Anrufung der Naturwesen um dich herum, denn du bedarfst der Helfer, des Publikums. Schließlich opferst du den Zuschauern, der Erdmutter, den Toten etwas.

Wo finden Rituale statt?

Rituale finden nicht in Kirchen, Tempeln und an künstlichen Orten statt. Ursprünglich war das Ritual nur unter freiem Himmel oder in den Höhlungen der Erdmutter möglich, denn es diente der Vereinigung mit der Großen Göttin der Erde, wobei die Erde als Mutter aller Wesen galt. Daher erinnern sich ihre Kinder unmittelbar auf ihrer Haut am besten an sie. Kurzum: Es bedarf zur Anrufung der Muttergöttin keiner künstlichen Strukturen. Wer das Bedürfnis verspürt, kann ihr jedoch aus Naturmaterialien ein zweites Kleid stricken, das ist dann der Urmuttertempel. Tatsächlich aber sind das Felstal und der Höhlendom ihr Tempel, der Tempel der Natur, denn Ritual bedeutet ursprünglich „Vereinigung mit der Erdmutter". Der Mensch ist nicht etwa ein Teil der Erdmutter, sondern wir sind sie selbst. Entsprechend finden wir im Ritual über die Naturgestaltungen der Erdmutter zu uns selbst, zu unserer Urkraft, zur Urwahrheit zurück. Das wußten die alten Naturreligionen der Stammeskulturen, die sich als Kinder der Erdmutter empfanden. Ohne die Rückkehr zu den Ursprüngen ist weder Heilung, noch Selbstfindung oder Welterfahrung möglich. Die moderne Psychologie kann uns das nicht vermitteln, sie hat wie alle Wissenschaften gänzlich den Boden unter den Füßen verloren.

IM RITUAL OPFERE ICH MICH SELBST

Das Ritual ist ein Zusammensein von Menschen unter dem Vorsatz, das innere Geschehen in Gestalt sinnlich erfahrbarer Handlungen nach außen zu verlegen. Zum Ritual gehört das innerliche Heraustreten aus dem Alltagschaos, dem Gelärme des Egos und unreinen seelischen Zuständen. Das kommt in der Verwandlung der äußerlichen Erscheinung auf vielfältige Weise zum Ausdruck. Das Ritual wehrt sich gegen Alltagskleidung, weil sie an den Alltag erinnert. Das rituelle Naturgewand verweist auf eine andere seelische Ausgangsposition, nämlich den Eintritt ins innere Heiligtum der Seelenruhe sowie der Seelenverwandtschaft mit anderen Lebensformen – etwa wenn ich mir ein Blättergewand anlege –, des weiteren auf die Heiligkeit des Daseins, d.h. auf die Existenz eines Daseins schlechthin als unglaublicher Tatsache, die der Alltagsverstand nicht erfassen kann, in dieser Form aber teilweise erinnert wird. Und das ist bereits der Höhepunkt des Rituals: die Erfahrung der Gegenwart des Seins als undurchdringliches, anschaulich nicht faßbares Geheimnis und Wunder. Im Gegensatz dazu verdammt der Alltag zur dinghaften Auseinandersetzung mit Gegenständen, erschöpft uns dadurch und entzieht uns der dröhnenden Seinsgegenwart, um uns als hilflose, vereinsamte Geschöpfe in der Vielfalt der tausend Dinge auf uns selbst zurückzuwerfen. Indem es sich vom Alltag abhebt, verweist das Ritual darauf, daß alle Dinge letztendlich *ein* Ding sind, daß ich selbst dieses Ur-Ding bin – nicht einsam, nicht allein, sondern alles. Das bewirkt den Höhepunkt aller heilsamen Therapien, nämlich sich allmächtig zu fühlen, zu wissen, daß man genau das bei aller Beschränktheit dennoch ist und so aus dieser wahren Potenz statt aus der beschränkten aktuellen Wirklichkeit heraus leben kann. Dadurch wird die beschränkte Wirklichkeit erweitert und nähert sich dem Ganzen, dem Gott, wenn man so will. Auf diese und nur diese Weise wird das Leben lebenswert. Der Mensch kann zwar keine volle Befriedigung aus dem Umfang seiner Person und der Gegenwart ziehen, denn diese bleiben für ihn stets halbgar, aber der Entwurf des größeren Seins, des größeren Umfangs seiner selbst, hilft ihm über seine Unzulänglichkeiten hinweg. Das ist keineswegs ein Illusionstrick, sondern eine echte Möglichkeit. Das Hochhalten der universalen Fähigkeit des Geistes, der alles miteinander verbindet und alles ist, läßt uns selbst mehr daran Anteil haben, als wenn wir die Geistwelt belächeln und uns als Rettung ins Konkrete dem kleinkarierten Ich zuwenden.

Das Ritual ist solch eine Anrufung, die älteste Heilinstitution der Völker. Heute hat man das Ritual zur Psychotherapie oder zum Fest herabgemildert, man hat es aus besagter Angst vor der Größe der unfaßbaren universellen Ganzheit ins Faßliche gezerrt. Diese Ganzheit ist in der Tat unfaßbar, es sei denn, man faßt sie ohne nachzudenken mit kindlichem Leichtsinn. Daher können nur Toren sie erreichen, und genau das ist es, was der Denker, der Kritiker, der Wissende, der Philosoph nicht verstehen will, weil er zu viel versteht. Warum also erreichen es die Toren?

Das Ritual ist in diesem Sinne ein Akt von Einfallspinseln, die das Unmögliche möglich machen. Aber sie versuchen es nicht, sie *tun* es bedenkenlos. Also: *Das Ritual setzt das Denken nicht voraus, sondern hinten an.*

Die materielle Geste steht für eine innere Geste. Das Ritualgewand steht für den Seelenzustand, und dieser ist dem Geist zugewandt. Das Ritualgewand ist Ausdruck des Geistes. Da der Geist nicht dargestellt werden kann, vereinfacht der Mensch ihn, stellt ihn als

Muster, Form und Farbe dar. Das ist an sich unflätig, uns jedoch nicht anders möglich. Der Geist wird zur Analogie und auf materieller Ebene mit den Mitteln der sinnlichen Erfahrung von Form, Farbe, Bewegung usw. vorgeführt. Über diese Analogien versucht der reduzierte Geist des Menschen, zum Gesamtgeist vorzustoßen. Hinzu kommt, daß alle Formen der Materie geronnener Geist sind und somit als auf den Geist gerichteter Zeigefinger verwendet werden können. Letztendlich sind alle Sinnbilder keine, denn das scheinbare Sinnbild ist wahrhaftig Geist, wenn auch in geronnenem stofflichem Zustand – es gibt nur Geist, ob nun zu Stoff geronnen, zu Seelischem verflüssigt oder als purer Geist. In der Natur erfahren wir ein Nur-Geist-Dasein. Dieses Verfahren ist berechtigt und wurde daher von allen Völkern verwendet. Für nur wenige Menschen ist dieses Vorgehen entbehrlich, denn sie benutzen keine Geistanalogien, um Geist zu werden, sondern vollziehen das Ritual in ihrem eigenen Innern und bedürfen nicht der Veräußerlichung.

Im Angesicht der Natur und langer Naturaufenthalte stirbt unser rationales Ich – es erlebt den Ego-Tod. Der Ego-Tod ist zentral für die Naturtherapie. Im Angesicht der Natur tritt irgendwann das tiefe Bedürfnis auf, sich zu opfern, zu sterben, und genau das geschieht in der Opfer-Anrufung. Ich rufe die Ahnen an und zeige der Natur und der Welt, daß ich nichts bin, keine Anschauungen habe, kein Fleisch auf den Knochen, nichts bin als das Nichts selbst, das alles ist.

Das Opfern von besonderen Dingen tut weh. Wir geben nicht gerne her, denn das beraubt uns der Ichkraft. Ein schwerbeladenes Ego ist mit tausend Wünschen und Dingen belastet, doch ein leeres Ego ist fast keines mehr und wiegt nicht mehr als eine Feder. Im Prinzip muß man also weggeben, wenn man erhalten will; man muß leer sein, wenn sich ein Wunsch erfüllen soll.

Im Grunde ist der moderne Mensch ein brodelnder Wasserkessel, auf dem ein durch eine Kultur des Drucks, des Zeitdrucks, des Raumdrucks, des Ich-Drucks fest zugeschraubter Deckel sitzt. Unsere Kultur unterdrückt unsere natürlichen Instinkte, und wenn nichts mehr gegen den Überdruck hilft, schafft sie Abfuhr in Gestalt von Pseudoerfahrungen, Pseudoinstinkten und spirituellen Pseudohandlungen – sprich: Religion. Unsere gesamte Kultur besteht so aus Unterdrückung und Manipulation des nicht zu unterdrückenden primitiven, wilden Instinkts nach Ekstase. Ein Heer von tiefen Gefühlen tut sich unter der Oberfläche unseres Kulturkorsetts auf, von denen kein Psychologe je gehört hat, denn er ist ja selbst ein Teil der U nterdrückungsmaschinerie mit dem manipulativen Etikett der Selbstbefreiung, Psychotherapie und Heilung. Wie aufgeklärt, fortschrittlich und emanzipativ der gesamte Therapiezirkus auch flöten mag, seine Therapeuten wissen nichts vom brodelnden Topf unseres Urwesens. Die zeitgenössischen Therapien seit Freud wissen nichts von der Tiefe des Geistes, von der Tiefe der Seele und der Tiefe der Erdmutter. Das Sein als Ganzes kommt in ihren Werken nicht vor, und das Wort Natur haben sie in die Naturwissenschaft abgeschoben.

Ich behaupte: Allein „Natur pur" ist der Schlüssel zu uns selbst. Das magere Kultur-Ich wird dabei von der Natur verschluckt, weil es kein Natur-, sondern ein Ersatz-Ich, eine Plastikhülle über dem Kopf ist. Naturtherapie gründet sich auf eine völlig andere Weltschau als die der modernen Psychologen, sie schaut in einen unbekannten und nicht in den kartografierten Sternenhimmel.

Ich opfere mich selbst

Ritual heißt Zeitreise in den Geist der Urzeit. Ritual heißt Berührung mit der Geisterwelt über Erdmutter Natur, aber auch mit den Verstorbenen, den Seelen der Tiere und Bäume. Um das zu erlangen, ist persönliche Hingabe unabdinglich, und dazu trägt das Opfer, insbesondere das Selbstopfer bei, denn alle anderen Opfer bleiben Ersatzhandlungen.

Echte Rituale entstehen spontan aus einem inneren Bedürfnis, aus einer Sehnsucht heraus, ins Leben eingebunden zu sein, Urwelt in sich zu spüren und vom flachen Glitzern verführerischer Angebote wegzukommen. Selbst der verlorenste Großstadtbummler ahnt tief in sich die Freiheit, die das Ritual bietet; auch er langweilt sich im Rummel der Schaufenster und quasselnden Cafes, der perfekten Shows und müden Fernsehserien. Etwas Tiefes und Unbewußtes in ihm sagt: Das ist nicht die Wirklichkeit. Aber es bleibt bei blitzartigen Eingebungen, die sogleich im Rummel großstädtischer Vergewaltigungen wieder in sich zusammensacken. Die Arbeit sollte den Menschen mit der Gruppe verbinden, doch sind moderne Gruppen zufällig zusammengewürfelt, echte Beziehungen kommen nicht auf; man arbeitet für Geld und nicht füreinander. Der Beruf bleibt auf diese Weise tot und hohl, und man wartet nur noch auf den Feierabend. Aber kaum ist die Arbeit zu Ende, erwartet einen das blanke Nichts; man freut sich zwar auf Familie, Eigenheim und Erholung, aber was wir wirklich suchen, ist die Verbindung zur ganzen Welt, zum Sein, zur Erdmutter. Das jedoch gewährt nur das Ritual, doch das ist durch Konsumrituale ersetzt worden. Wir taumeln vom Regen in die Traufe und erschöpfen uns schließlich ganz, bis wir nicht mehr hochkommen. Das Ergebnis besteht in Krankheit, Verzweiflung, Neurose und weiterem Konsum.

In der modernen, naturfeindlichen Ideologie ist die Natur sowohl als Stoff wie auch als Bewußtsein tot. Geschäfte haben daher die Naturheiligtümer ersetzt. Die Kirchen kompensieren die zackigen Felsdome, doch sind sie hohle Denkmäler, prunkvolle Ausbeutungen der Natur. Das gesamte wirkliche Leben wird durch tote Institutionen ersetzt. Bestattungsinstitute und Krankenhauser beherrschen den Tod, der in den quirligen Stadtstraßen nicht mehr existieren darf. Das Gespräch mit der anderen Welt gilt als Störung; hierfür sind Psychologen zuständig. Das größte Ritual war einst die Vorbereitung auf den Tod, denn da er jederzeit vor unserer Tür stehen kann, ist ein ihn vorwegnehmendes Ritual bzw. die dauernde mentale Einstimmung darauf jederzeit angebracht. Heute wird dies durch künstliche Lebenslust und ewiges Jungbleiben ersetzt. Die Erdmutter ist Leben *und* Tod, sie als die ewig Blühende und Gebärende, die ewig Verwelkende und Sterbende. Das Todesritual ist daher stets auch ein Lebensritual. Die moderne Trennung von Leben und Tod erzeugt eine unentrinnbare Neurose, denn man ersehnt das Leben und verschweigt zugleich den Tod, wodurch das Leben künstlich wird.

Wir handeln heute schnell und unüberlegt. Wir planen zum Beispiel eine Reise und führen sie durch. Weil wir die Reise selbst unternehmen und allein dafür verantwortlich sind, beziehen wir uns dabei ausschließlich auf uns selbst. Es sollte jedoch jede Handlung vor ihrer Ausführung im Naturheiligtum sinnbildlich in Gedanken vorweggenommen und durchgespielt werden. Es sollte heißen: „Ich übergebe die Reise Dir, Erdmutter, denn Du weißt mehr als ich", denn der Mensch kann das Schicksal nicht überblicken; dafür ist Erdmutter zuständig. Damit sind wir bereits beim Alltagsritual angelangt. Im Ritual muß zuerst die Welt des Totenreichs, des Urstoffs, der Seele befragt werden, denn sie ist größer als die Körperwelt. Was bedeutet etwa eine Reise oder eine Krankheit, wofür steht sie? Das muß ganz klar sein, damit man in der Reise verwurzelt ist oder damit die Ursache der Krankheit klar wird. Die Körperwelt ist ja nur ein Ausdruck der Seelenwelt – so, wie Wurzeln die Ursache des Baumes sind. Rituale arbeiten im Bereich der Geistwelt und wollen dort den Ursprung eines Ungleichgewichts sowie Erkenntnis- und Erfahrungslöcher in unserem Leben beseitigen. Denn wenn wir nicht in Übereinstimmung mit unserer Urnatur leben, führt das zu Ungleichgewichten, Ne0urosen, Ängsten, Verschattungen – eben dem Ausblenden seelischer Anteile, was sich als Mangel, Krankheit oder Lebensverneinung niederschlägt. Die Seele, unser Schicksal, unsere Urnatur will sich im Stofflichen durchsetzen, doch das ist schwierig, weil das Stoffliche den Blick fürs Seelische vernebelt, worin all die Störungen des Seelischen wurzeln. Die Urtherapie besteht daher stets im Eintauchen der unabhängig vom Körper auf einer parallelen, feinstofflichen Ebene lebenden Seele in die Nachbarwelt.

Ritus als Mittel der Erinnerung

Der Ritus ist ein Mittel der Erinnerung. *Der Ritus versucht, uns an den weiten Horizont zu erinnern, dem wir ursprünglich entstammen.* Das Ritual erlaubt uns, auf diesen Horizont zu schauen, es schickt uns in diesen Horizont hinein. Es erzeugt nichts Neues, sondern läßt das Älteste in uns zu Wort kommen, und wir erinnern etwas, wovon wir im Wachzustand niemals auch nur geahnt haben. Die Naturtherapie ist der radikalste therapeutische Ansatz, weil sie keine Therapie mehr, sondern reine Naturbewegung ist.

Was soll nun ein Ritus bewirken? Zwei wesentliche Bestandteile des Rituals sind die folgenden:

1. Er findet allein oder in einer Gemeinschaft statt.

2. Er findet in der Natur oder naturbelassenen Strukturen statt.

Es gibt zwei Ritenformen:

1. Der einfache Ritus versucht, Schwierigkeiten im Ich aufzulösen, er besitzt hier Ähnlichkeiten mit Psychotherapie.

2. Der fortgeschrittene Ritus bezieht sich auf die Unendlichkeit der Erdmutter. Diese Form kann nur über die Natur abgewickelt werden, hier geht es um Naturerfahrung und um die Verwandlung ins ganze Dasein.

DIE GEBURT DER NATURTHERAPIE

Einsichten
... In Mallorca, irgendwo in einer Felshöhle

Ich habe die Naturtherapie aus dem Schamanentum entwickelt und sie so umgesetzt, daß sie für den modernen Abendländer verständlich und erfahrbar wird. Wie sieht die Naturtherapie in der Praxis aus? Es geht es um Seinsöffnung, Öffnung für das ungeschminkte, „asoziale", „unmenschliche" Sein, wie es ist, ohne unsere Benennungen, unsere Ansichten, unser Wissen. Dieser Baum hat keinen Namen, kein Biologe hat ihn je erfaßt. Es geht darum, durch Verwandlung Strauch und Berg zu werden: Ich bin die Haselnuß, die Schleiereule, der Schieferfels. Beim langen Sitzen an der scharfen Klippe, beim Betrachten einer smaragdgrünen Steinader verwandle ich mich durch bestimmte Identifikationsübungen in diese. Aber Voraussetzung ist die innere Leere, das Gereinigtsein von allen Gedanken und jedem Kulturgetriebe. Zweitens offenbart sich aus der Verwandlung die Erfahrung einer uns umgebenden, uns durchdringenden größeren Dimension von übermenschlicher Seinsqualität. Darin erfahren wir uns als Schaumblase im Wellenkamm, als winzigen Teil einer Seinswoge. Damit ist dann die Seinsöffnung erreicht, die letztendliche Psychotherapie, dann, wenn die Psyche ganz evolutive Natur geworden und die Symmetrie von Geistfeld und Naturfeld erlangt ist.

An erster Stelle stehen Übungen zur inneren Reinigung. Danach kommt zweitens eine lange Naturerfahrung in der Einsamkeit. Drittens: In den Verwandlungsübungen ergeben sich Natureinsichten, die dann viertens in Naturfesten und kollektiven Zeremonien oder Mysteriendramen dargestellt werden. Dabei schmücken und verkleiden sich die Teilnehmer entsprechend ihrer Visionen und tiefen Einsichten mit Naturmaterialien. So bilden sich spontan Tänze, Lieder, Tanzchoreografien, Schauspiele, Naturverehrung und Naturerotik sowie dramatisierte Begegnungen mit Pflanzen und Tieren. Solche Naturzeremonien mögen sich auf Naturverehrung oder Natursexualität beziehen, auf persönliche Visionen oder das Kraftfeld des jeweiligen Naturheiligtums. Bei jedem Treffen wird ein Archetyp erforscht und rituell erfahren.

Das Einerlei einer psychologischen Praxis: Kommen und Gehen von Patienten, ewiges Sitzen auf dem Stuhl, Zuhören; stets freundlich bleiben und das Undeutbare Deuten. Es hing mir zum Halse raus. Die gängigen psychologischen Theorien, die technokratischen Therapiemethoden ödeten mich an. Ich erinnerte mich, daß ich die Menschen anfangs nur auf entfernte Inseln führen wollte, zum Titicacasee, auf die höchsten Dächer der Welt, nach Tibet in die Hochwüste. Ich wollte gar nicht sprechen. Ich wollte Menschen die Sprache der Natur zeigen, von der allein ich gelernt hatte. Mit achtzehn Jahren lag ich am schwarzen Strand von Hawaii, genoß den Hula der Südseeschönheiten, lauschte indianischen Trommeln im mexikanischen Hochland, traf tiefschwarze Indianergesichter vom Stamm der Seminolen in Florida, saß an den Gaths von Benares und lauschte indischen Weisen. Moderne Psychologie war mir wesensfremd. Weisheit kann nur zu Füßen der Jahrtausende gewonnen werden, und die spiegelten sich mir in den verbotenen Tälern Nepals, den tonlosen Wüsten Libyens und den Hochgebirgen Europas wider.

Ich mußte feststellen, daß ich gegen meine innerste Einstellung gehandelt hatte – und so nahm ich im Winter einen Kurzflug auf die Balearen, mietete mich in einer abgelegenen Burg ein und lief durch die Landschaft. Einmal kletterte ich einen Steilhang hinauf und erreichte eine große Höhle, entdeckte dann jedoch, daß es leichter war, die glatten Felsen hinauf- als hinunterzuklettern. Es begann zu regnen, und ich kam die polierten Felsen nicht mehr hinab. Unvorbereitetet übernachtete ich in der Höhle, blieb dort drei Tage lang und besann mich meines Daseins. Im Hunger, im Durst, in der Ausweglosigkeit erschuf ich die Naturtherapie. Die gewaltigen Felswände wurden meine Freunde. Ich redete sie an, fragte: „Was bedeutet ein kleines Menschenleben? Ihr müßt es wissen!" Ich redete laut, was ich fühlte, sprach mich aus mit der stillen Sonnenglut: „Sie sind sinnlos, so leer, so unecht, meine ach so einfühlsamen Gespräche mit Klienten. Aber ich kann niemanden wirklich helfen. Ich sehe, ihr Felsen seid stärker als ich. Ihr überdauert die Zeit. Eure Kraft ist tieferer Art." So sprach ich in der ersten Nacht zaghaft mit der Felswand, erkannte in ihnen Vater und Mutter, und in der dritten Nacht wiegte ich mich als ihr Baby in ihren schroffen Felswänden. Ich schlief in ihren spitzen, doch jetzt weichen Armen. So kam in mir felsenfeste Entschlossenheit auf, Radikalität, zugleich aber auch das Echo der Zeitlosigkeit, das alles irdische Streben zunichte macht. Die Weisen der Vorzeit haben sich ebenfalls an Felsen gelehnt und von ihnen die zeitlosen Wahrheiten gehört. Steinzeitmenschen und Megalithenvölker dieser Insel hatten Felswände, tiefe Schluchten und das weite Meer als Lehrer. Aber kann der überschauende Meerblick dir wirklich Weisheit geben? Oder brauchst du das differenzierende Gespräch mit freudianischem Hintergrund?

Die Federfrau

Ich trat nackt in den Nachtregen hinaus und schaute in die Schlucht, in der ich gefangen saß. Würde ich hier sterben? Ich wollte. Reicht der Elementarzustand des Regens, um sich auf ureigenste Kräfte zu besinnen? Nicht, wenn du einen Regenschirm über dich hältst – sehr wohl aber, wenn du nackt und allein in der Höhle der Natur gefangen bist.

„Ich rufe die Wildnis!" Sie ist Geheimnis, und wir können ohne das Geheimnis nicht leben. Staunen entleert; erst reinigt es, und dann füllt es, baut auf, läßt uns wachsen, macht uns selbst unergründlich. Als unergründliche Weisheitsgötter laufen wir dann die Lebensstraße entlang und schauen geheimnisvoll auf die vorbeiziehenden Häusertüren mit ihren Inschriften: Psychologische Praxis Holger Kalweit – Termine nur nach telefonischer Vereinbarung. In dieser Stunde begann ich also mit der Naturtherapie.

Der Begriff „Natur"

Es ist unwesentlich, wann der Begriff „Natur" aufkam – es muß jedenfalls zu einer Zeit gewesen sein, als man die Fühlfähigkeit für andere Menschen, Sandstrände, Uferböschungen, Vulkane und Sturmvögel oder für Kastanien sowie die Fähigkeit, mit ihnen zu sprechen, zu verlieren begann. In dieser Zeit begann die Notdurft, man verlor sich selbst aus den Augen und erkannte sich schließlich nicht mehr. Als dann der Eichelhäher ganz Naturobjekt geworden war und ausgestopft in der Museumsvitrine stand, erkannte man sich selbst auch im Spiegel nicht mehr. Da begann die Zeit der Märchen. Man wandelte wie im Zauberwald, besaß selbst einen Zauberstab und verzauberte. Eine fremdartige Natur kroch und krauchte da um einen herum, und man machte ein Videospiel daraus, in dem man nur drücken brauchte, und schon fielen die seltsamen Wesen tot um. Ein großes Spiel begann: Man drückte und drückte und fand Gefallen am Umfallen. Die Welt war nicht mehr wirklich, sondern ein Spiel der Drücker. Was ich damit ohne Umschweife sagen will: Wer nicht in einen tiefen Dialog mit der Kirsche treten kann, wer ihre süßlich-rote Stimme nicht hört, tritt selbst als Lauscher ab. Wer nicht den Sperling auf dem Kopf sitzen hat und seinen Herzschlag hört, wird in der Weltordnung der Erde nicht anerkannt. Und wer nicht mit dem Morgennebel über dem Talgrund aufsteigt, wird niemals im Weltparlament der Lebewesen gewürdigt werden. Man hat aber doch Sehnsüchte, höre ich, die Herzen der Menschen rufen, man würde gerne, aber ... Aber was kümmern Sehnsüchte und „Abers"? Spricht man nicht von der Härte der Natur und rennt davon? Hier läuft kein Fernsehfilm, Freunde, die Erde dreht sich auch ohne uns.

Natur ist tot

Wer die Mondsichel zu Mitternacht nicht als Ereignis seiner Seele erfahren kann, weil er gerade im Kino oder am Schreibtisch sitzt oder sein Wohnzimmer durch Saubermachen veredelt, wird auch über sich selbst nichts wissen können. Hast du Angst davor, den Nachttau kalt zu spüren? Die Mondsichel ist stärker als Wohnzimmer und Kinofilm. Menschliche Schöpfungen reichen nicht an Weltraumkörper heran, und das gilt auch für Wohnzimmerpfleger und Fernsehschauer. Aber was kümmert uns der Mond, wenn er doch immer da oben steht?

Die Natur – man spricht global von allem anderen als Natur – ist eher ein Feind, sie ist nachts kalt, im Herbst stürmisch, im Sommer zu sonnig und heiß, die Luft ist zu schwül oder harsch, es gibt zu viele oder zu wenig Wolken, Eis mag niemand, und Schnee ist rutschig. Die Bäume verderben die Sicht, fallen um, rauschen zu sehr oder versperren den Weg – zudem kennt man sie, diese ohnehin viel zu vielen, und daher sieht man sie nicht mehr. Man weiß also nichts von der Rasse der Bäume, und daher kommt der gegen sie gerichtete Rassismus, gegen den der Rassismus der Menschenrassen untereinander ein Waisenknabe ist. Es gibt den Rassismus gegen die Andersaussehenden, gegen Nadelbäume, Blattsträucher, Gesteine und Fluggleiter, man läßt nur seine eigene Spezies gelten, der Rest ist tot. Doch ich sage, eine Menschenkultur, die den Rest der Welt mit als wissenschaftlich bezeichneten Ausreden für tot erklärt, hat keine Existenzberechtigung mehr. Wer Tod fordert, sterbe ebenfalls! Daher sterben sie aus oder verkümmern – zuerst die gehaßten toten Naturen und dann wir selbst.

KULTURNEUROSEN ÜBER DIE NATUR

Die Naturanschauung der Kultur

Naturtherapie scheint zwar ein ansprechendes romantisches Abenteuer zu sein, aber man wird schnell enttäuscht, denn die Natur ist nur für Verstandesmenschen romantisch. Sie lebt in anderer Weise, als unser aufgeblähtes, mit den Ersatzsehnsüchten zivilisatorischer Naturferne durchsetztes Denken meint. Die krankhaften Ersatzphantasien der Kultur können Naturwesen nicht befriedigen. Zivilisationsneurosen kann nur die Zivilisation selbst durch ihre ureigene Künstlichkeit erfüllen. Daher ist Natur für uns Zivilisationsmüde nur zu oft enttäuschend. Wie aber drücken sich unsere Widerstände aus?

Alles sofort wollen

Der Kulturmensch besitzt keinen langen Atem, er ist sofort enttäuscht, wenn das Gewünschte nicht gleich eintritt. Natur aber dämmert erst herauf, wenn Ruhe und Abgeklärtheit, wenn eine Art *Nichtwollen* eingetreten ist. Die allgemeine Unruhe, der flache Atem des neuzeitlichen Alltags trifft hier auf eine Wand. Wenn das geschieht, langweilt die Natur, und die Naturwesen verstecken sich hinter den Bäumen. Doch die Natur ist unbestechlich, und du kannst ihr nicht erzählen, daß du sie liebst, wenn du nach zwei Tagen an ihrem nebelverhangenen Moor ungeduldig wirst, weil der Herrscher des Sees sich dir noch nicht vorgestellt hat. Naturwesen testen dich lange, beobachten dich mit Schlitzaugen, sind ohne Mitleid. Was, du willst geliebt werden? Nun, dann leg dich in die Arme der Hure Welt.

Die Verwechslung von Naturbetrachtung und Naturschau

Im ersteren Fall sehen wir einfach die Natur, und zwar so, wie sie das Auge wahrnimmt. Im zweiten Fall tritt durch die innere Entleerung etwas hinzu: ein tiefes, unergründliches, erstmaliges Erahnen der Natur sowie Naturliebe, Naturachtung, Naturhingabe und Naturerleuchtung. Selbst Naturbegeisterte und Wanderfreunde haben davon noch nie gehört und werden es auf dem Wege ihrer fröhlichen Naturverbundenheit auch nie erfahren. Wir betreten hier keinen Naturlehrpfad, sondern die *Natur hinter der Natur*, von der erstere nur fade kündet. Der normale Naturliebhaber wird also kaum erahnen, worum es in der Natur- und Ritualtherapie geht – nämlich um die Nachbardimension und nicht um ein verträumtes Monet-Picknick unter Eichenhainen. Es geht um Dimensionswanderung, und eure gewichsten Wanderstiefel könnt ihr da getrost zu Hause lassen.

Kein Naturgenuss

Naturtherapie frönt sicherlich dem Naturgenuß, aber das ist nur ein erster Schritt, ein Zugangstor. Wer Natur liebt, achtet und gerne beobachtet, ist deshalb noch lange nicht zur Naturtherapie bereit. Es handelt sich dabei vielmehr um eine Spezies von Menschen, die die Oberfläche des Spiegels gerne und auch zu Recht betrachten und hier Erfüllung, Genuß und tiefe Befriedigung erlangen; dennoch sind sie wie jemand, der begeistert vor einem Fernsehschirm sitzt, den er noch gar nicht angestellt hat. Bei der Naturtherapie geht es jedoch darum, in das Innerste von Zeder und Zypresse einzutreten. Es geht um die Natur hinter der Natur, denn Natur öffnet ihren Vorhang aus Gräsern und Wolken erst, wenn du ins Ritual eintrittst.

Den Rhythmus der Natur ertragen

Natur wechselt, schwingt, ist angenehm und unangenehm für uns. Dieser Rhythmus muß ertragen, sein Wechsel tief erfühlt werden, dann bewerten wir ihn nicht mehr. Der Rhythmus von kalt und warm, windstill und stürmisch ist nur der Vordergrund des Naturwetters; dahinterschauend ruht alles in atmosphäreloser Stille, und dort treffen wir erstmals auf das Herz der Natur. Aber dahin führt uns nur das harte Wechselbad des Klimas selbst – ein Paradoxon, das es durchzustehen gilt. Dieser Wechsel tötet etwas in dir ab, nämlich die Hoffnung. Hoffnung ist ein Verstandeskonzept, und wenn sie stirbt, darfst du ins Herz eintreten und wirst neu geboren.

Pseudospiritualität – Mentale Harmlosigkeiten und Selbstbespiegelungen

Viele Menschen, die sich der Spiritualität zuwenden, leiden unter einer Nur-Geist-Neurose oder einer Nur-Energie-Neurose oder auch unter einer Gefühl-über-alles-Neurose – einige davon auch unter der berühmt-berüchtigten Großen-Erleuchtungs-Neurose oder unter der nicht-spirituell-sein-können-Neurose, am häufigsten jedoch unter der Unfähigkeit, sich in die bestehende geistige Einheit aller Dinge hinein fallen lassen zu können. Naturtherapie heißt, zumindest ein kleines Feuer in sich brennen zu haben, das Echo des Urfeuers, das sich durch Mißmut am eigenen Leben kundtut und einen zur Natur der Wahrheit bzw. zur Wahrheit der Natur hinzieht.

Der Weg in die Natur oder den Geist ist mit ebenso vielen Illusionen gepflastert, wie es Steine gibt. Jeder Schritt ist ein Schritt in eine Täuschung, und Täuschungen erkennt man besonders daran, daß sie sich als Erfolge, Einsichten und spirituelle Erfahrungen darstellen – und zwar umso mehr, je einmaliger, tiefgründer diese Erfahrungen scheinen. Daher gibt es also überraschenderweise gar keine echte spirituelle Erfahrung! Was nun? Der Weg ins Naturgeheimnis hat so viele Lebensringe wie ein Baum. Schicht um Schicht nähern wir uns dem Kern, dem Samen von allem. Jeder Lebensring aber stellt sich als vermeintliches Ende der

Weisheit dar. Spirituelle Erkenntnis gleich welcher Art ist daher immer eine Beschränkung. Die Untersuchung des Katalogs der Selbsttäuschungen und Gesetze der Pseudospiritualität anhand von eigenen Erfahrungen stellt einen wichtigen Aspekt unserer Gespräche im Heiligen Hain dar.

Das Urparadoxon: Die Einheit von Natur und Seele

Oberster Grundsatz in der Naturtherapie ist nicht die Erforschung der Natur, sondern die *Einheit von Natur und Seele.* Je nachdem, wie weit wir diese Einheit erkannt haben, können wir Natur – sprich: uns selbst – erkennen. Am Anfang steht also ein Paradoxon: Ich bin die Natur! Damit rechnen die meisten Interessenten für Naturherapie nicht, aber die Natur ist eben raffinierter. Das bequeme „Ich bin hier und du bist da!" ist ja die Ursache für die Naturvernichtung und für die Unfähigkeit zur Selbsterkenntnis. Daß wir eines sind, macht natürlich hilflos und schockiert. Diesen Leitsatz kann der moderne Mensch kaum annehmen, denn wir sehen keine Verbindung zu Bäumen, Wolken und Wasserläufen, die uns als fremde Organismen gegenüber zu stehen scheinen. Wir entwickeln kein Mitgefühl für sie. Alle Technik und menschliche Erfindung beruht auf einer Kopie, auf dem Nachäffen von Naturgesetzen, weil es schlußendlich nur Natur gibt und der Mensch nichts Neues hinzu erfinden kann. Doch diese Nachahmung hat bisher das Grundlegendste nicht erkannt: Ich bin die Natur, sie ist mein Spiegelbild! Damit kann man nichts anfangen, dafür fehlt jeglicher Gedankengang. Aber das ist es nun einmal, was in der Naturschau erfahren wird. Und dabei handelt es sich nicht einmal um einen weit entfernten Höhepunkt, sondern damit *beginnt* sie. Da diese Zusammenhänge jenseits des Denkens und Verstehens liegen, der Mensch aber nur eben dieses Denken und oberflächliche Gefühle kennt, schmollt er nun, da man das einzige, was er hat, für ungenügend, ja sogar belanglos erklärt. Er zieht sich hinter seinen weißen Gartenzaun zurück – und genau da gehört er auch hin, zu seiner Eintopfpflanze. Doch das Menschsein erschöpft sich nicht im Verstand, geschweige denn im Gefühl – das sind nur erste Treppenstufen, oder besser noch, die Fußabtreter vor den Treppenstufen!

ANRUFUNG DER NATURWESEN

Wir sind nicht allein! Wir sind aber auch nicht allein die Herren der Schöpfung. Dies ist ein bewohnter Planet, hier leben Milliarden von Spezies – leider nicht zu einem großen Reigen vereint, denn da gibt es *eine* Art, die allen anderen zum Feind geworden ist. Dieser oberste Feind kämpft gegen alle. Diese besondere Art hat sich aufgeschwungen, um sämtliche anderen Spezies zu versklaven. Diese Art glaubt, der Planet gehöre ihr allein. Sie hat den Himmel und die Meerestiefen eingenommen, die letzten Dschungel, verbliebenen Schluchten und das Innere der Erde. Jeder Regenwurm soll registriert werden, jede Amsel einen Käfig haben und das Ganze ein Selbtbedienungs-Warenhaus für Kannibalen sein, denn diese Art lebt vom Fleisch der anderen Wesen.

Werden wir wach! Ich unterscheide mich nicht vom Hirsch. Werden wir wach! Ich unterscheide mich nicht vom Hasen. Ein monotheistischer, christlicher Ein-Gott-Glaube erhebt mich nicht über den Kanarienvogel, und der von einer Universität verliehene Doktortitel stellt mich nicht höher, als die von den Eisschollen gegebene Lehre über die Kälte. Ich rufe dich an, Natur in tausend Gestalten, laß uns erwachen!

Erdmutterübung „Erinnere die Urgewalten"

Die künstliche Kulturwelt hat Dir die Kraft genommen. Was nun? Erinnere dich wieder der elementaren Kräfte des Wassers und der Wolken. Marschiere in urige Landschaft, die noch unzerstört ist, und laufe vom Fels zur Quelle und von der Quelle zum knorrigen Baum. Nimm die Erde in die sauberen Hände, reibe Kiesel auf deine Haut; schließlich lege Dich hin und decke dich mit Ästen, Sand und Steinen zu – häufe die Naturen auf dich, werde selbst Natur. Bleibe so begraben liegen, besinne Dich auf die vielen Stoffe aus Holz und Erde und lausche der Wasserströmung. Viele solcher Übungen bringen Dich dorthin zurück, woher Du kommst; sie erden Dich und zeigen Dir den ältesten Weg. So enthüllen dir fliegende Amseln und faulendes Holz den Weg, so findest Du den Lehrer.

Hier einige Selbsterfahrungen.

Meine Seele möchte Frühling sein … Allein. Bad Lands, USA

Sitze an einem vom Wind freigelegten Mammutknochen, die es hier zuhauf gibt, wie man feststellt, wenn man wach über die trockenharte bunte Erde läuft. Die Indianer haben hier Knochen für ihre Ritualgegenstände geholt. Die Sintflut hat die Tiere vernichtet, davon erzählen die Überlieferungen. Ich notiere dies – aber da erwacht in mir eine gewaltige Sehnsucht. Ich will mit Vögeln fliegen, mit Bäumen tanzen, will Wanderdüne sein. Der Waldspaziergang zu Hause bringt dich nie an die knorrigen Wurzeln heran, läßt dich nicht wolkig schweben. Ich habe resigniert, habe mich auf Tierfilme und Naturgemälde zurückgezogen. Ich wollte mein Sein ergründen, doch der Vogel in mir verflog sich zum Psychologen; aber meine Seele blieb traurig und sehnte sich nach Freudschaft mit dem ganzen Planeten. Ganz tief, weit unterhalb der Schicht, von der die Psychologie spricht, da herrschen die Urwaldtrommel und der Verwandlungstanz in Füchse, da springe ich als Otter über Wellen, als Panther über Wurzeln; meine Seele möchte Frühling sein und als Schneeflocke langsam herniederfallen – doch all das hielt ich geheim. So kränkelte ich vor mich hin – es blieb die Sehnsucht nach Naturgewalt.

Die moderne Kultur hat die Natur vergessen. Moderne Heilweisen haben Steine und Wolken verdrängt. Im Zuge des globalen Vergessens hat auch die moderne Psychologie ihre Pforten zur erdigen Unterwelt verschlossen, man spricht nur noch geheimnisvoll symbolisch davon und nennt das „Archetypen". Der westliche Mensch kann kein Stein, kein See, kein Stern und keine Wolkenbank mehr sein. Mit dem Ende der Natur, die wir doch selber sind, endet auch unser Lebenssinn.

Die Naturpsychotherapie versucht, uns wieder an die aufsteigenden Nebelschwaden des Frühlichts, an die Geborgenheit der umhüllenden Nacht zu gewöhnen. Der zeitgenössische Psychotherapeut dagegen will abseits der Natur heilen. Der gestillte Therapieraum ersetzt ihm die Lichtung, der modische Knautschsessel die Erde, die Weckuhr die aufgehende Morgensonne. Heute ersetzt der elegante Therapeut mit raffiniertem Vokabular die Sprache der Tiere, das vage Unterbewußte hilft ihm über die wahren Schrecknisse und Ekstasen der wirklichen Unterwelt hinweg. Der Himmel ist für ihn ganz abgedeckt, es spricht kein Geist mehr. Der kugelnde Planet im Reigen der Gestirne existiert im Therapeutensalon nicht – da geht kein Mond auf, keine Sonne unter, und auch die Sterne leuchten nie am Firmament. Doch man hat Ersatz herbeigeschafft: Ausgeklügelte Theorien ohne Erdung, fabelhafte Begriffswelten ohne Innereien und komplizierte, aus Angst vor der Naturfreiheit verknöcherte Methoden.

Der Horizont macht leer
Die Einsamkeit der Grotte
... El Hierro, Kanaren

Seit zwei Wochen liege ich in dieser Grotte oberhalb des Steilufers, einsam, alleine. Nachdem die innere Unruhe verflogen war, etwas tun zu müssen, rannten Tag und Nacht endlose innere Filme durch mich hindurch, bis ich aufschrie und von diesen klebrigen Phantasmen frei sein wollte. Zwischendurch – ich merkte es anfangs kaum – war nichts als die Brandung, das Gurgeln, das Rutschen des Sandes, ein paar Möwenschreie und Wind. Stundenlang treiben sich die Meerwellen in mich hinein, bis ich selbst etwas von den Wellen werde. Der Horizont macht leer. Das Dröhnen ist mein Rhythmus. Ich beginne, etwas von der Welt hinter der Welt zu ahnen und höre auf, nachzudenken. Im Gegensatz zum einfachen Dasein erscheint mir das Denken als sehr beschränkter Vorgang – das Dasein ist ein Denken höherer Ordnung und viel schneller. Es verleiht ungemeine Kraft und Macht. Ohne eigenes Zutun kommt erstmals wirklich entfesseltes Leben in mich, Leben durch Mitgefühl, durch Dazugehören – das erzwingt der endlose Horizont.

Es geht in der Naturpsychotherapie um die Berührung mit den Naturkräften. Es geht nicht um ein konservatives Kennenlernen von Pflanzennamen oder um Naturabenteuer mit Grillbesteck, sondern darum, für die inneren Gesetze der Sturmböe und des Wildwassers Mitfühl zu entwickeln. Es geht darum, mit den Elementargesetzen mitzuschwingen. Das wird nicht vom Verstand erreicht: Nur das Ausgesetztsein im Meerwind, nur das betörende Flimmern des glühenden Wüstensandes, nur das Alleinsein im endlosen Horizont der Trockensteppe und die lautlose Begegnung mit dem Vogel ermöglicht es. Lebensstärke und urwüchsige Weisheit sind nicht am Herd, am Schreibtisch oder in der Kommandozentrale der Wirtschaft zu gewinnen. Die Öffnung der Seele geschieht im einsamen Hain, wenn einem das Herz aufgeht, wenn Natur sich offenbart, sei es roh und ungnädig oder duftend mild. Weder Lagerfeuerromantik, noch Wildwasserfahrten oder sonntäglicher Naturgenuß, weder Pilzsammlerleidenschaften noch perverse Jagdphilosophien kommen dem nahe. Es geht darum, sich mit der Korkweide und dem Haselnußstrauch eins zu fühlen, am stillen Weiher und am gluckernden Wildbach zu lauschen, darum, nachts allein am Rand des tiefen Canyons zwischen Sternenzelt und Erdhügel eine Ahnung von meinem Eingewobensein in Gaias Armen zu erhalten.

Naturpsychotherapie geht weit über bloßes Beobachten der Naturgesetze hinaus; hier geht es darum, diese durch das Ausgesetztsein in der Steppe und Wüste selbst zu durchleben und schließlich durch den äußeren Druck in sich aufzunehmen, sie zu werden. Das leistet kein Gespräch, keine therapeutische Überzeugungsarbeit, sondern das Wetter und die Luft stempeln es in uns ein. Naturpsychotherapie heißt Natur werden!

Die Entleerung
Bin roter Stein
... Atlasgebirge bei Tatouaine, Marokko

Da ist nur die Steinsteppe. Ich blicke wohl nach Algerien hinüber – wo liegt die Grenze? Die Steine kochen, zermürbt von tausend Jahren Hitze. Ich koche ebenso, aber inzwischen habe ich es angenommen. Man muß sich nicht wehren. Ich soll hier im weiten Nichts sitzen bleiben, 10 Tage lang. Vierter Tag. Das Schwerste liegt hinter mir: Angst, Lustlosigkeit, Verzweiflung, Abbruchgedanken, weil nichts geschieht. Überwältigender Handlungsdrang. Ich bleibe! Ich darf mich nur in einem Umfeld von 10 Metern bewegen. Hunger habe ich nicht. Das Wasser wird bereits heiß, es erfrischt nur morgens. Zwischendurch genieße ich die Anfälle von Steinidentität. So einen roten Stein kann man lange betrachten. Was, bitte, ist ein Stein? Wir reden miteinander, wir verstehen uns. Tausend Gedanken zum Stein kommen mir in den Kopf, ganze Bücher, abartige Sachen. Ich träume mit offenen Augen. Über den Stein schieben sich Bilder, Filme, Anderswelten. Zwischendurch wache ich auf. Gefahr zu versumpfen: Ich mache Gymnastik, trinke, singe. Aus Palmwedeln baue ich mir ein Schattendach, sonst würde ich verglühen. Bin nachts lange wach. Bin schwarzblaue Nacht, bin Sterngöttin, bin der Nachtwind, bin nicht ich. Meine Geschichte hat die Sahara wie die Dörfer hier zugeweht. Es gibt meine Biographie nicht wirklich; das sind nur Schattenbilder. Am achten Tag durchstreifen mich Halluzinationen: Karawanen ziehen vorbei. Am neunten Tag kann ich nicht mehr aufstehen, sehe, wie Wasser über die Wüste driftet.

Drei Erdmütter.
Rechts: Geist
Mitte: Seele
Links: Erde

Erstmals erfahre ich mich als prickelnder Sandsturm, kenne seinen Ursprung, weiß, woher ich komme. Man darf sich gegen das, was ist, nicht wehren.

Naturpsychotherapie kennt keine theoretischen Voraussetzungen. Es beginnt mit der einfachsten und schwierigsten Übung: langem Alleinsein, Einsamkeit, dem Nichts – in einer Grotte, einem Lavatunnel, an einer Meeresklippe oder einfach in der Wüste liegend, Sahara werdend. Fasten und Nacktheit, nur mit einer Decke ausgerüstet lebt das Kind in uns wieder auf. Nichts tun, außer dem Wellenschlag am Meer zu lauschen, das Rauschen der Wipfel zu sein, das Flüstern des Windes aus sich selbst kommen zu hören. Die Gesetze der Entleerung sind vielfältig. Aber es gibt einen Rahmen, in dem sie abläuft. Wir stehen nicht vollends im Nichts, das Naturfeld trägt uns.

Die Entfaltung der Knospe
Erste Initiation
... Am Lavafluss, El Hierro, Kanaren

Der Naturtherapeut muß aus Eigenerfahrung wissen, wovon er spricht. Wir analysieren, was Wahrnehmen ist, wie wir von Gewohnheiten geprägt sind, wie die Angst sich äußert, davon loszulassen und warum die erfahrene Wirklichkeit nicht die wahre Welt ist. Die auftretenden Widerstände werden erforscht. Mit dieser Ouvertüre und nach einigen Wahrnehmungsübungen entledige ich mich in einer spontanen Zeremonie meiner Kleidung, bemale mich, beginne mit der Fastenreinigung (Salzwasser trinken) und für unbestimmte Zeit, aber mindestens für eine Woche, schicke ich mich in das lange Nichts des Lavafeldes. Die „Knospe" weiß, was sie an Widerständen erwartet und wie sie ins Naturschauspiel schauen soll; es gibt bestimmte Blickarten und Körperstellungen – man schaut nicht direkt auf die Dinge, sondern immer nur daran vorbei. Meine „Knospe" erahnt die Philosophie der Natur und die seelischen Gesetzmäßigkeiten, denen sie ausgesetzt sein wird.

Ursymmetrie
Naturlust
... Insel Samsö, Dänemark

Lege mich breit fließend wie die Ströme hin,
sage mir: „Ich bin!"
Zerfließe zum Teich,
bekomme geschenkt unter Seerosen ein Reich.
Gewässer ergießen sich in meine Brust, gebäre Naturlust.
Wie Pusteblumen Erde besamen,
im stetigen Maiwind gebäre ich Kind,
als ich daliege, dünenbreit und hitzeschwer ...

Naturpsychologie grenzt sich völlig von der akademischen Psychologie ab, die Symbole und Archetypen lediglich passiv als Wegweiser zum Selbst benutzt. In der Naturpsychologie gilt das Sinnbild, die Entsprechung als *wirklich* und nicht nur als „Symbol"; hier ist die Welt durch Analogien und Symmetrien verschwistert und vereinigt sich letztendlich zur Ursymmetrie und vielbeschworenen Einheit des Daseins. Sinnbilder sind nicht bloße Hinweisschilder darauf, wie die Welt ist, sie *sind* die Welt. Die Dinge der Welt entsprechen sich, wiederholen sich auf verschiedenen Ebenen, bleiben aber im Wesen gleich. Tatsächlich gibt es keine Symbole – das ist der blinde Tastversuch der Unerfahrenen, denn unter tausend Namen und Formen vibriert immer nur das Eine. Der Mensch läßt sich von der schillernden Oberfläche irritieren und glaubt, eine Vielfalt der Natur zu erkennen. Dann stoßen wir auf Symbole, die für andere Dinge stehen sollen, doch das ist blasse Oberfläche. Die zentrale Erfahrung in der Naturpsychologie ist jene der Einheit in der Vielheit. Diese gipfelt in einer Privatorgie der Verschmelzung der tausend Fäden zu einem und gelangt ganz subjektiv zu einer „einheitlichen Naturtheorie" der Natur, des Daseins. Der Philosoph Leibnitz hat in seiner Monadenlehre versucht, alle Dinge auf ein Urding zurückzuführen, doch es ist ihm nicht gelungen, denn das kann ein jeder nur am eigenen Leib erfahren. Wortbeschreibungen können das Erlebnis in seiner irrationalen, alogischen Akrobatik nicht übermitteln. Die Praxis des Ausgesetztseins in der Natur zeigt, daß wir im Wald und am Meer nirgends Symbole wahrnehmen, sondern vielmehr erfahren, wie sich alle Dinge aufeinander beziehen, wie ein „Symbol" des anderen ist. Symbole scheinen nur zu entstehen, wenn wir die Wirklichkeit wie im Traum nicht voll erkennen oder verdrängen und sie deshalb verschlüsseln müssen. Im Symbol steckt viel intellektuelle Angst vor der alles ineinanderwebenden Natur.

Erdmutterritual „Das Netz"

Das ist die tiefste Übung: Durch Hingabe, Liebe und erhöhte Wachheit zu spüren, wie sich alles *zu einem Ganzen* zusammenwebt. Hier enden Worte, aber eine Ahnung, ein Wissen bleibt, das deine Weltsicht radikal verändert. Das ist keine Übung mehr, sondern eher eine Gnade. Hier hilft nur völlige Ichlosigkeit. Aber kleine, dauernd unbemerkt auftretende Vorgefühle helfen dir, dich in der Natur wohlzufühlen, und auch blitzartige Einheitserfahrungen treten häufig auf, doch du bemerkst sie nur selten. Aber genau darum geht es bei dieser Übung: durch innere Leere Zeit und Muße zu haben, dieses Aufflackern des universalen Netzes öfters mitzubekommen. Das ist ein Ritual, das du dauernd unbewußt durchführst – und zwar, wie gesagt, unbemerkt.

Das Universalgesetz der Analogien
... Rocky Mountains, Yellowstone Park

Bislang empfand ich Wasser, Wolken und Winde wie etwas Fremdes. Das höchste Geheimnis enthüllte sich mir nach elf Tagen dreißig Meter über dem Boden in einem Baumhaus. Das höchste Geheimnis lehrte mich, Naturbewegungen als meine eigenen seelischen und körperlichen Bewegungen wiederzuerkennen. Das klingt mysteriös. Voraussetzung war wohl eine vollkommene innere Entleerung, aus der dann mit einem Male plötzlich die Ähnlichkeit Mensch-Baum, Wasser-Erde, Vogel-Wind aufblitzte. Nur in diesen Augenblicken berühre ich wahrhaft Natur – alle anderen Stimmungen, die die Natur in mir wachrief, waren bestenfalls sanfte Vorläufer dieses Höhepunktes.

Wie oben so unten, wie innen so außen, pars pro toto, das Simile-Prinzip, das Gesetz der Sympathie, die Lehre von den Entsprechungen, Wahlverwandtschaften, Ähnlichkeiten, Symmetrien oder Identitäten – so lauten die Bezeichnungen für das Erkennen der Gleichheit aller Dinge und Zustände. Dem Alltagsmenschen erscheint dergleichen abartig, aber wer tiefer, länger, ausdauernder schaut – unterstützt durch die Frische und Unmittelbarkeit des Naturgeschehens – erschaut zunächst Verbindungen zwischen ganz ungleichartigen Dingen, etwa zwischen einem Baum und einem Stein. Aber nicht etwa äußere Formen sind es, die beide gleich machen, sondern innere Gesetze. Diese entdeckten, erfühlten inneren Gesetze, die jenseits der bekannten Naturgesetze liegen, trifft man bald auch bei anderen Daseinsstrukturen an, und so weitet sich diese Erkenntnis wie ein Flächenbrand aus, erfaßt alle Wesen und Dinge. In einer nächsten Stufe erkennen wir weitere Identitäten und Analogien, die weiter vereinheitlichen und die Vielfalt verringern, und schließlich bleiben nur noch einzelne große Blöcke von vereinheitlichten Erscheinungen übrig. Nun gilt es, auch diese einzuschmelzen, bis letztendlich in einer gewaltigen Überschau die vollkommene Symmetrie aller Dinge und Zustände aufleuchtet. Hier beginnt und endet die Naturtherapie.

Das Plasma: Gefühl ist alles
... Bei den Rollright Stones, England

Ich muß erstaunt feststellen, wie meine Empfindungen mir Schmerzen bereiten und umgekehrt meine Gefühle nach außen wie Hammerschläge wirken. Was ich fühle, hat die Wolke verändert. Anfangs glaubte ich es nicht und spielte mit Wolken, doch nun bin ich mir sicher, daß meine ihnen aufgefühlte Formgebung sie verändert hat. Wenn ich mich auf dieses Spiel einlasse und meine Bedenken in den Hintergrund dränge, um lustvoll mit Wolken zu spielen, spüre ich ganz deutlich, wie meine Kraft ihre Kraft verändert und daß wir von einer Kraft sind. Aber dann setzt sich die Stimme durch, die sagt: „Unmöglich!“

Was ist die wichtigste Erfahrung in der Naturpsychotherapie? Die unzweifelhafte Gewißheit, daß meine Gefühle eine Kraft darstellen, daß sie Druck auf die Materie ausüben, ja, daß meine Gefühle gleichsam Materie sind! Wir mißverstehen Gefühle heute als ein Gehirnprodukt.

Nach den Überlieferungen der Griechen ist die Psyche ein plasmatischer Stoff; man sprach vom Plasma oder Psychoplasma. Die Psyche wurde als Fein- und Urstoff verstanden, der die Grundlage des materiellen Körpers bildet, die Plasmamatrix. Da alle materiellen Dinge nur aufgrund dieser energetischen Plasmamasse bestehen, ist alles dadurch miteinander verbunden und beeinflußt sich gegenseitig, und so erreicht das Gefühl eines Lebewesens sehr wohl das eines anderen. Im Plasma ruhen alle Naturgesetze, aber sie sind wandelbar, sofern sich ihre Ideen ändern. In meinem Buch „Die Plasmadimension" (erscheint demnächst) habe ich gezeigt, wie aufgrund dieser Anschauung, die sämtliche alten Kulturen gepflegt haben, eine neue Psychologie und eine neue Naturwissenschaft zu errichten ist. Die Hauptarbeit in der Naturpsychotherapie betrifft die intellektuelle sowie sinnliche Erfahrung dieser Tatsache.

Frei von der engen Welt der Gegensätze ... Eine Nacht am Vesuv, Italien

Wem könnt' es besser gehn als mir,
der sorglos sitzt im Jetzt
und nicht durch viele Zeiten hetzt.

Wem könnt' es besser gehn als mir,
der trunken ritzt in Felsen ein
das Schrein der Möwen, ganz allein.

Religion bemüht sich um Moral, Ethik und einen Wertekanon. Den Naturbegeisterten kümmert desgleichen wenig; Gut und Böse treten ihm in der Natur gleichberechtigt gegenüber, gehören beide zur Entwicklung und Bewegung des Daseins und lassen sich ethisch nicht bewerten. In der Naturpsychotherapie geht es darum, die Bipolarität, die Licht-Schattenseiten des Daseins ohne Identifikation durch sich hindurchtreiben zu lassen, sich also in die Arme der größeren Intelligenz von Gaia zu werfen. Das aus Angst und Einseitigkeit erwachsende gut/schlecht-Denken löst sich nur, wenn wir den Mut aufbringen, in den wilden Strom der Gewässer, Wolken und Gebirgsläufe hineinzuspringen, und dazu ermuntert uns die Einsamkeit in unberührten Urwäldern und Seenplatten. Diese Fähigkeit ist uns mit dem Leben als Naturstamm verloren gegangen – hinzunehmen, was der Naturlauf erfordert und zu geben, was er will, ohne dabei jammernd Jesus und die Apostel anzurufen. Diese schlichte Weisheit entspringt dem Leben mit der Natur; Wind, Sturm und Regen sind dabei die Lehrer. Aber wir sind der Naturkraft zu sehr entfremdet, weshalb wir zusätzlich Menschen brauchen, die uns ermuntern, den Weg ins Dickicht zu beschreiten.

Das Nichts
… Am Moor, Ostpreussen

Andere zählen sich nach ihren Taten.
Ich errechne mich nach meinem Schweigen.
Die Anzahl stiller Augenblicke,
das Loch des Nichts in meiner Mitte,
die Kraft des Ungewesenen macht mich zum Erlesenen.

Mit dem Enthobensein aus der Welt der erbitterten Gegensätze gewinne ich Kraft und Wehrhaftigkeit, ich widerstehe den Anfechtungen des Ja und Nein und behalte meine Heiterkeit angesichts der Aufs und Abs um mich herum. Ich erkenne meine Verirrungen und Scheinwahrheiten, meine Ichaufblähungen und Selbsterniedrigungen. Ich ruhe in meiner Erfahrung der Natureinheit, und die aus dem Ursprung herausfallenden Gegensätzlichkeiten erkenne ich sofort, lehne sie aber nicht ab, sondern lasse sie einfach sein.

Der Naturtherapeut weiß, daß er niemals ein wirklich Wissender werden kann, denn die Natur hält ihn immer in der Schwebe, in Bewegung, und die Wahrheit ändert sich dauernd; daß es keine festen Gesetze, keinen starren Kodex an Wissen gibt, den es zu kanonisieren gilt, erfährt er immer wieder aufs Neue. Er weiß, der Wandel mag ihn selbst jederzeit umwerfen, wenn er nicht im Fluß bleibt, und die Windungen und plötzlichen Krümmungen des Lebens sind nicht vorhersehbar. Er treibt wie ein Blatt auf dem Strom, darin besteht seine schlichte Weisheit. Als beständig Unfertiger und Lernender erlangt er Demut vor der großen Unsicherheit, wird zum Philosophen der sicheren Unsicherheit.

Die Naturerfahrung wie einen Lehrgang systematisch behandeln zu wollen, ist ihr gänzlich fremd. Naturschau läßt sich nicht vorausplanen. Der Gaia-Therapeut *ermöglicht* nur das Eindringen in die Natur. Zwar werden psychische Naturgesetze besprochen, aber auch diese bieten lediglich Anstöße. Man kann jemanden in die Natur führen, doch öffnen muß er sich selbst – durch Hingabe, Demut, Alleinsein, Verletzlichkeit, durch breites Daliegen unterm Himmel oder weites Durchstreifen der Savannen. Wenn ich durch das Tor der Natur trete, werde ich zum Eingeweihten, aber nur, um festzustellen, daß ich Mensch unter Menschen bin, und nur für Gleiche erkennbar. Die unbeschreibliche Identitätserfahrung mit der Natur mag bloß eine kurzes Aufleuchten gewesen sein; doch dieses Erlebnis wirkt im Leben weiter, es wird meine Muse. In dieser Erfahrung wandle ich als Gelöster und Befreiter.

Erdmutterübung „Das Naturbündnis"

Du brauchst Rituale, die dich zur Entscheidung zwingen, mit denen du dich festlegst. Wenn du durch Naturen lernen willst, dann entscheide dich, diesen Weg zu gehen, anstatt im sozialen Raum der Großstadt und durch Buchwissen zu lernen. Wirf deinen Kreis auf einem spitzen Felsen aus. Stehe auf der Felsnadel, kündige dem psychologischen Sozialismus und Humanismus deine Freundschaft auf und reiche dafür den um dich herum andächtig lauschenden Hölzern und Steinen deine Hände. Besiegle das Bündnis mit den Panen und Steinzwergen, umarme die Wassernixen und schwöre dir, rohe Natur auch im Leiden der Kälte und Nässe und des Sturmwinds zu genießen – und insbesondere im Tod, in dem du ins wilde Urreich der Seelenenergie aller Lebensformen zurückkehrst. Das ist das Bündnis, das du irgendwann schließen solltest, um den Weg durchzuhalten.

Belebende Naturriten
Küsteneinsamkeit
... Insel Anholt, Dänemark

Ich gürte mich mit Licht,
breche den Strahl der Sonne,
biege ihn wie Stahl mit Wonne,
lache wie Meeresgischt.

Schwerkraft und Bewußtsein: Ein besonderes Gebiet für den Gaia-Therapeuten stellen die den ganzen Globus umspannenden Gravitationslöcher dar. Das sind Gebiete mit geomagnetischen Abnormitäten, wo der Raum verzerrt ist, die Zeit schneller läuft, Dinge größer oder kleiner erscheinen, Autos den Berg hinaufrollen, Kompaßnadeln versagen, Radiosendungen abbrechen und das Bewußtsein scheinbar gelöster und offener reagiert. An diesen Orten mit Raum-Zeit-Verwerfungen werden Übungen durchgeführt, weil sich unser Bewußtsein hier freier entfaltet.

Naturtherapie ist eine Reise in die Wildnis der Seele und in die Seele der Wildnis. Woraus schöpft der Mensch seine Lebenskraft, wenn nicht aus der wilden Reinheit des Bergsees und des Morgennebels, aus dem Vogelflug und dem Wolkendunst? Natur ist der größte Heiler, aber nur eine Natur abseits des Stroms der Erholungsmüden und der sanften Touristen der Meerstrandkörbe. Natur läßt sich nur allein erfahren, ganz allein. Daher beginnt Naturpsychotherapie mit langen Aufenthalten unter Bäumen, am Bachquell, im Steinkreis. Je länger ich allein bin, Tag und Nacht, bei Regen und glühender Sonne, desto mehr enthüllen sich mir die seelischen Gesetze der Natur, so daß die Natur-Seele als symmetrisches Ebenbild der äußeren Natur hervortritt – frei von Egozentrik und Kulturballast. Die Einsamkeit zwischen den Felsen und am Kratersee schleift alle künstlichen Kulturmechanismen und Ichübertreibungen ab.

Der Erdzoo
... bei Königsberg, Polen

Zeit der Zugvögel. Ein riesiger Schwarm Graugänse fliegt über mich hinweg und beginnt nun, über mir zu kreisen. Aber nicht meinetwegen, sondern wegen der Gänse, die in einiger Entfernung in ein Gehege eingesperrt sind. Als diese ihre freien Genossen sehen, flattern auch sie vom Zugtrieb gerufen auf, werden jedoch vom Draht über ihnen zurückgeworfen. Dreimal kreist der Schwarm zur Aufforderung, dann fliegt er weiter. Bratgänse kann man nicht mitnehmen.

Wir kennen den Zoo. Naturwesen werden dort in Käfige, Kammern, Löcher und Gehege eingepfercht, die kleiner als sie selbst sind. Wie fühlen sich Naturen, wenn Körper wie Geist an einen Punkt genagelt werden? Nun, sie fühlen sich verhöhnt und leiden, denn sie sind nicht mehr sie selbst. Der Verlust ihrer selbst läßt sie leiden. Der Körper kann sich nicht mehr um sich selbst drehen und der Geist nicht mehr ausschweifen, weil der Körper festgenagelt ist, denn hängen Geist und Körper nicht eng zusammen? Und wenn der Geist dieser Naturen dennoch wandert, dann mischt er sich mit Sehnsucht und Leiden. So ist dann ein rein geistiger Himmelsflug mit Schmerzen in Gestalt der Sehnsucht behaftet. Die Erde kennt den Menschen als Zusiedler, nicht als eingeborenen Sohn. Wir sind Gäste hier, nicht hier geboren. Wir sind Zuzügler, Strafgefangene, in diesen Garten versetzt – um den Sinn wissen nicht die Evolutionsbiologen, sondern nur die geheimen Mysterien.

Solange wir die Mondsichel nicht sehen, sehen wir auch in der Dunkelheit nichts. Wer taub ist, hört auch in der Nacht nicht. So, wie wir am Tag durch die Welt streifen, so tun wir es auch durch die Dunkelheit. Wer in der Dunkelheit Offenbarungen erwartet, die er nicht im Alltag hat, wird enttäuscht sein. Die Dunkelheit fördert das, was da ist. Aber nicht alle wissen, was sie bei Tag wahrnehmen oder wahrnehmen könnten, wenn sie sich beruhigen würden, sich Zeit nehmen, allein bleiben und sich dem hingeben würden, was ist und nicht dem, was sie künstlich erzwingen wollen.

Erdmutterübung „Nichtzeit“

Das ist ein Ritual des Nichtstuns; es ist ziemlich schwierig. Du tust gar nichts und machst auch kein Ritual. Setze dich nur in den Kreis und warte – aber auf nichts. Erkenne, daß die Zeit erst dann stehenbleibt, wenn Du nicht mehr wartest, hoffst und willst – so, wie sie ja immer stillsteht und sich nie mit Uhren im Kreise dreht. Dann wird der kostbare, zeitlose Augenblick geboren. Bleibe im Kreis sitzen, selbst wenn du mal mußt – pinkle in ein Gefäß, aber gehe nicht hinaus.

In Afrika wartet man nicht

Ein Afrikaner spricht

Es gibt Länder, in denen man endlos wartet, sofern man Europäer ist. Aber man wollte ja bewußt in ein Land reisen, in dem man nun warten muß. Und nun steht man da und wartet, grämt sich, flucht, und tritt von einem Bein auf das andere.

Ich habe in Afrika viel gewartet, aber je länger ich wartete, um so kürzer wurde mir die Zeit. Denn wer lange warten muß, in dem stirbt die Zeit ab. Und die schwarzen Völker haben lange gewartet, weil sie schon lange hier sind. Deshalb ist die Vergangenheit für sie nicht da, weil sie ihr nicht entkommen sind, sondern noch ganz in ihr leben. Es wartet nur, wer in die Zukunft blickt, in jene leere, weiße Zukunft, die noch nicht ist und auch nie kommen wird, denn kaum ist sie da, ist sie bereits Vergangenheit.

Daher: Wer nicht wartet, fängt an zu leben. Denn das Leben besteht nicht aus der Anhäufung von Vergangenheit, sondern aus ewigem Jetzt.

Erdmutterritual „Wo ist meine Heimat?"

Sitze im afrikanischen Busch oder in patagonischen Einöden oder schaue über überschwemmte Flußauen. Liege schwer und breit in deinem Kreis, entleere dich, bis du an Verstand und Wissen schwach geworden bist. Sinne nach und frage dich: „Wo ist meine geheime Heimat?" – „Wohin strebt meine verborgenste Sehnsucht?" Vergleiche diese Sehnsucht mit jener des sozialen Egos, das nur Wissen und Werte sucht. Untersuche, was wirklich Sinn und Halt gibt. Entscheide dich dann, opfere für diesen Moment großer Erkenntnis, bedanke dich bei den Flußauen oder bei den Ahnen – erkenne auf jeden Fall zum Schluß, daß nicht du die Erkenntnis machst, sondern daß sie dir geschenkt wird, und zwar durch die Reinheit der Natur, die dir zum Spiegelbild wurde. Ohne solche Tiefenerfahrungen bleibt ein Mensch Europäer.

Ohne Heimat

Der Afrikaner spricht

Du bist heimatlos! Du weißt nicht, wohin du wanderst. Du suchst in Dir selbst. Du hast deine Heimat vergessen, und dein Ursprung bleibt dir unbekannt. Du lebst vom Morgen, von der Zukunft. Du bist also ein Hoffender und stehst mit einem Bein stets in der Hoffnung: schwankend, unsicher, ängstlich, denn das Morgen kennst du nicht. Ich aber stehe beidbeinig in der Vergangenheit, die mein Jetzt ist, und das Jetzt ist meine Vergangenheit; ich bin eine Einheit. Ihr Menschen der Ferne sucht etwas in der Zukunft. Aber was soll da anderes sein, als was in der Vergangenheit ist, und die kennt man doch. Das Leben ist nur ein Weg von der Vergangenheit in die Vergangenheit der Zukunft. Man dreht sich im Kreise, wußtest du das nicht? Das nennen wir einen Lauf um die Welt. Man geht und geht und bleibt doch stehen, weil die Welt überall die gleiche ist. Deshalb sitzen unsere Alten so ruhig, sie sitzen in ihrer Heimat, der Vergangenheit, die sie dauernd aufs Neue auf sich zukommen sehen; und doch begrüßen sie sie jedesmal ehrerbietig, denn sie ist groß und schwer und hat tausend Gesichter. Deshalb müssen die Alten wach und auf der Hut vor ihren eigenen Verwandlungen sein. Was immer kommt, ist sie!

Es ist, als hättest du keine Heimat, und doch kommst du aus einer. Darüber wundern wir uns – wie kann das sein? Aber wir haben inzwischen erkannt, daß wir dauernd unsere Heimat suchen, die wir verloren zu haben glauben. Aber weißt du denn nicht, daß die Heimat immer dort ist, wo immer du gerade stehst? Man sagt, wer in die Zukunft blickt, verliere sein Gesicht. Du kennst das Geheimnis der Schöpfung nicht, denn das Sein geht aus einem Land ohne Zeit hervor, aber wenn es hier ankommt, hängt es sich einen glitzernden Mantel um, der sich Dauer nennt, den du jedoch nur in deinen Verblendungen siehst. Wir haben dich lange beobachtet, Europäer, und festgestellt, daß du das Sehen verlernt hast. Du bist ein Blinder in einem von Blinden unsichtbar gemachten Land.

Erdmutterritual „Lebensfeuer"

Suche dir einen schönen Ort und mache ein kleines Feuer – eine Flamme reicht schon. Nimm nur Streichhölzer, suche trockenes Laub und baue dein Feuer bedächtig auf. Halte es am Leben, kümmere dich darum wie um dein Kind. Es ist dein Lebensfeuer und brennt auf dieselbe Weise wie dein Lebenslicht. Entzünde ein Feuer, um ein Spiegelbild deiner Situation zu erlangen. Tu es, auch wenn du kein Lagerfeuertyp bist, denn es geht hier ums Lebensfeuer. Die Gasheizungen haben unser Lebensfeuer zum Erlöschen gebracht; nun entzünde es am Seeufer oder zwischen Felsen aufs Neue. Setze dich davor und füttere es vorsichtig mit eigens ausgewählten Zweigen. Mache bereits das Entzünden zum Ritual! Dann schaue hinein, sieh dein Leben, träume einfach und vergiß die Welt. Das Feuer gebärt den magischen Moment. Gehe tief hinein oder lasse dich treiben. Beende das Feuer mit Regeln, mit einem Ritual. Bedanke dich beim lebenden Feuer, und wenn du willst, auch beim Salamandergeist des Feuers. Denn Feuer – vergiß das nicht – ist das Leben selbst.

Das Ahnenfeuer

Der Afrikaner spricht

Wir haben das Feuer neu angefacht. Die Flamme lodert auf, und ein heller Schein verbreitet sich. Wenn ein Feuer den ganzen Tag über brennt, wird das Leben erhalten. Etwas bewegt sich mit der Flamme. Die Flamme saugt das Leben an, *ist* das Leben.

Du sagst immer: Wir machen jetzt ein Feuer!

Aber es gibt kein Feuer zu entzünden!

Wie das?

Das Feuer brennt immer, auch wenn es erloschen ist. Das Feuer, das du entzündest, reißt ein Loch auf in die Andere Welt. Aber die Andere Welt ist ein Weltfeuer, das immer brennt. Würde das Feuer der Anderen Welt erlöschen, müßte sich unsere Welt wie ein Sterbender verkrampfen und dann ins Nichts verlöschen. Das Weltfeuer erhält das Leben. Das Weltfeuer ist deine Seele.

Wenn du eine Flamme genau beobachtest, bemerkst du, daß sie da und doch nicht da ist. Sie züngelt. Genauso ist auch deine Seele da und doch nicht da. Sie ist nicht lokalisierbar, aber dennoch überall vorhanden. Die Flamme schlägt hierhin und dorthin aus, jedoch so schnell, daß sie überall gleichzeitig ist. Genauso verhält es sich mit dir: Du bist jetzt nicht dort und doch dort drüben. Wenn du zur Flamme wirst, kannst du überall sein.

Die Welt der Seele ist immer da, und genauso ist es mit der Welt der Toten. Aber um die Toten und die Seele nicht in Vergessenheit geraten zu lassen, holt man sie sich in Gestalt des ewigen Feuers her. Das Feuer ist ein großes Geheimnis. Was ist Feuer? Was brennt? Was ist heiß? Das Feuer ist ein erstes Mysterium, vor dem man sich verneigt. Es bedarf des Kniefalls, der Unwissenheit und des reinen Blicks, um die Flamme in ihrer Wirklichkeit zu erkennen.

Wir haben das heute verloren. Niemand kann das Feuer erklären – wer es versucht, scheitert und blamiert sich. Das Feuer ist ein Lichtloch in die Andere Welt. Ja, genau das ist das Ahnenfeuer!

Erdmutterübung „Der lange Blick“

Im allgemeinen blicken wir die Dinge nur kurz an; im Ritual jedoch schauen wir sehr lange hin. Bei der langen Schau enthüllen die Dinge und Wesen ihr wahres Gesicht. Es lassen sich viele kleine Rituale ausdenken, in denen man zum Beispiel ein Tier oder einen Stein in seinen Kreis mitnimmt, um es bzw. ihn nun lange anzuschauen. Zunächst beobachtet man bloß neugierig und stellt dabei allerlei neue Facetten fest, doch später kommt es zur Schau – das ist ein tiefes, intuitives Hinschauen ohne Willen. Es ist der Blick des Künstlers und des Mystikers. Das bedarf etwas der Übung, aber dann tun sich neue Welten auf. Natur wird nur über die Schau erfahren, also schau dir die kriechende Schnecke drei Stunden lang an – dann entdeckst du kosmische Gesetze und lernst, was Liebe ist.

Augen sehen durch Achtsamkeit

Der Afrikaner spricht

Wenn du eine Sache nur kurz anschaust, dann siehst du sie nicht. Erst der lange Blick gewährt dir einen Einblick ins Dasein. Deshalb schauen Kinder dich so lange an. Und wenn du sehr sehr, sehr lange hinschaust, siehst du das wahre Gesicht. Aus dem Baum tritt ein anderes Wesen hervor, und der Mond plaudert mit dir. Die Einsamkeit erschöpft und reinigt deine Augen vom Ballast der Sehgewohnheiten.

Erdmutterritual „Felsenfreund“

Warum hast du nur Menschenfreunde? Warum besuchst du nicht täglich deinen Felsenfreund und deinen Sandstrandfreund, warum sprichst du nicht mit Wolken, die dich reinigen könnten, warum bist du versessen auf Kaffeehausgespräche und Radioansager? Kennst du die Liebe zum Weißdornbusch nicht? Hast du überhaupt jemals zwei Stunden mit einem Buntsandstein gesprochen? Und wann lauschst du dem Rauschen von Laubwäldern, statt elektronische Musik zu hören? Freund, du lebst ohne Freunde! Wer also einsam ist und sich erkennen will, nehme Luftströmungen und Wassergeplätscher als Freunde, und wer dies fühlen kann, der schüttele dem Birnbaum die Hände.

SUCHE DEIN INNERES GESICHT IN DER WILDNIS

Wer die Natur des Daseins ergründen will, muß sich zurückziehen. Wer sich selbst erforschen will, muß in die Einsamkeit gehen. Die älteste Tradition der spirituellen Selbsterkenntnis besteht im Rückzug in eine Höhle, in der Meditation auf einem Berggipfel, im Alleinsein in der Wüste.

Dem modernen Menschen, für den nichts zu schwierig ist, fällt es sehr schwer, ein paar Tage allein zu bleiben – und das besonders ohne ein Dach über dem Kopf in der Wildnis. Das hat nichts mit Camping oder Abenteuer zu tun, sondern damit, einmal Nichts zu tun. Visionssuche heißt, einige Tage lang allein, im Freien, nichts unternehmend an einem Ort zu sitzen, ohne umherzuwandern. Dann treffen all jene Momente zusammen, die wir im modernen hektischen Alltag gar nicht gewohnt sind. Ich nehme an, daß 95 Prozent der Bevölkerung das keine drei Tage lang aushalten würden. Obwohl man hier doch endlich einmal entspannen könnte, brechen vermutlich 99 Prozent bereits am ersten Tag ab. Warum? Die Antwort auf diese Frage wirft ein eigenartiges Licht auf unsere moderne menschliche Situation.

Durchführung

Gelegentlich werde ich gefragt, wie viele Menschen an einer Visionssuche teilnehmen. Stellen sie sich vor, daß man in der Gruppe schwafelnd auf die Vision wartet? Diese Frage wird recht häufig gestellt, und ich bin jedesmal sprachlos. Hat denn gar kein Mensch mehr irgendeinen Instinkt, sind wir wirklich schon so zu Automaten und „Kulturträgern" niedergekommen, daß bereits ein wenig Alleinsein, Nichtstun und mal in der Wildnis zu übernachten panische Angst einflößt? Tatsache ist, daß auf tausend Menschen nicht einmal eine ganze Person kommt, die freiwillig eine Visionssuche unternehmen, geschweige denn sie auch durchhalten würde. Eine Visionssuche findet nur allein statt, denn sie ist nicht in Gruppen durchführbar und wurde auch in keiner Tradition auf diese Weise angewendet. Zunächst entscheidet man sich, wie viele Tage (mindestens drei) man in der Natur verbringen möchte. Dort fastet man. Wasser bringt man mit oder holt es am Bach, aber noch besser ist es, gar nicht zu trinken. Wenn alle Teilnehmer angereist sind, besprechen wir die Situation und fahren dann in die Berge, wo sich jeder eine Örtlichkeit aussucht – einen Beggipfel, ein Tal, einen Bach. Auf Wunsch besuche ich die Teilnehmer jeden Tag, bleibe dabei aber auf Abstand, trommle und sende ihnen Kraft und Grüße zum Durchhalten. Durch Zeichen gibt man bekannt, wann man aufhören will. Bei der entweder in einer dunklen Höhle oder in der Natur stattfindenden Visionssuche beginnt man mit mehrstündigem kreisförmigem Steinereiben. Zwei Steine werden aufeinandergelegt, und der obere reibt den unteren ab. Das zermahlt die Gedanken und erzeugt eine Monotonie, die uns von quälenden inneren Gedanken und Gefühlen befreit. Das Steinereiben ist eine alte schamanische Technik der Eskimos. Die Vorbereitung beginnt jedoch bereits eine Woche zuvor. Zunächst werden die seelischen Mechanismen der Visionsssuche besprochen. Jeden Tag wird ein kleines Säckchen mit beschriebenen Zetteln eingeschnürt, auf denen steht, was wir uns wünschen oder wie wir sein wollen, bis sieben Säckchen aufgefädelt an einer Schnur um unseren Hals baumeln, die während der Visionssuche getragen werden. Dazu gibt es ein besonderes Gebet und eine Anrufung, die während der sieben Vorbereitungstage jeden Morgen und Abend gesprochen werden. Während der Visionssuche selbst schaut der Betreuer jeden Morgen trommelnd bei allen Teilnehmern vorbei, und wenn jemand beide Hände erhebt, heißt das, daß er Schwierigkeiten hat, durchzuhalten; dann findet über die Entfernung hinweg ein Gespräch bzw. eine rituelle Kraftübertragung statt. Die abgesprochene Zeit muß auf jeden Fall durchgehalten werden, und während dessen darf man sich nicht vom Platz entfernen.

Vorbereitung

Du kannst dich auf deine Visionssuche vorbereiten, indem du an jedem der sieben vorangehenden Tage bedeutsame Gefühle oder Erkenntnisse oder solche, die du auf der Visionssuche erhalten möchtest, auf einen Zettel niederschreibst, den du in einen kleinen Stoffbeutel legst. Diese kleinen Beutel binde an eine Schnur, die du später bei der Visionsssuche als Kette um den Hals tragen wirst.

Was benötigt wird

Wenn es warm ist, bist du nackt oder leicht bekleidet; bei Kälte benötigst du warme Kleidung. Darüber hinaus brauchst du einen Schlafsack, eine Unterlage und eine wasserdichte Decke (ein Zelt sollte nur mitnehmen, wer nicht anders kann).

Ablauf

Am ersten Tag wird ein Einführungsritual abgehalten, und es wird über die seelischen Gesetze des Alleinseins gesprochen. Abends werden eine Opferung und eine Anrufung durchgeführt, der sogenannte „Ruf nach der Vision“. Danach beginnt ein Trancetanz, der bis zum Morgengrauen andauert.

Am zweiten Tag erfolgt morgens eine innere Reinigungsübung (Darmentleerung). Dann wird der ausgewählte Visionsplatz aufgesucht, an dem man zwei bis drei Tage allein in der Wildnis verbringt. Der Betreuer schaut jeden Tag einmal aus der Ferne vorbei.

Am fünften Tag findet die Zeremonie der Rückkehr statt, und es werden Abschlußgespräche gehalten. Den Schluß bildet eine Erdheilungs-Zeremonie.

Erdmutterritual „Natur als Spiegelbild“

Alle Naturbewegungen erscheinen dir nach längerem Alleinsein als bedeutungsvoll, als Spiegelbild deiner selbst. Die Natur wird zur Symbollandschaft, aus der du alles über dich selbst erfahren kannst. Das ist eine ganz irrwitzige Vorstellung, aber wer erfahren hat, weiß. Suche die Uferböschung und die Waldwiese nach Hinweisen ab. Sprechen Naturwesen zu dir?

Ritual der Hände: Himmelverehrung

Bin alle Naturformen … an den weissen Klippen der Insel Gozo, Malta

In der Einsamkeit – der Zweisamkeit mit der Natur – erkenne ich die Symbolsprache des Lebendigen. Vögel und Wolken gleiten wie alte Bekannte an mir vorbei, der Farn wedelt bedeutungsvoll, das Energiewesen hinter den Naturformen spricht als tiefes Mitgefühl, als Ahnung und Vision zu mir. Alle Naturformen sind Zeichen energetischer Felder. Diese wirken nicht über den Verstand auf mich, sondern umittelbar auf die Seele. Alle Naturformen und -wesen scheinen in mir als Urformen gespeichert, die es nur wiederzuerkennen gilt. In der Naturschau kommen äußere und innere Natur zusammen – ich werde, was ich wahrhaftig bin. Der Zweck des Zwiegesprächs in der Wildnis besteht darin, diese Ursprache von Natur und Seele wieder zu entdecken.

Erdmutterritual „Kleines und großes Ich"

Untersuche das, was du „Ich" nennst. Ist das wirklich dein wahres Wesen? Was steht hinter dem Ich? Was erahnst du? Dein Ich ist nichts als eine Konvention, sämtliche Ansichten und Gefühle fürs Leben sind nichts als blasse Theorien, persönliche und kulturelle Gewohnheiten. Dein Ich zerrinnt in der Natur, und nichts als ein großes Wir bleibt übrig: Du im Verein der vielen Wesen.

Ich und Ur-Ich
Visionssuche eines Psychologen
... am Schluchtensee, Schwarzwald

Ich hatte meine Uhr abgelegt, litt nun aber darunter, nicht zu wissen, wie sich der Tag einteilt. Ich litt unter Strukturlosigkeit und fühlte mich so einsam, schlecht, hilflos und lethargisch. Es gab irgendwie nichts zu tun, und ich wurde immer fauler. Mir fehlte eine Tagesstruktur, innerhalb der ich meine Tätigkeiten ausführen konnte, denn ich kann Tätigkeiten nur innerhalb einer Struktur ausführen. Die Zeit als Strukturgeber fehlte mir sehr. So wurde ich immer leerer, und das ängstigte mich. Ja, ich schien mein Ich zu verlieren, denn ohne Zeitgeber schien es seine Konsistenz und Struktur aufzugeben. In der uhrlosen Zeit stellte sich mein Ich als x-beliebig heraus, was bedeutet, daß meine Ichdefinitionen, wer und was ich bin, nun belanglos und eben x-beliebig schienen, künstlich aufgesetzt, nur um ihrer selbst willen vorhanden und irgendwie gar nicht sinnvoll und wirklich. Was aber wäre ich ohne ein Ich, wo wäre ich, wäre ich überhaupt da? Also bin ich als Ich gar nicht wertvoll oder einmalig und besitze gar keinen Lebenssinn. Was ist, wenn wir in Wirklichkeit gar kein Ich haben, wenn dieses nur wie ein Kleid ist, das man beliebig wechseln, ja sogar ganz ausziehen kann? Ich wollte meine Uhr wiederhaben. Schließlich gab ich nach und legte sie wieder an. Sogleich erhielt der Tag eine sinnvolle Einteilung, und ich wurde wieder ein Ich, ich selbst. Ich hatte das Spiel verloren, war besiegt worden, fühlte mich nun aber wieder besser. Insgeheim wußte ich, daß hinter der Zeitlosigkeit, Ichlosigkeit und Sinnlosigkeit das Rätsel des Daseins schlummerte, das sich mir als etwas Negatives dargestellt hatte, aus Angst vor dem Geheimnis, welches ich eigentlich suchte, weshalb ich diesen Rückzug in die Natur angetreten hatte. Genau davor war ich zurückgeschreckt. Das Große Geheimnis ist also nur zu erlangen, indem ich die Suche danach aufgebe, und mehr noch: mich selbst. Auf diese Weise ist das Geheimnis bestens vor Egomanen, spirituellem Kitsch und seelischem Selbstbetrug geschützt, einfach deshalb, weil nur betrügen kann, wer ein Ich hat. Wer keins mehr hat, steht automatisch jenseits allen Betrugs, weil nur ein Ich sich und andere betrügen, weil nur ein Ich sich noch mehr zum Ich machen will – also noch besser, noch schöner, noch größer dastehen möchte. Denn der Urtrieb des Ichs ist die Sucht nach noch mehr Ich. Unser Ich lebt von einer Kraft, einem Sog namens Selbstvergrößerung. Ein Ich will also immer mehr Ich werden, niemals weniger. Dennoch schimmert durch die zwanghafte Ichstruktur etwas durch, was ich hier Nicht-Ich nenne und das immer in allen Lebewesen vorhanden ist, denn es handelt sich dabei um den Urlebensimpuls. Aber paradoxerweise ist es ein Impuls, das Leben ins universale Ur-Ich zurückzuziehen. Das Ur-Ich kennt die abgetrennte Ichstruktur nicht, es kann alles und vieles sein, es ist beliebig – ja, es kennt nur die Sucht, alles sein zu wollen.

Ich unterscheide also zwischen dem Ur-Ich des Plasmas und dem Ich des Körpers. Beide sind eins, aber durch die Trennung von Plasma und Stoff wurde ein Teil des Ur-Ichs ins Stoffliche gezogen; es verstofflichte gewissermaßen und verhält sich nun wie Stoff, indem es sich von anderen Ichs auf dieselbe Weise isoliert, in der auch Stoffgegenstände sich nicht als andere Gegenstände fühlen. Der Stoff bewirkt Trennung. Das Feste hat die Tendenz, sich von anderem Festen abzugrenzen. Im Plasma ist es anders; im Flüssigen, im Luftigen verbindet sich notgedrungen jedes mit jedem, weil hier keine Mauern und Grenzen bestehen. Deshalb verbindet sich dort unser Ur-Ich schnell mit anderen Ur-Ichs – ebenso, wie sich Gefühle schnell miteinander verbinden. Beschreiben wir das Verhältnis einmal von folgender Warte aus: Wenn sich zwei Menschen treffen, haben beide sogleich Gefühle bezüglich dessen, wie der andere ist. Aber diese Gefühle sind unsicher, weil man den anderen ja nicht richtig kennt. Warum aber kennen wir den anderen nicht sofort, wenn wir ihm begegnen? Weil die beiderseitigen Gefühle sich nicht unmittelbar miteinander verbinden können, denn der Körper wirkt als eine Art Barriere. Könnten sich diese Gefühle wie im Fall der Nah-Todeserfahrung unmittelbar begegnen, würde jeder sofort über den anderen Bescheid wissen, denn Gefühle sind so flüssig, daß sie sich sofort verbinden müssen und nicht getrennt bleiben können. Dabei kommt es zum einen zur unmittelbaren Verbindung, so daß beide Ichs sich vereinigen und auf diese Weise sofort verstehen können, was das andere Ich wirklich fühlt und wie es ist; zum anderen aber färbt der Gefühlszustand des einen Ichs auf das andere ab, so daß die Gefahr besteht, daß mein Ich sich verändert, verflüchtigt und auflöst, zugleich aber auch durch die Übernahme des Gefühls des anderen Ichs eine Erfahrung macht, die mein Ich bereichert, ausweitet und vervollkommnet. Im Grunde will ein Ich eben deshalb alles erfahren und alles sein, weil es auf diese Weise vollkommenes Gefühl, totales Urgefühl – das alle Gefühle in sich einschließt – werden kann. Daß dies ein zweischneidiges Schwert ist, wird klar, wenn wir auch negative und falsche Gefühle annehmen; doch zur Vollkommenheit gehört eben auch die Fähigkeit, falsche ebenso wie minderwertige, schlechte oder kranke Gefühle nachempfinden zu können, denn nur so können unsere kleinen Ichgefühle zu dem werden, wonach sie sich instinktiv sehnen: jenem Urgefühl, in dem sich sämtliche Gefühle zu einem umfassenden, vernetzten Universalgefühl verbinden. Dazu ist das kleine Ich unfähig, darunter leidet es und deshalb sehnt es sich nach seiner Auflösung.

2. DIE MUTTERGÖTTIN WILL RITUALE

Die Verehrung der drei Muttergöttinnen

DIE VERFÜHRUNG DER NACKTEN GÖTTIN

Wir suchen heute in ausgefeilten, kleinkarierten Psychotechniken unser Heil, um ebenso kleinkarierte Seelenprobleme zu lösen. In der Natur- und Ritualtherapie jedoch geht es nicht um isolierte Seelenhindernisse, im Grunde sogar überhaupt nicht um Hindernisse, sondern um die Erfahrung des Seins als Ganzem. Nur durch die Erfahrung der Ganzheit des Seins ist echte Heilung möglich. Dadurch lösen sich von selbst fast alle kleinen seelischen Schwierigkeiten auf, weil sie alle auf ein und demselben Urproblem beruhen. Dieses Urproblem ist der westlichen Psychotherapie jedoch unbekannt, und sie könnte es mit ihren Mitteln auch niemals lösen. Um dieses Urproblem geht es in der Naturtherapie: *Die Erfahrung der Natur als Sinnbild des Geistes.*

Das ganze Sein – Geist, Seele, Natur – wird naturpoetisch als Mutter verstanden. Die größte Heilung besteht im Erstaunen über die Großartigkeit der Muttergöttin, der Seele des Alls. Krank wird, wer die Göttin nicht kennt, sie nicht verehrt und das Dasein einfach als gegeben und bekannt oder gar als den eigenen Kräften unterliegend versteht. Je größer mein Staunen über das Wunder der Naturgöttin, umso größer ist auch die innere Läuterung und Reinigung, denn wer staunt, sich wundert, erfährt den heiligen Schauer des Seins. Dieser Schauer reinigt uns von beschränktem Wissen, engherzigem Glauben und humaner Arroganz – den Ursachen aller seelischen Krankheiten. Das ist die alte Weise der Heilung, sich ins ganze Sein wie in einen Fluß hineinzuwerfen, Sein zu werden. Krankheiten entstehen nicht durch abgesonderte Konflikte, sondern durch einen grundlegenden Mangel an Seinserlebnis. Wer nicht vom Wunder des Daseins durchdrungen ist – welches vor allem darin besteht, daß die Stofformen geronnener Geist sind – erkrankt. Die Naturtherapie versucht, den Menschen zum Urerlebnis des in-der-Welt-Seins, der Erfahrung der Großen Seinsgöttin in tausend Gestalten zurückzuführen.

Wenn du das Sein als Ganzheit erfahren willst, hilft dir keine wissenschaftliche Terminologie weiter; am besten stellst du es dir als Große Göttin vor. So taten es bereits unsere Vorfahren, und so waren sie dem reinen Sein am nächsten. Die Urmutter oder Muttergöttin ist jenes Bild, für das sich deine Seele am ehesten öffnet. Die Muttergöttin stellt eine Überpsychologie dar, die der Psychologie des Seins und nicht jener der Menschen entstammt. Der Mensch kann sich der ungreifbaren Größe des Kosmos nur über greifbare Sinnbilder annähern; deshalb wird hier der Mutterarchetyp herangezogen.

Ich erlange seelisches Heil und Heilsein, indem ich mich allein und für lange Zeit in die Natur begebe. Die traditionelle Psychologie besagt, daß ich das Heil auf dem Wege tiefster Seinserfahrung erreiche. Die Naturvölker suchten ihr Heil in dem, was ist: im Naturrealismus. Weil die Natur reiner Geist ist, handelt es sich dabei um die höchste Form der Geistigkeit. *Natur ist geoffenbarter Geist. Der Gegensatz zwischen Materie und Geist existiert in Wahrheit nicht. Der Geist kann jedoch nicht unmittelbar, sondern nur über sein Sinnbild Natur erfahren werden.*

Drei Geschichten von Muttergöttinnen

Die Kelten wußten, sie erhalten von der Großen Göttin alles, Leben und Tod. Alle Überlieferung dreht sich um dieses Thema: Leben und Tod. Die keltische Religion war im Innersten tiefe Verehrung für die Muttergöttin. Jeder Kelte verstand sich als Ausdruck der Göttin und zugleich als ihr Kind.

Die Muttergöttin Medb

Medb hieß eine keltische Muttergöttin. Sie pflegte nackt zu baden, denn die Göttin ist stets nackt. Warum? Weil das Sein nackt ist. Es heißt, sie sei so schön, daß einem Mann bei ihrem Anblick die Kniee weich werden. Das Dasein ist in der Tat überwältigend. Medb galt gleichermaßen als Fruchtbarkeits- wie auch als Kriegsgöttin, was ein klares Licht auf die Natur des Seins wirft: Natur ist Liebe und Krieg, Geburt und Tod – und nicht nur das eine oder das andere. Die Große Göttin ist alles, was wir lieben und hassen. Es gibt kein Innen und Außen, ich bin die Große Göttin.

Medb wird in den keltischen Geschichten auf zweierlei Weise dargestellt: Einerseits ist sie nur allzumenschlich, eben eine Zusammenfassung alles Menschlichen. Andererseits jedoch ist sie übermenschlich, überirdisch und universal. Damit wird gezeigt, daß die Götttin im Kleinen wie im Großen ist und kosmische Bewegungen nicht besser oder größer als unsere kleinen Menschenbewegungen sind.

Die Göttin wird als menschliche Königin mit allen Schwächen und Stärken portraitiert, womit das Paradoxon vermittelt wird, daß es den Gegensatz zwischen mir auf der einen und der Urnatur auf der anderen Seite nicht gibt. Wenn wir das einmal erkannt haben, begreifen wir alle Lebensvorgänge als Teile eines einzigen, einheitlichen Teppichmusters. Dann ergeben alle Gegensätze und Feindschaften ein notwendiges Ganzes.

Ein letztes großes Hindernis auf dem Weg zur Erkenntnis des Daseins wurde von unseren Vorfahren folgendermaßen bewältigt: Medb starb und wurde mehrmals wiedergeboren. In den von ihr handelnden Geschichten weiß man oft nicht, ob man es mit der Mutter oder der Tochter oder gar mit der Tochter der Tochter zu tun hat. Doch das geschah ganz bewußt, weil es vollkommen unwichtig ist, welcher Generation Medb angehört. Viele Male stirbt sie und wird neu geboren, bleibt dabei aber immer die gleiche; nur für die Menschen scheint sie jedesmal eine andere und neue zu sein. Hier wird gezeigt, daß sich das Immergleiche nur äußerlich verwandelt, während das Prinzip des Seins unter allen Masken erhalten bleibt. Wir sollen lernen, hinter allem Neuen das Ewigselbe in neuen Kleidern zu sehen (siehe auch meine beiden Titel *Das Totenbuch der Kelten*, AT-Verlag 2002 und *Das Totenbuch der Germanen*, AT-Verlag 2001).

Die Muttergöttin Ness

Hier eine Geschichte der Muttergöttin Ness. Eigentlich hieß sie Asa – „die Sanfte“ – wurde aber auch Ni-Asa, „die Unumgängliche“, genannt. Muttergöttinnen sind widersprüchlich, weil das Sein selbst so widersprüchlich ist. Der Druide Cahthbad wurde von der Ness gefragt, wozu der heutige Tag günstig sei. Unumwunden antwortete Urvater Cathbad, „um mit einer Königin einen König zu zeugen." Er machte sein Ansinnen bald wahr und zwang die Weiblichkeit zur Heirat. Das ging folgendermaßen vor sich: Cathbad ertappte die Ness beim Baden – Göttinnen baden immer, weil das Wasser, das feinstoffliche Plasma, ihr Element ist, und sie baden nackt, weil das Sein nackt ist. Er stellte sich zwischen sie und ihr Schwert, so daß sie sich nicht verteidigen konnte, und rang ihr so das Heiratsversprechen ab. Die Moral von der Geschichte lautet: Göttinnen sind anziehend und lassen sich leicht verführen, denn das Sein ist schön und verführerisch. Wir aber verführen oder vergewaltigen es dauernd und tun so dasselbe mit uns selbst. Wir zwingen die Erdmutter auch in Gestalt von uns selbst dauernd zu allem Möglichen und Unmöglichen.

Die Große Göttin ist die Nackte, die Badende, und das Wasser als Feinstoff sowie alle Nixen und Nyaden sind Abwandlungen von ihr. Sie ist Sein und Nichtsein, Leben und Tod. Sie ist auch Verführerin, Vergewaltigerin, Mörderin oder Liebhaberin – weil sie eben alles ist.

Die Muttergöttin Caillech

Die große Muttergöttin Caillech galt gleichermaßen als häßliches altes Weib wie auch als strahlende Schönheit – dem einen erscheint sie so, dem anderen so. Caillech heißt „die Verschleierte" oder „die mit der Kapuze". Die duale Darstellung der Großen Göttin verweist auf ein paradoxes Geheimnis, nämlich darauf, daß sie gar nicht dual ist! In Wahrheit gibt es nichts Schönes und nichts Häßliches. Gehe den Weg, ohne Urteile zu fällen, denn Gutes und Schlechtes ergeben ein Ganzes. Erkenne das Ganze! Je nachdem, wie du sie siehst, ist Caillech schön und alt zugleich. Der Caillech wurde die letzte Garbe im Feld geopfert, woher der Brauch stammt, Strohpuppen aufzustellen, die sie symbolisieren. Beim Erntedankfest wird sie dann in dieser Gestalt in die Kirche gebracht.

In Irland erzählte man, sie habe sieben Gatten überlebt, denn die Große Göttin ist unsterblich. Daher heißt es auch, daß sich ihre Kinder zu Rassen und Völkern erweiterten. Der Mensch steht hier als Kind der Großen Göttin. Ich würde gerne wissen, was die Evolutionstheorie dazu sagt. Für die Kelten gab es keine Evolution! Die Zeit steht still, aber die Illusion der Zeit ermöglicht die Entwicklung von Geschichte.

Die Symboltiere der Caillech sind Kranich und Stier. Der Stier versinnbildlicht das Plasma, die Todesdimension, und der Kranich die frei fliegende Seele. Eine der Geschichten um die Caillech erzählt, wie sie in Gestalt der Kraniche getötet wird; doch sie verwandelt sich zurück und wird zu Menschen. Dauernder Tod und Neugeburt wird hier gepredigt, die Verwandlung des Immergleichen in immer neue Gestalten.

Im Ritual der Naturtherapie geht es um die Wiederbelebung der Muttergöttin – auch für den modernen Menschen, der ja gar nicht modern sein kann, weil es nichts Modernes gibt, denn die Göttin als das Ewiggleiche kehrt immer wieder in verwandelter Gestalt zurück. Natürlich will diese alte Sehweise, die die Muttergöttin in den Vordergrund rückt und sich vom verkorksten Intellektualismus lösen muß, erst wieder erinnert und gelernt werden.

NATURZEREMONIE – DIE WIEDERGEBURT DER SEELE

In den letzten Jahren geht ein großer Aufschrei durch die Szene der Psychologen und Psychotherapeuten: Von akademischen Modellen enttäuscht, suchen viele von ihnen nach immer neuen Verfahren der Heilung. Mein persönlicher Weg lag ganz abseits ausgetretener Pfade; es wurde sprichwörtlich ein Pfad durch Unterholz und Gestrüpp. Ich wollte die Menschen in die Natur führen und sie dort dem Schauer des Alleinseins und der nachfolgenden tiefen Beruhigung überlassen. Aber einfach nur in der Natur allein zu sein reichte nicht aus, und so suchte ich nach zusätzlichen Praktiken und Hilfsmitteln. Neben meiner psychologischen Arbeit bin ich Völkerkundler und beschäftige mich mit den Lebensgewohnheiten von Naturvölkern – darunter insbesondere mit jenen der Heiler, Schamanen und Medizinleute, der Weisen der Stammesvölker. So übernahm ich Heilweisen des Schamanentums und Philosophien aus den alten Mythologien. Abseits aller modernistischen Strömungen in der Psychologie, die jede Woche einen neuen Kult gebärt, suchte ich nach einer für den Abendländer angemessenen Übertragung der archaischen Naturpraktiken der Stämme ins zeitgenössische Leben.

Wie treten Naturvölker Quellen und Sträuchern gegenüber? Mittels des Ritus, mittels der Verehrung. Die Zeremonie setzt einen Rahmen, innerhalb dessen wir uns Lurchen und Libellen nähern können. Dem geht jedoch die lange Natureinsamkeit voraus, die uns öffnet, reinigt und in den Stand der Schau versetzt. In der anschließenden Naturzeremonie wird diese Naturerfahrung verarbeitet und ins menschliche Dasein zurückgeführt. *Diese frei gestalteten Freude- und Lustfeste sind die Brücke zwischen Natur und Kultur.* Sie helfen, einen sanften Übergang von der Ichauflösung in der Natur zum neuen Ichaufbau in der Kultur zu schaffen. Je nach Erfahrung bekleiden wir uns wie die alten Völker aus Lebensfreude und Vereinigungsdrang mit Naturstoffen, Blüten und Blättern, die in unserer Erfahrung eine Rolle gespielt haben. Dann entwerfen wir auf der Grundlage unserer Erfahrung eine Verehrungszeremonie für die Naturkraft, die hinter den Sumpfgräsern, dem Morgendunst und dem Eichenhain steht. Was die knorrige Föhre und der Felsdolmen uns gegeben haben, geben wir ihnen nun beim Übergang in unsere angestammte Welt durch ein Dankbarkeitsfest, eine Verehrungs- und Verkleidungszeremonie, also durch ein Verwandlungsritual zurück.

Die in der Einsamkeit und Naturschau gewonnenen Erfahrungen sollen verkörpert werden, und zwar durch Naturriten, in denen die erlangten Einsichten als Dramen, zeremonielle Handlungen und Choreographien nachgespielt werden. Die Teilnehmer verwandeln sich dabei in die darzustellenden Archetypen und Energieformen des Waldes. Je länger ich zwischen Schilfhalmen und Froschgequake, in warmen Regengüssen oder in glühender Sonne allein bin, umso mehr enthüllen sich die Gesetze der Natur. Gleichzeitig tritt unsere Seelennatur als symmetrisches Ebenbild der äußeren Natur hervor, frei von Kulturballast und Egozentrik. Die große Einsamkeit in der Höhle oder am Kratersee schleift alles künstliche Kulturgehabe und alle Ichaufblähungen genauso ab, wie der Bergbach den Fels abträgt.

In der Naturtherapie geht es um Seinsöffnung, Öffnung für das ungeschminkte, „asoziale", „unmenschliche" Sein, wie es ist, ohne unsere Benennungen und Ansichten. Der Buntspecht hat keinen Namen, kein Biologe hat ihn je erfasst. Ich erfahre Baum, Stein und Berg nur, ich verwandle ich mich in ihn. Ich bin Schnecke, Schleiereule, Schieferfels. Beim langen Sitzen an der scharfen Klippe, beim stillen Betrachten der smaragdgrünen Steinader wird diese zunächst grüner, dann bewegt sie sich schlangenhaft, bis sie schließlich aus dem Fels tritt. Jetzt wird sie zur Kraftader, und endlich schlängele ich mich wie sie.

Naturritual: Seelentod & Wiedergeburt

Seinsöffnung: Schaumblase im Wellenkamm

Die Voraussetzung dafür ist innere Leere, das Gereinigtsein von allen Gedanken und jedem Kulturgetriebe. Verwandlung bedeutet, daß sich eine uns umgebende, uns durchdringende größere Dimension von übermenschlicher Seinsqualität offenbart. Darin sehen wir uns als Schaumblase im Wellenkamm, als Teil der großen Seinswoge. Jetzt ist die Seinsöffnung erreicht. Die Seele ist Natur geworden. *Die Symmetrie von Geistfeld und Naturfeld ist erreicht.*

> *Seit vier Tagen sitze ich am kleinen Moor. In der Nähe liegt ein altes Hügelgrab. Birken, Schilf, ein paar Frösche quaken. Vier Tage, fastend, allein; mein Denken hat aufgehört, mein Leben ist gegenüber dem Spätsommer zurückgetreten, der das Moos bräunlich färbt und die langen Grasähren knickt. Ich kenne nur das kleine Moor, weil ich so daliege wie es selbst. Ich spreche mit einer sanften Moorfrau, spüre ihr Dasein umgeben vom Walddickicht, der Landstraße und dem Ort, der nach ihr benannt ist: Faulenfürst – fauliger Berg. Einmal ganz Moor zu sein, zu spüren, daß es noch andere Wesen als Menschen gibt, mit anderer Lebensform, ist ungemein erfrischend – ein anderer zu sein, aber irgendwie dadurch eigentlich bei sich selbst anzukommen.*

Das ist die Naturerfahrung einer 33-jährigen Frau, die an mangelndem Selbstwertgefühl und Lebensüberdruß litt. Ich schickte sie im Rahmen der Naturtherapie ins Moor, wo sie erstmals wieder sich selbst erfuhr, doch diesmal als innig mit der Umwelt verknüpft, die eigentlich ihre Innenwelt ist und zu der sie nun wieder wurde.

Die Lebenskraft ruht im Morgennebel

Wo erholen wir Menschen uns am ehesten? Was heilt unsere Seele, was beruhigt uns, was läßt uns einen Weg aus Lebenskrisen, Verzweiflungen und Störungen finden? Als Psychotherapeut habe ich mir diese Frage dauernd zu stellen. Welche Heilweise ist für welche Menschen geeignet? In den achtziger Jahren faßte ich aufgrund meiner tiefsten Unzufriedenheit mit den konventionellen Dauergesprächen mit Patienten den Mut, jene Dinge als Hilfsmittel anzubieten, die mir selbst immer aus allen Nöten und Zweifeln geholfen hatten, und das waren schlicht und ergreifend der Wald, weite Wiesen, Fernblicke über meine Schwarzwaldberge sowie an unseren Mooren und wilden, tief im Wald versteckten Teichen zu sitzen. Im Morgengrauen ganz alleine mit dem Hund zu ruhen, wenn die Nebelschleier sich lüften und der letzte Dachs im Bau verschwindet; oder träumend im Schoß der großen Erde liegend den Mond zu beobachten, wie er die laue Sommernacht in fahles Licht taucht.

Ich frage mich: Woraus schöpft der Mensch seine Lebenskraft, wenn nicht aus der wilden Reinheit des Bergsees und der Morgenröte, aus dem Bussardflug und dem Wolkendunst? So begründete ich eines Morgens nach einer durchwachten Nacht auf einer schweizer Hochalm am Säntis bei Appenzell eine neue Therapierichtung: *Die Naturtherapie. Naturtherapie ist eine Reise in die Seele der Wildnis und damit die Wildnis unserer eigenen Seele.* Natur ist der größte Heiler. Natur läßt sich aber nur allein erfahren, ganz allein. Daher beginnt und endet Naturtherapie mit langen Aufenthalten unter Bäumen, am Bachquell, im alten Steinkreis. Das moderne Tingeltangel lebensunsicherer Workshopfanatiker und Gruppenmenschen findet hier ein Ende, und auch meine Karriere als Therapeut endete auf jenem steinigen Hang, der völlig ungeeignet war für einen längeren Aufenthalt, wo mich aber ein unbewußter Drang sieben Tage sitzen ließ.

Naturzeremonien können sich auf Naturverehrung oder Naturerotik beziehen, auf persönliche Visionen oder das Kraftfeld des jeweiligen Naturheiligtums, aber auch auf einen Urtyp der Natur wie zum Beispiel den Weltenbaum, das Ur-Ei, die Große Mutter, den Tod, die Geburt, den Kreis. Wenn wir unsere Wahrnehmung auf das Pflanzen- und Steinreich ausrichten, verfallen wir durch die Einsamkeit, das Alleinsein und die Auflösung unseres Ichs in eine andere Welt, und wenn wir daraus wieder auftauchen, hilft uns eine Zeremonie oder ein Naturfest, diese andere Welt zu verarbeiten und in unseren normalen Alltag hinüberzuretten. Man kann diesen Festen auch Namen geben, zum Beispiel *Am Totenfluss, Geistertanz, Feueropfer, Anrufung der vier Himmel, Insel des Jetzt, Geisterkanu, Herrin der Waldtiere* oder *Die nackte Göttin.*

Ritus der inneren Entleerung *... an der nördlichsten Spitze von Island*

Sechster Tag an der Felsklippe über dem isländischen Meer. Anrufung der Morgensonne. Sie steigt auf über dem Nachbarberg. Ich rufe laut, ich singe, ich schreie gegen die Brandung an, ich versinke in Pausen, tauche in den Feuerball ein. Aber wer ist „ich"?– Ich rufe dich an, Sonne, nimm mich auf in dir, will auch Sonne sein. Ich opfere mein Ich für dich, ich stelle dir hier all meine Eigenschaften hin, verbrenne sie; ich entsage mir, ich öffne mich, ich stürze hinein in dich. Ich opfere mich dir, nackt stehe ich in deinen Strahlen.

Das ist die Tonbandmitschrift der Erlebnisse eines 62-jährigen Buchhalters. Bei unserer ersten Begegnung sagte er: „Ich komme zu Ihnen, weil ich wieder leben will!" Er litt unter starken Ängsten, Existenzverlust, Einsamkeit, Kontaktmangel, trockenem Hyperintellektualismus und Gefühlsarmut. Nach mehreren Naturaufenthalten und einigen Gesprächen beendete er seine Berufslaufbahn vorzeitig, heiratete spontan (nach über 30 Jahren ohne Beziehung) und schrieb mir eine Karte aus Südspanien, wohin er einem plötzlichen Impuls folgend mit seiner neuen Lebensgefährtin gezogen war.

Wie können wir uns heilen und erquicken, ohne auf eine moderne Therapie und einen Therapeuten zurückzugreifen, nur indem wir alleine im Waldtempel oder an der Felskathedrale stehen? Reicht es, einfach allein an der Uferböschung zu sitzen, oder bedarf es gewisser Übungen? Die moderne Welt legt Wert auf festgelegte, programmierte und bekannte Therapieverfahren. Auch im spirituellen Bereich liebt man vorgefertigte Verhaltensweisen und geplante Schritte. Man kann heute hunderte von Methoden erlernen, und jeder will eine sogenannte Ausbildung mit Diplom und Nachweis absolvieren. Man möchte etwas Festes in der Hand haben, weil man keine starke Lebenskraft spürt. Mit diesem Trugschluß haben wir im Pflanzentempel keine Chance. Lachmöwen und Kaninchen sind überfordert, wenn du sie nach einer Abschlußprüfung fragst. Auch die Seemöwe und die Hirschkuh schauen verwirrt, wenn es um die vierte Stufe zum Meisterdasein geht. Und frag nie das Rehkitz, wann welche Methode einzusetzen ist. Natur kennt nur den magischen Augenblick, und der sagt dir auch ohne Lehrer, Meister und Magier messerscharf, was zu tun ist. In der Natur geschieht alles spontan! Wiesenhalme schwingen mit dem Wind, Rotbuchen passen sich den Regentropfen an. Weisheit hat keine Methode, Heilige schweigen, wenn die Nacheiferer gierig werden. Zunächst muss durch lange Einsamkeit eine seelische Entleerung von Gedanken und Gefühlen, Erinnern und Wollen stattgefunden haben. Wenn das einigermaßen erreicht worden ist, geht man im zweiten Schritt zum Ritus der seelischen Reinigung über. So zumindest hielten es die alten Völker. Seelische Reinigung wird durch Entsagung bewirkt, durch die Preisgabe und Öffnung unserer menschlichen Verfassung, durch das Opfern dessen, was man liebt und nicht entbehren zu können meint: Unsere wilden Ichgefühle, unsere Identität als Körper und Egoseele. Wie reinige ich mich von mir selbst, von den im Lebenskampf angenommenen und aufgezwängten äußerlichen Verhaltensmustern? Wir versuchen wieder in den ursprünglichen reinen Seelenzustand zu gelangen, und der ist bedeutsamerweise vom inneren Wesen der Natur selbst ununterscheidbar. Menschen- und Naturseele schwingen in gleicher Weise. Statt psychologisch vorzugehen und den Weg zurück zur Seele einzuschlagen, gehen wir den Umweg über die Waldameise und die Wanderheuschrecke, was viel leichter ist, als sich unmitttelbar der eigenen Seele zuzuwenden, weil sich da stets eine Hemmung auftut. Der Mensch verwandelt sich erst in sich selbst, nachdem er Kriechschnecke und Kräutlein geworden ist. Das ist die Opferung des Ich und gleichzeitig die Liebe zum Anderen. Eigentlich handelt es sich dabei nur um die Liebe zum Anderen, die uns von uns selbst befreit – sprich: uns wir selbst werden läßt. Wir reinigen uns durch Hingabe an die Natur, durch Anrufung der Pflanzen, wenn wir ihnen nach zwei Wochen am Wiesensaum nahe gekommen sind, indem wir uns aus Mitgefühl, aus tiefer Achtung und auch aus Erschöpfung in sie verwandeln, wie sie fühlen.

Ich bin der Frosch, die Möwe, der Lachs. Ich tanze wie der Wind, ziehe wie die Wolke, bin Wellenkamm. In den Herbstfarben, den Blattformen, den Tierrufen finde ich mich wieder. Jetzt werde ich wahrhaft ich selbst, häute das erworbene, blasse, zwanghafte Kulturgehabe, die seichten die Denkfixierungen, das ganze Gehäuse der Zivilisationsregeln ab. Nicht, daß ich nun Waldzwerg und Kulturfeind werde, im Gegenteil: Ich bewege mich von nun an im Kulturgetriebe wie der Fisch im Wasser, segle wie der Adler durch die Klippen meines Lebenslaufs. Ich lebe in der Kultur, stamme aber nicht von ihr!

Ritueller Gruß an den Tag

Kultur verbietet Natur

Durch lange Naturaufenthalte in der Einsamkeit der Endmöräne, am Gipfeljoch, am sanften Palmenstrand, durch mehrtägige Visionssuchen, Pilgerfahrten zu Naturheiligtümern und Kultstätten, Dunkelaufenthalten in Grotten und Meditationen auf heiligen Bergen und in frühgeschichtlichen Tempelarealen finden Menschen in der Naturtherapie einen Weg zu sich selbst und zur Einheitserfahrung mit der Natur. Rituale spielen dabei eine wichtige Rolle. Der erfahrene Naturmensch kann allerdings auf alle Rituale verzichten. Seine Natur ist ihm Ritual, doch schätzt er die Zeremonie als Muse und die Meditation als Dank an Götter und Gnome. Wir können jeden Tag mit einer kleinen Naturhandlung beginnen, aber nicht zwanghaft nach Plan, sondern aus dem spontanen Gefühl für das Wunder des Daseins heraus. Doch wer das Dasein nicht spürt, kann auch kein Ritual durchführen. *Deshalb entspringt das echte Ritual von selbst unseren eigenen Knochen.*

Etwas anderes ist die große Verehrungszeremonie in der Gruppe oder ein Mysteriendrama, denn hier muß geplant werden. Wie jeder merkt, stärkt das spontane Ritual unsere Naturkräfte. Hier erst werden wir zu dem, was wir wahrhaft sind, streifen alle Bindungen ab und besinnen uns auf unser Urwesen, denn der Kulturalltag verbietet uns, wir selbst zu sein. *Kultur verbietet Natur!* Die rituelle Hingabe, der Mut des Herzens, sich im Seinsgenuß zu verbluten, läßt uns Mut schöpfen, baut unsere Widerstandskraft auf, heilt und reinigt uns von Verschattungen und mitmenschlichem Ballast und läßt uns gegen die Kultur aufstehen. Naturtherapie heißt Naturmensch, Urmensch werden.

Es ist die erste Tatsache des Lebens, daß uns unsere selbstgemachte Kultur an die Kandare nimmt und uns auspeitscht, sobald wir als Pferde und Maulesel stehen bleiben und entspannen wollen. Die Kultur ist ein Kutscher, der peitscht, und darin sehen die Verirrten den Sinn von Kultur und Sein. Doch hier irrt man jämmerlich: *Es darf Kultur geben, sofern sie Natur bleibt. Kultur ohne Natur ist kranke Natur* – und unsere Kultur ist krank. Versteht man aber, aus dem engen Stiefelzwerg der Sitten und Gesetze herauszuschlüpfen, heißt das, im Naturmaßstab frei zu werden. Doch was Natur sein soll, weiß heute kein Gebildeter mehr, denn *Bildung lähmt die Instinkte.* Instinkte aber sind die Seelenbewegungen unserer Natur. Der Mensch ist kein Körper, sondern geborener Geist und geborene Seele, die sich zur Zierde eine Toga aus Fleisch umgelegt hat. Wenn du begreifst, daß du Seele und mehr noch, reiner Geist bist, aber Arme und Beine als Werkzeuge in der Materie trägst, dann dämmert Wachheit herauf und damit die ersten Funken der Therapie der Natur.

DIE KRAFT DER VERWANDLUNG

Wir sind nicht allein! Die Anderen sind da – Pflanzen, Tiere und Steine!

Die Anderen sind ebenfalls Menschen, doch anderer Art. Die Große Göttin erschafft die Wesen entsprechend ihren Bedürfnissen. Eulenmenschen werden Eulen, Granitmenschen werden Granitfelsen, und wenn wir alle Lebensformen aller Menschen der anderen Art erfahren, erhalten wir Zugang zum Reich der Lebens. Das ist eines der tiefsten Geheimnisse des Lebens, das die moderne Welt vollständig vergessen hat. Die alten Kulturen wußten jedoch darum und setzten den Kontakt mit den Anderen im Leben an oberste Stelle. Wie aber kann man mit einem Eulenmenschen sprechen? Wie versteht mich die Elchkuhfrau? Und: Kann ich mich wirklich mit dem Mondmann verbinden? Den alten und ersten Kulturen war am Kontakt gelegen, sie fühlten sich nicht allein und betrachteten sich daher auch nicht als Herrscher des Planeten, sondern als seine Gäste. Sie verhielten sich artig und bedankten sich. Wer bedankt sich heute bei Enten oder Eulen?

Wenn man einmal ein erstes Gefühl dafür erweckt hat, daß Eulen Menschen anderer Art sind, und sich nicht mehr von der anderen Körperform und vom leisen Flug des Eulengefieders einschüchtern läßt, dann erkennt man, daß die Eule in der Tat ein Mensch ist und sich gar nicht so sehr von uns selbst unterscheidet. Das öffnet das Tor der Verständigung. Ja, von der anderen Wesensart, die andere Bereiche des Seins anspricht, kann man sogar lernen. Man wird zum Schüler von Enzianen und Ebereschen. Man wird zum Schüler der Erdmutter. Man verneigt sich, dankt, opfert, bringt Geschenke dar, wird demütig. Demut zeichnet die alten Stammeskulturen aus, denn sie wußten, daß sie sich in einer großen Schule befinden.

Aus dieser tiefen Erkenntnis und dem Gefühl, einer universalen Menschenfamilie anzugehören, steigt der Wunsch empor, auch einmal Eule und Erde zu sein. Man möchte wissen, wie es sich anfühlt, im Federflug die Nacht zu durcheilen. Man möchte wissen, wie weit man mit Eulenaugen sehen kann und wie sich die Weisheit im Eulenfederkleid anfühlt. Daher rührt die Kraft der Verwandlung und der Brauch, sich wie Tiere und Pflanzen zu kleiden. Jede Maskerade verkörpert die Sehnsucht danach, das andere Menschengeschlecht zu werden, denn an der Wurzel aller Seelenwesen ruht der Drang, alle Wesen auf einmal zu sein, also zum Universalwesen der gesamten Natur, zur Großen Göttin zu werden. Solange man auf eine einzige Lebensform zurückgeworfen ist, fühlt man sich einsam und vom Universalwissen abgeschnitten. Und so verkleiden wir uns mit den schlichten Mitteln des Menschenmenschen in Gorillas und Giraffen, mimen den Flug des Habichts oder den Schrei des Uhus und fliegen tanzend über unseren Tanzplatz oder erträumen ruhig daliegend, durch nächtliche Wälder zu schwirren und tun so, als ob wir ein Kautz wären. Aus diesem Urbedürfnis nun ergeben sich viele Riten und Zeremonien der Heilung, denn es ist heilsam, einmal einer der Anderen zu sein und sich selbst auf diese Weise zu relativieren. Die Relativierung des Selbst ist eine große Therapieform, denn wir leiden darunter, nur wir, nur Mensch zu sein, und dieser egozentrische Standpunkt verführt uns dazu, uns selbst so wichtig zu nehmen. Diese Selbstwichtigkeit ist jedoch unsere größte Krankheit.

Es ist also die größte Freude und dadurch auch die größte Heilung, uns von uns selbst zu befreien, indem wir in die Rolle von Anderen schlüpfen. Der moderne Mensch empfindet das als primitiv, und es ist in der Tat ein sehr ursprüngliches Verfahren, denn es entstammt jener Urweisheit, die wir verloren haben.

Neben der Möglichkeit, sich wie die Anderen zu kleiden und in ihr Verhalten einzufühlen, kann man sich auch in sie hineinspüren, indem man sie zeichnet. Das Malen erfordert langes Hinschauen und ein tiefes Einfühlen in den Charakter der Anderen. Deshalb bereitet es vielen Menschen große Freude, die Natur bildlich darzustellen. Das ist schlichtweg ein Urbedürfnis, auch wenn wir es als Kunst bezeichnen.

Gespräche mit Tieren und Pflanzen

Stell dir vor, du sitzt seit Stunden, seit Tagen am Bachquell. Vor dir dehnt sich sanft das Tal aus, und der Bach windet sich als Schlange in die Ferne. Am Anfang beherrscht dich Langeweile, aber langsam kommst du in deine eigene Mitte, erlaubst dir, tatenlos dazusitzen, lauschst zum ersten Mal dem Ruf des Kuckucks und hörst den Schrei der Elster und das Summen einer Biene. Du hast unendlich viel Zeit und kannst dich auf Belanglosigkeiten einlassen. Der Ginster unweit der Quelle erscheint dir auf einmal als lebendiges, individuelles Lebewesen aus langen Halmen – zuvor hast du das vielleicht mit deinem Verstand gewußt, aber jetzt gerinnt es dir zur seelischen Überzeugung. So entwöhnst du dich der Kultur, der Hektik und der unruhigen Vielfalt des sozialen Getriebes. Es ist, als bemerktest du die Natur erstmals als lebendigen Nachbarn.

Naturtherapie und Rituale finden nicht im sterilen Therapeutenzimmer statt, sondern in der Waldakademie, wo wir im Verein mit Pappeln und wilden Kirschen feiern, und zwar nicht alleine unter Menschen, sondern im Interspezies-Kontakt mit Menschen-Anemonen und dem unbenannten Menschen-Waldkraut. In der Waldfestung gewöhnen wir uns langsam daran, uns als lebendig, das heißt als *eine* Lebensform zu erfahren, als Kinder der Erdmutter. Das wilde rituelle Zwiegespräch mit dem Berg kann eine wirkliche Handlung werden, sofern wir Berg und Erde ganz in uns hineinlassen, aber das wird nicht durch Wünschen, Wollen und Verstand oder den inneren Befehl ‚*nun laß doch los*' bewirkt, sondern durch den reinigenden Schmerz der Einsamkeit,der Langeweile und des Nichtstuns.

Für die allermeisten Menschen ist bereits ein Tagesaufenthalt im Dschungel des Großen Grüns eine Zumutung, und jene mit spirituellem Hintergrund fragen tiefsinnig: „Welche Übungen muß ich da ausführen?" Um dem vorzubeugen, gibt es eine Vorbereitungsphase in Gestalt von Festen und Zeremonien, die in Naturheiligtümern, heiligen Hainen, bei einzelnen alten Bäumen, aber auch in historischen Orakelhöhlen und an überlieferten Visionsplätzen stattfinden. Es gibt Reisen zu den grandiosen Naturschauplätzen der Wüsten, zu den heiligen Bergen der Völker oder den durch lange Benutzung aufgeladenen Kult- und Verehrungsstätten der Stammeskulturen und vergangenen Zivilisationen. Der heutige Mensch muß wieder vom Wissen der Urkulturen lernen, wenn er sich in die Natur zurückgewöhnen will.

Im Alltag nehmen wir unsere Welt als eine Vielfalt von Dingen und Ereignissen wahr. Wenn wir jedoch lange allein in den Bergschluchten wachen und einsamkeitserfüllt über die Hochebenen schauen, schleicht sich eine neue Wahrnehmung bei uns ein – eine Art Einheitsschau, in der alle Naturerscheinungen miteinander sprechen. Langsam verlebendigen

Schlangenritual

sich für unseren Blick die Bäume und werden zu Baumwesen, Sträucher wedeln verdächtig, und der Wind will uns etwas offenbaren. Wir meinen, kindlich zu werden und fühlen uns ins Feenreich zurückversetzt. Selbst das steinige Hochland wird lebendig; plötzlich sind das keine toten Felsbrocken mehr, sondern wir befinden uns mitten im Naturgespräch, das Wolken, Erdhügel und Tannenzapfen miteinander führen. Durch das Fasten, das Alleinsein und den Schmerz des Nichtstuns nimmt unser Bewußtsein nun mit extremer Wachheit wahr. Nach vier Tagen auf einer Lichtung beginnen die Nachtgeräusche, einer Radiosendung zu ähneln: Plötzlich ist nichts mehr ohne Bedeutung – alles Rufen, Zirpen, Krächzen, alles Wehende, Knirschende und Schleichende vereint sich zu *einer* Sprache, die deutlich ausdrückt, was ist. Die Natursprache wird geboren. Du erkennst, daß kein Geräusch ohne Sinn entsteht, sondern alle zusammen ein Meer an Hinweisen auf sich selbst ergeben. Äußere Natur spiegelt die innere Natur, das große Geheimnis deutet an, daß kein Vogel schreien kann, ohne auf deinen Seelenzustand Rücksicht zu nehmen. Ein Meer an Bedeutungen dämmert herauf. Du verstehst jetzt, daß alle Naturlebewesen eine Einheit bilden und Innen und Außen sich wie Spiegel und Gegenstand zueinander verhalten. Das ist eine andere Welt, und zwar die wirkliche. Die meisten Psychiater sehen darin allerdings einen Beziehungswahn! Du jedoch weißt, daß du langsam in die große Wirklichkeit eintrittst – und jetzt schreitet das Reh in die Abendwiese und schaut dich gelassen an, denn es hat deinen Zustand erkannt. Du schaust ebenso gelassen zurück, und es kommt näher, um unbeschwert in deiner Nähe zu äsen. Tiere ruhen dauernd in der Schau des großen Naturgesprächs. Sie wissen, wann ein Mensch in der Naturschau ruht und haben dann keine Angst mehr vor ihm. Nach langer, peinigender Einsamkeit ist dein Ich in der großen Schau versunken und dein lauschendes Nicht-Ich daraus hervorgetreten. Du spürst körperlich, daß die Bäume, Sträucher und Tiere von den gleichen Gesetzen beherrscht werden wie du und *daß alle Wesen Abwandlungen des einen, Immergleichen sind.* In diesem Zustand verwurzelt, dämmert Lebenssinn, Heilung, mystische Größe herauf – kurzum, du wirst zum ersten Mal Mensch. Erlebnisse solcher Einheit mit der Großen Mutter erleichtern die Selbstfindung. Überhaupt halten uns Naturaugenblicke am Leben – sie stellen sich uns als das Schöne, Wahre, Gute dar, als Kunst, Liebe und Weisheit im Meer der kulturellen Prägungen.

RITUELLE STUFEN DER EINSAMKEITSERFAHRUNG

Einsamkeit in der Natur ist eine Initiation. Dieses Wort bedeutet „den Anfang machen". Initiation ist der erste Schritt ritueller Naturübungen.

Die Feierlichkeit der Natur

Die Naturtherapie ist keine fertige, in sich abgeschlossene Therapie oder Lehre; sie entwickelt sich für jeden Einzelnen erst durch tiefe Natureinsichten, Einsiedlererfahrungen, Naturfeste, Naturreisen und Besuche von Stammeskulturen. Aus diesen Erfahrungen kristallisiert sich eine ganz neue Seelenkunde heraus. Die Naturberührung schlägt unbekannte Töne in uns an und bringt Daseinsliebe, allseitiges Mitgefühl sowie überpersönliche Zustände hervor, von denen die bekannten Psychologien noch nichts gehört haben. Naturtherapie bleibt jedoch immer ein Unterfangen, denn ich gehe nie ganz ins wilde Treiben der Baumkronen und Felsgesichter ein. Sonne und All werden zwar meine Meister, aber ich erreiche sie niemals ganz. Da ich mich nie völlig in den Schilfhalm als stoffliches Wesen verwandle, bleibt die Naturtherapie stets das nie Erreichte – es bleibt dabei, vor dem, was ist, niederzuknien, um an der Naturwelt teilzuhaben, indem man ihrer Größe die eigene Kleinheit opfert. Das Opfer ist also eine instinktive Handlung, die jeden Naturbegeisterten von selbst erfaßt. Dieses Opfer ist keine geplante Handlung, sondern strömt von selbst aus uns heraus.

Die Naturtherapie ist eine dem Zeitgeist entsprungene Antwort auf den Verlust einer heilen äußeren Naturwelt, die zu einer unheilen inneren Natur der menschlichen Gesellschaft geführt hat. Das ansteigende öffentliche Bewußtsein für sogenannte ökologische Belange gründet sich weitgehend auf ein rein materialistisches Verständnis der Natur: Man möchte sie erhalten, weil sie da ist und versucht, ihre Gesetze mithilfe wissenschaftlicher Analysen zu verstehen. Doch die Natur läßt sich nicht verstandesmäßig oder durch Untersuchungen erfassen, sondern kann nur erfahren werden, indem ich mich ohne kulturelle Hilfsmittel in sie einbette und ihre Gesetzmäßigkeiten auf meine Seele wirken lasse. Dabei stellt sich nach langem Sitzen am Wildbach, in der Felsgrotte, in Schau vertieft, am Gipfel oder den Horizont überblickend ein erstes Gefühl dafür ein, wie die Natur lebt und wirkt. Sie arbeitet nicht mit Schnellkursen, sondern mit langer Dauer. Und schließlich, wenn wir nichts mehr erreichen wollen, wenn langes nächtliches Sitzen unser Wollen und Wissenwollen eingeäschert haben, überkommt uns eine Feierlichkeit, die später spontan im Ritus der Naturfeier gipfelt, denn jede echte Feier ergibt sich aus dem feierlichen Augenblick und nicht umgekehrt.

Die Morgendämmerung der Erkenntnis ist ohne Worte. Es fehlt die Lust, sie mitzuteilen, und sie aufzuschreiben kommt mir nicht in den Sinn. Ich weiß, und das genügt mir. Ich mag es hinaussingen, hinaustanzen, mag einen Schrei durch die Luft schicken, aber es wird nicht zum wissenschaftlichen Aufsatz oder zum Gespräch gedeihen. Naturerkenntnis ist Erfahrung, Erfahrung aber beinhaltet keine Worte! Danach ändert sich unsere Lebenseinstellung ohne viel Aufwand und Aufregung. Wir gründen uns allein in uns selbst und verlieren die

Abhängigkeit von Äußerem, von Menschen, von Institutionen und vom Wissen. In mir selbst ruhend, allein meine tiefe Wahrnehmung als Prüfstein für die täglich an mich herangetragene Flut der kulturellen Einflüsterungen nehmend, bleibe ich ein Fels in der Brandung. Ich zweifle nicht mehr an mir und flattere nicht mehr wie ein Blatt im Wind. Die Natur in mir spricht als letzter ewiger Prüfstein: Kehre zurück zu deinem stillen Weiher, klettere zu deinem Vogelhorst im Wipfel. Wer sich einmal fallenlassen und die Gräser und Wespenflüge durch sich summen lassen hat, wer einmal Held war und sich geopfert hat, wird die Stimme der Natur immer in sich tragen. Er ist nicht mehr der von den Wogen der Meinungsvielfalt hin- und hergeworfene blinde Staatsbürger, der seine Selbstsicherheit aus Staatswappen, Schulbildung und Vorgesetzen bezieht, sondern ist ein Naturmensch geworden, eine schwerblütige Behörde, die allein in sich selbst und im Schoße der Tier- und Erdmutter ruht.

1. Die Psychologie der Einstimmung

Alleinsein in der Natur – das bedarf einiger Gewöhnung. Der sich gesetzmäßig einstellende seelische Leerlauf schmerzt und produziert Effekte, gegen die man sich mit Haut und Haaren sträubt: Langeweile, Widerstand, Abbrechenwollen, Ungeduld. Dann erfolgt der Übergang zu Phasen der inneren Ruhe, der Kontemplation und des Genusses. Schließlich kommt es zu Zeitverlust, spontaner Meditation und Naturschau – zur ersten tiefen Naturberührung.

Die Grundübung der Naturtherapie ist die Einstimmung in andere Lebensformen. Einstimmung stellt eine besondere Form der Psychologie dar. Im Grunde kann ich mich nicht auf einen Laubfrosch einstimmen, weil da erstens die innere Sucht besteht, möglichst viele Reize gleichzeitig zu erfahren und mich zweitens die längere Konzentration auf ein einziges Objekt zunehmend nervöser macht. Nur die Neugier ermöglicht mir, meine Aufmerksamkeit eine Zeitlang auf das Tier zu richten. Was aber ist Neugier, und warum können wir nicht stundenlang einen Kiefernnadelzweig betrachten? Wenn wir es versuchen, werden wir schnell unruhig, und unser Blick schweift ab. Wenn ein Künstler einen Zweig malt, hält seine Aufmerksamkeit aufgrund der Notwendigkeit, die Formen genau zu studieren, länger an. Man kann daher sagen: Je tiefgründiger das Interesse an einem Zweig, umso länger halten wir den Blick darauf gerichtet. Man vertieft sich wie eine Lupe in immer kleinere Strukturen und erfaßt zunächst den Baum, dann die Zweige und schließlich einzelne Nadeln. Ähnliches gilt bei der Fernbetrachtung: Erst sieht man nur einzelne Bäume, dann den Wald und dann die Feld-, Wald- und Berglandschaft in einem, bis man schließlich eine Sphäre zusammenhängender Landschaft wahrnimmt. Detail wie Ganzheit geben neue Aufschlüsse und beeindrucken durch ihre Aussagen im Kleinen wie Großen. Die Natur ist allein durch diesen Gegensatz, der sich bei längerer Schau als *Wiederholung des Kleinen im Großen* herausstellt, eine Offenbarung, die uns begeistert, also unseren Geist aus seinem Körper-Gefängnis hervorholt und *die Geistigkeit der Naturformen, die Einheit von Geist und Natur* enthüllt. Diese beiden Geister erkennen sich nun, vereinigen sich, und mein Geist wird von den ihm verwandten Naturformen erhoben und wird eingeladen, selbst Natur zu werden. Auf diese Weise erkennt er sich selbst als – *„nichts als Natur"*. Diese Erfahrung, im Geiste selbst Natur zu sein, nur eine weitere Erscheinung in der Naturvielfalt und eben nicht der Mensch, der über der Natur steht, ist überaus beglückend. Meine Seele will naturgemäß nicht im Kontrast zu anderen Lebensformen stehen, denn sie erinnert sich an ihre Seelenwelt, in der man harmonisch gemeinsam lebte. Das beglückt sie, und wir sprechen dann von Lebensglück.

Bereits bei der einfachen Einstimmung auf unberührte Laubwälder strömt die Seele wie aus einem tiefen, dunklen Krug heraus und wird sie selbst. Das ist das Phänomenale: *Meine Seele strömt in der Natur sogleich aus mir heraus, als sei sie zu Hause angekommen.* In der Stadt, in menschengemachten Strukturen, mag es uns gelegentlich ebenso gehen, sofern diese Strukturen Schönheit und Harmonie ausstrahlen; in unbearbeiteter Natur aber befreit sich die Seele *sofort. Natur ist die Heimat der Seele.*

Normalerweise kann sich der Mensch nur für wenige Augenblicke einer Sache hingeben, um Vorurteile, Zweifel und Selbstgefälligkeiten fallen zu lassen und einfach zu schauen, was ist bzw. in sich hinein zu spüren, was für Beurteilungen in einer Situation *von selbst* kommen. Darüber hinaus gibt es keine Regel, weil alles, was man im Guten wie im Schlechten tut, ohnehin vom zähen Zeitfluß vernichtet wird, der das Denken zermürbt, oder vom Nichtstun, das jedes Wollen im Keim erstickt und vom Gefühl der Sinnlosigkeit, das einen regelmäßig überkommt. Dann werden alle Theorien über Natur, Psychologie, Selbsterfahrung, Heiligkeit und Spiritualität – also das ganze Panoptikum des Selbstbetrugs, der hehren Worte und schlauen Weisheiten –wie kalter Dreck hinweggeschwemmt. Am sechsten Tag des Nichtstuns gibt es keine Heiligkeit mehr, am siebten weiß niemand mehr, was Spiritualität sein könnte, und am neunten existiert die Naturwissenschaft nicht mehr, weil die Feen der Blüten, die Elfen der Halme und die Zwerge der Erde längst zugegriffen und deine heilige, mit Eitelkeiten vollgestopfte Ego-Truhe augeschüttet haben, um mit dem Inhalt ihre bösen Spiele zu treiben. Denn Elfen, Alben und Elben sind maliziöse Geister.

Wenn ich für die vielen Lebensformen auf unserem Planeten erwache, die im allgemeinen unbemerkt an mir vorbeileben, dann enthüllt sich mir eine neue Welt. Das ist eine der wichtigsten Aufgaben der Naturtherapie: mich zu öffnen und den Mut zur Erkenntnis zuzulassen. Dabei erfahre ich, *daß wir nicht allein sind!* Leider schwinden mit der zunehmenden Zerstörung der Natur auch unsere Möglichkeiten, sich auf solche Weise zu entfalten. Wenn wir lernen, uns einzufühlen, Vogel und blühender Fliederbusch zu sein, beginnen wir, uns für das Leben zu öffnen. Leben jedoch bedeutet, alle Wesen in sich selbst zu erfahren und sie nicht zum Beispiel ornithologisch zu beobachten. An dem Tag, an dem ich durch sämtliche Lebensformen wie durch andere Länder gewandert wäre, hätte mein Leben seinen Höhepunkt erreicht, denn ich trage Fisch und Fuchs, Amsel und Ameise in mir. Ich glaube, der Mensch verwirklicht sich, indem er alle Natur durchläuft. Der Höhepunkt seines Menschentums liegt keineswegs im Menschsein, sondern darin, alle Wesen, ja, das *universale Lebewesen* geworden zu sein – Vogel und Föhre, Qualle und Quarz. Wie fühle ich als Storch? Es geht darum, sich einzulassen und ohne Dünkel mitzugehen. Die Abwehr gegen Schnecken und Bienen, Kriechende und Fliegende, gegen Unkraut und Wurzeln ist nur die Angst, sein kleines Ich zu verlieren. Kleingeister zittern immer vor Angst in ihrem brustzuschnürenden Ich. Aber ich bin nicht dieses kleine Ich. Ist es nicht ein Wunder, daß ich mir vorstellen kann, Baum zu sein? Das sind Übungen, die wir durchführen, um ganzer Mensch, Naturmensch zu werden. Der Naturtherapie geht es nicht um Psychoneurosen und deren Klärung – das ist ein viel zu enges Gewand –, sondern um Überwindung des Allzumenschlichen in Gestalt unserer Anmaßung, Angst und Überheblichkeit gegenüber Tieren und Pflanzen. Naturtherapie bedeutet, Natur zu werden, und das ist ein *Übermenschen*vorhaben!

Ein innerer, verborgener Keim in unserer stofflichen Schöpfung sagt uns, daß alles einer gemeinsamen Quelle entspringt, in der wir uns als Dasselbe fühlen. Von diesem Urkeim der Erinnerung nährt sich die Kraft der Naturtherapie.

Auch zu den Elementen haben wir wenig Beziehung und sollten zu ihnen ein inniges, persönliches, liebevolles Verhältnis aufbauen; dazu dienen einfache Zeremonien und Einstimmungen, die sich jedoch jeder selbst spontan im Gebirge ersinnen muß. Sich auf die Natur und die Elemente einzustimmen bedeutet, etwas in mir zuzulassen, das zwar immer da ist, aber durch den Glauben, als Mensch etwas Besonders zu sein, sowie durch die allgemeine Hemmung davor, sich in ein anderes Wesen zu verwandeln, unterbunden wird. Doch jede seelische Einschätzung lebt von der zuvor durchgeführten Einstimmung, die uns mit Gefühlen, Ahnungen und Stimmungen bezüglich des Objekts versorgt, dem unsere Aufmerksamkeit gilt. Unser Gefühl wird zum Seismographen für andere Gefühle. Gefühl, das ist die Intelligenz des Urstoffs. Ein Gefühl ist raumzeitlos und verbindet sich im Urstoff unmittelbar mit allen ähnlichen Gefühlen. Im Plasma regiert das homöopathische Gesetz, demzufolge Gleiches sich zu Gleichem fügt. Mein Gefühl zieht also ähnliche Gefühle an, weil beide dieselbe Schwingung haben. Wenn ich also mit einer Kiefer Kontakt aufnehmen will, muß ich selbst Kieferngefühl werden. Aber wie weiß ich, in welchem Weltgefühl die Kiefer lebt? Das erfahre ich durch Einstimmung, und der erste Schritt dazu besteht darin, sich treiben und das Geschehen sich selbst zu überlassen. Das ist notwendig, weil ich ja nicht weiß, was Einstimmung ist. Einstimmung bedeutet also, sich *nicht* einzustimmen, sondern einfach ichlos, ziellos zu werden. Die lange Zeit, die Einsamkeit und Langeweile ausgedehnter Naturaufenthalte zerstören unsere Willensimpulse und künstlichen Wünsche, wodurch die Einstimmung von selbst heraufdämmert. Wenn das gelingt, kommt eine Eigenbewegung zustande, die mich dorthin führt, wohin ich gehen soll.

2. Reinigung und Entleerung von Anhaftungen

Innere Reinigung beschäftigt sich mit Abwehr und der Ableitung schlechter Gefühlsfelder in mir. Ich bin durch meinen Umgang mit der Welt in Gestalt von seelischen Verdunklungen und Überlagerungen von Gefühlen und Meinungen anderer verschmutzt, und die Ereignisse türmen sich in mir zu drückenden Alpträumen auf. Diese mich umlagernden Gefühlsschichten sind jedoch flüchtig und wesenlos wie Schatten, denn schließlich handelt es sich dabei nur um meine Anhaftungen an Personen, Ereignisse und Dinge, also um von meinem innersten Seelenwesen sozusagen nach außen verlagerte Seelenaspekte. Diese Aspekte streben nach Verbindung, um ihre eigene Flüchtigkeit zu verlieren. Wie können wir also diese Gefühlsfelder loswerden?

Reinigende Mittel sind die *Naturelemente* Feuer, Wasser und Salz. Feuer klärt das verunreinigte Seelenfeld. Daher sitze ich gern am Feuer und schaue hinein. Ich verbrenne mit dem Hineinschauen in die lodernde Glut meine überschattete Gefühlswelt. Die Asche dieses Feuers kann man anschließend mit reinigendem Wasser hinwegschwemmen. Wasser entfernt eigene und fremde Plasmafelder, die an meiner Seele kleben. Auch ausgestreutes Salz hilft, unklare Bindungen zu lösen, weil es abstreifend wirkt.

Der Blick auf eine glatte Wasserfläche, auf das Himmelsblau oder das undurchdringliche Schwarz des Neumondhimmels wird zum Blick in meine eigene Seele. Die gleichmäßige Spiegelfläche, die geheimnisvolle Tiefe der Flüssigkeit und des Alls spiegeln meine eigene Seele, und die dunkle Tiefe regt mich an, mein Innerstes in diesen Abgrund zu schleudern, damit ich sehe, wer ich bin.

Zur Reinigung gehört auch die *Räucherung*. Rauch durchdringt meine Plasmaausstrahlung zum Teil und kann diese bis zu einem gewissen Grad säubern. Gleiches trifft auf die Luft zu, die wiederum auslüftet. Beim Aufenthalt in frischer Luft und im Wind verbinden sich diese Aspekte mit meiner wenn auch wesentlich feineren Plasmaaura, denn das feinstoffliche Plasma der Elemente ist in der Lage, mein feines Seelenplasma zu berühren.

3. Lebensrückblick

Nachdem man sich auf diese Weise eingestimmt und sein halbmaterielles Plasmafeld gereinigt hat, beginnt die seelische Reinigung. Ich gehe mein Leben von Anfang an durch, durchforste meinen Lebensweg und versuche, bis zum Urgrund meiner Taten, meines Leidensweges hinunter vorzustoßen. Dieser Prozeß wird durch die Einsamkeit und die vom geheimnisvollen Schweigen der Gräser und dem unergründlichen Zirpen der Grillen durchsetzte fehlende menschliche Gesellschaft ganz wesentlich unterstützt. Mein Weg in die Welt enthüllt sich teilweise im *Lebensrückblick*, denn wenn ich mir meine Vergangenheit vergegenwärtige, sehe ich meine Zukunft. Dazu gehört das spontane Opfer aus Dankbarkeit, aus übergroßer Zuneigung zur sattgrünen Bergwiese, aus Überschwang und Beglückung darüber, Freund der schroffen Felsklippe geworden zu sein. Ich baue mir meinen Opferaltar so, wie es mir der Impuls eingibt. Da existieren keine kleinkarierten Regeln, kein Handbuch der Naturtherapie, keine Tradition oder Überlieferung – solche Dinge sind nur für Nachahmer und Möchtegerne, die nicht die Kraft haben, sich selbst wegzuwerfen und bereits nach drei Tagen am Salzsee durstig werden und aufgeben. Ich stelle mein Leben dar und opfere, was opfernswert ist – seelische Tatsachen, abgelebte Seelenaspekte und Totes aus verstaubten Hinterecken. Ich opfere Freunde, Feinde und alles, was die neue Existenz nicht braucht. Letztendlich opfere ich mich selbst, mein kleines Ich, denn jede Naturbegegnung ist der Tod des kleinen, arroganten, in Angst pulsierenden Gesellschaftsegos. Das Opfer kann jedoch erst nach einiger Zeit der Einstimmung in der Einsamkeit stattfinden. Ein aus dem hohlen Bauch heraus durchgeführtes Opfer stellt eine Zirkuszauberei und New-Age-Spielerei dar, die nicht nur unfruchtbar ist, sondern auch in verschlungenen Wegen wieder auf uns selbst zurückschlägt. Überhaupt gibt es bezüglich der Natureinsamkeit keine Regeln, keinen Brauch und kein therapeutisches Konzept. Ich weiß, daß die meisten Menschen sich hier Anleitung wünschen, denn Schwache wollen nun einmal einen Ratgeber haben. Aber wer will diese Anleitung eigentlich? Doch nur das soziale Ego! Meine Seele braucht keine triftigen Argumente von Psychologen und Wegweisern aller Art. Seele ist Natur, und die Natur steht für sich selbst und weiß alles. Durch die Einstimmung und Reinigung haben wir ein Stück des Wegs zurück zur Natur und damit zu unserer echten Seele wiedergefunden; sie wird nun aus sich selbst heraus handeln. Versteht man das ad absurdum? Die Natur ist meine Seele! Vergiß Methoden, Gesetze, Übungen und die holde Heerschar der ewig sich anbiedernden Helfer – ihr mitfühlendes Lächeln kaschiert ihre Angst, denn sie haben die Natur in sich nicht realisiert. *Naturtherapie bedeutet Therapie allein durch die Natur!* Hier ist die Natur der Ratgeber, der allerdings nicht jede Frage beantwortet, vor allem nicht dumme Fragen, dumme Gedanken und dumme Wünsche. Dumm kommt von dumpf, doch die Natur ist wach und mag die Schläfer nicht. Die hier anzuwendende Psychologie ist eine der Langsamkeit; hier heißt es, leise zu treten, abzuwarten und nichts zu tun. Der Weise kennt keine Hast, denn alles kommt zum rechten Zeitpunkt von selbst, es ist nicht gewollt. Die Natur läßt sich nicht betrügen. Sie gibt alles dem, der nichts will. Das ist Einstimmung, das ist Reinigung, das ist Lebensrückblick!

4. Naturzeremonie und heilige Stimmung

Wenn eine Entleerung von Kultur und Ego stattgefunden hat und meine Seele reingewaschen ist, tritt das Bedürfnis danach auf, eine heroische seelische Handlung für die Natur oder das Sein durchzuführen. Dieses Bedürfnis entspringt der „heiligen Stimmung“, in der ich mich nun befinde.

Durch eine Naturzeremonie oder heilige Naturhandlung stärke ich meine Seele. Ich werde zu dem, was ich wahrhaft bin und streife Bindungen und Anhaftungen ab. Das sollte mehrmals täglich durchgeführt werden, um fremdes oder selbst inszeniertes Plasma in Gestalt von herumirrenden Gedanken und vom Seelenkern losgelösten Gefühlen abzustreifen, damit ich mich auf mein Urwesen besinnen kann, das frei von körperbezogenen und seelisch verunreinigten Beziehungen ist. Damit meine ich nicht unbedingt eine letztendliche Selbstfindung oder die Klärung aller Probleme, sondern zunächst einmal die Rückkehr zu meiner unverfälschten Seelenkraft, zu meinem Mittelpunkt, der in der anderen Welt verankert ist und sich dementsprechend frei fühlt und mitschwingt. Der Alltag bringt es mit sich, daß ich dauernd wie ein Fisch aus dem Wasser aus mir herausgezogen werde, die Luft (sprich: die Anhaftungen anderer Menschen) einatmen muß und so nicht mehr in meiner ureigenen, transmateriellen seelischen Freiheit schwimme. So von meinem eigenen seelischen Schöpfungsdrang entwurzelt, fühle ich mich nun unwohl, eingeschränkt und deshalb gereizt, kann weniger leisten und erkranke und leide schließlich scheinbar grundlos seelisch. Das führt dann zu dem Versuch, dieses unverstanden bleibende Dilemma durch Ersatzhandlungen zu beheben, die mich durch künstliches seelisches Aufputschen und durch stoffliche und seelische Stimulantien in Gestalt aller äußeren Anregungen, Informationen und Reize nur noch tiefer in Abhängigkeiten hineinführen. Diese Teufelsspirale wird von unserer Kultur massiv gefördert, während man mir zugleich suggeriert, ich würde wohlbehütet in ihren Mutterarmen ruhen. Unsere Kultur ist ein Sog, der mit Angsteinflößung arbeitet und die Seele in die materielle Verhaftung führt. So wird die Kraft und Reinheit, die Ehrlichkeit der Volksmasse entführt, verführt. Wenn ich jedoch gereinigt bin, dann gibt mir das meine Kraft, meinen Mut und meine Konzentration zurück und läßt mich unbeeinflußt von anderen selbstsicher – sprich: in naturgemäßer Übereinstimmung mit den Urgesetzen – handeln. Die Natur aber reinigt radikal, wenn ich mich ihr lange aussetze – und sie tut es kostenlos, denn sie ist die größte Therapeutin. In einer Zeit des Angestelltenlebens in Großraumbüros und Bürokratien ist jeder Mensch andauernd den von anderen verursachten Plasmaüberlagerungen ausgesetzt. Hier stellt die Reinigung durch die Natur eine Möglichkeit dar, wieder zu mir, also zur Erdmutter zurückzufinden, denn sie und ich sind eins – so lautet das große Gesetz.

Magische Stimmungen zu spüren verlangt Feinfühligkeit, ähnlich, wie der Künstler des künsterischen Blicks bedarf. Wenn sich das Sehen zur magischen Schau verwandelt, steigen Tiefe, Weisheit und Kraft empor. Leider kennen sehr wenige Menschen auch nur diese erste Erfahrung des Naturgeheimnisses. Alle Lebensformen sind Wahlverwandtschaften, sind Ich in anderer Form. So enthebe ich mich aller Einschränkungen meines Alltagsegos. Das All belebt sich plötzlich, und ich bin tief mit allem verbunden. In der Natureinheit gibt es keine Einsamkeit mehr, wenn sich tausend Wesen beleben, wenn das All von Leben überquillt und wir uns als die Erdmutter selbst erfahren. Weil ich das Dasein als Einheit erlebe, bekommt es etwas unantastbar Heiliges, das man nicht mit den stumpfen Fingern des Intellekts oder der Analyse betatschen will. Das Abgedroschene des Alltags wird zur Lebendigkeit erleuchtet. Alle Wesen erscheinen als gut und einmalig, weil sie belebt sind und Kraft ausstrahlen, heilige Kraft. Wenn wir nun die Lebensformen anschauen, zeigen sie eine Frische, die durch ihren dauernden Wandel entsteht. Sie können sich verwandeln, weil ihre Seele ein Wandelfeld und kein kleines soziales Ego ist. Nun befinde ich mich in einem überirdischen, zeitlosen Raum. Empfänglich für den Lebensaugenblick spüre ich in aller Klarheit, was Natur, was Sein ist – und um genau diesen Seinszustand geht es. Plötzlich wird alles klar, frisch und frei; im Strom des Naturflusses entscheide ich gelassen und naturrichtig. Das überlegte Handeln und Denken liegt wie eine Krankheit hinter mir, von der ich genesen bin. Jetzt wird der Augenblick nicht mehr von meinen Bindungen und Ängsten überschattet, sondern ich nehme ihn so wahr, wie er wirklich ist – ich lebe wirklichkeitsnah. Dieser Augenblick stellt den Naturzustand dar, der frei von menschlichen Bezügen und Anschauungen ist. Das Sosein – ein Sein ohne „so oder so" – tritt in der Natur spielerisch hervor, weil es nicht wie der Mensch von erkünstelten kulturellen Maßstäben überlagert wird. Selbst in den Augen der ganz von kulturellen Behauptungen Zugeklebten haftet der Natur immer noch ein Funken wahrer Urzustand an. Die Natur ersetzt auch die Meditation, weil sie in sich selbst Meditation ist; das *Yoga der Natur* besteht darin, mit Baumwipfeln mitzuschwingen. Kurzum: Es wird alles sehr einfach.

Ich habe erfahren, daß mich Naturaugenblicke am Leben erhalten! Sie enthüllen sich als das Schöne, Wahre und Gute, als Kunst, Liebe und Weisheit im Meer trostloser gesellschaftlicher Prägungen und Wiederholungszwänge. Bereits nach ein paar Stunden Einsamkeit gelingt es der Natur, mich zu ihrer berauschenden Fülle hinzuführen. Ich gelange dort recht schnell zur Freiheit des Verhaltens. Das krampfhafte Schema tritt in den Hintergrund, die tausend Möglichkeiten der Natur stecken mich an, und Naturverehrung überkommt mich: Hingabe, Öffnung, Liebe, Opferung meines kleinen Ichs, denn *opfern heißt nicht, der Erdmutter Geschenke hinzulegen, sondern sich durch ein Nicht-Ich hindurch für sie zu öffnen*. Ein lebendiges Zwiegespräch mit der Pappel und den Borkenkäfern beginnt.

Der höhere Verehrungsritus

Rituale können sehr schnell zu reiner Schauspielerei und gestellter Pantomime verkommen, während Herz und Geist leer bleiben. Dem läßt sich nur durch eine lange Vorbereitung in der Einsamkeit des Waldes und der Nacht entgegenwirken. Wenn ich versuche, ein Naturwesen zu ergründen, indem ich mehrere Tage vor der Tanne, dem Grasbüschel oder der Felsnase sitze, stellt sich ein Mitgefühl, eine Ahnung für seine Lebensweise ein. Ich erkenne dann zumindest, daß es sich dabei um ein Lebewesen von anderer Art als der meinen handelt, wir aber auf der Ebene der form- und zeitlosen Seele miteinander als Gleiche verkehren können. Es kann auch zur Analogieerfahrung kommen – dann erschaue ich die Tanne als mein symmetrisches Ebenbild, wie unterschiedlich wir stofflich und seelisch auch sein mögen. Hier sei nur gesagt, daß darin eigentlich der höhere Verehrungsritus besteht. Alle Wesen lassen sich auf ein Urwesen zurückführen, dessen Spiegelungen sie sind. Wir verlassen hier die Seelenzone und nähern uns deren Ursprung, dem Reich des reinen Geistes. Sofern man eine vage Ahnung davon erhält, wird beim höheren Ritus also die Geistganzheit verehrt, allerdings in ihren Ausformungen als Tanne, Fels oder Wolke, *denn der Mensch bedarf zur Anbetung faßbarer Formen.*

Die Zauberkraft des Wortes - Das Herz auf der Zunge tragen

Zum Ritus gehört auch das Wort, denn es dient als Ausdruck seelischer Stimmungen. Mit dem durch Inhalte belebten Wort geht eine große Unmittelbarkeit einher, die Freude und Erhabenheit vermitteln kann. Daher rührt die Magie der Gedanken, denn wenn wir bereits einen Gedanken für Wirklichkeit halten, muß das um so mehr auf das gesprochene Wort und erst recht auf die verbale Anrufung und Beschwörung zutreffen. Jetzt scheint es, als besitze das Wort Zauberkraft; Beredsamkeit und Wortgewalt sind daher „bezaubernde“ Fähigkeiten. Unsere Sprache zeigt es: Wir „beschwören“ andere und „reden das Glück herbei“ oder „beschreien“ es. Die Psychoanalyse und viele andere Dinge basieren auf dem Gespräch. In der Naturtherapie geht es darum, nach der Einsamkeitserfahrung die Kraft des Wortes einsetzen zu lernen, aber nicht rhetorisch, sondern um die Erhabenheit zu preisen, die mich die Naturaugenblicke gelehrt haben. Dann strömt die Natur ohne intellektuelle Anstrengungen und ohne auf Wissen zurückgreifen zu müssen als Klangworte durch uns. Wir sind förmlich von Natur durchdrungen und beschwören nun, denn die Natur spricht durch Beschwörung. Der Mensch liebt das Wort, weil es so einfach einzusetzen ist und schnell zum Ziel führt. Man kann es ihm nicht verbieten, aber es sollte wie bei den alten Völkern gesprochen werden – dann, wenn die Natur sich in einem von selbst nach außen drängt. Die Natursitzungen, in denen wir lernen, gelassen das Herz auf der Zunge zu tragen, um Zauberworte zu sprechen, ermöglichen uns, diese *Natursprache* zu beobachten und durchzulassen.

Inspiration, Intuition, Enthusiasmus, Ekstase

Wenn die Einstimmung erreicht und die Reinigung vollzogen ist, kommt es zu automatischen Vorgängen. Du brauchst dich um nichts mehr zu kümmern, denn die Natur geht ihren Weg. Aprikosenbäumchen blühen, tragen Früchte und welken – hat je ein Mensch dazu beigetragen? Nun kommt es zu Inspirationen, Eingebungen, Anregungen und Einfällen, die auch als Einatmung oder Einhauchen zu verstehen sind, denn hier wird der Naturzustand der Seele eingehaucht, und der ist dauernde Inspiration, mehr noch Intuition und noch mehr globales Wissen sowie universale Weisheit. Im Seelenfeld ist das, was wir so sehr als Inspiration und Intuition vergöttern, nichts anderes als der Alltagsverstand im Alltag. Intuition bedeutet ganz im Sinne von Goethes *Schau* „unmittelbare Anschauung ohne wissenschaftliche Erkenntnis“, also das Erfassen verwickelter Zusammenhäng auf einen Schlag. Das ist der sich Schritt für Schritt durch logische Schlußfolgerungen arbeitenden Wissenschaft nicht möglich. Die Intuition jedoch überspringt die Logik und betrachtet das ganze Problem auf einmal. Da in der Seelendimension keine Zeit existiert, bedarf es auch keiner logischen Erkenntnisschritte; ein Zustand offenbart sich vom Anfang bis zum Ende und muß daher nicht mehr schrittweise erforscht werden. Forschung ist ein Zustand innerhalb der Raumzeitmaterie, wo die Zeit Ereignisse wie einen Kaugummi auseinandergezogen hat. Im Seelenreich ist die Erkenntnis jedoch immer sofort gegeben, was wir dann erstaunt Intuition nennen und den abnormen Geisteszuständen zurechnen. Doch ganz im Gegenteil ist Intuition der Normalzustand der Seele, für dessen Erlangung Einstimmung und Reinigung (sprich: Entleerung) bedeutende Voraussetzungen sind, weil – wann begreift man das endlich – sich die Seele sich nur zeigen kann, wenn sie unter dem Sperrmüll des Egos und der Kultur freigelegt wurde. Hier wird der Wald zum Müllarbeiter, der uns kostenlos der Kultur entwöhnt.

Enthusiasmus wiederum bedeutet „Begeisterung, Entzücken". Das Wurzelwort *entheos* heißt übersetzt „voll von Gott", denn genau so stellt sich die freigelegte Seele natürlich dar.

Ekstase bedeutet „aus sich heraustreten". Die Seele tritt aus dem Körper und ist dann sie selbst, wodurch sie in den ihr naturgemäßen Gefühlsüberschwang verfällt. Ekstase ist die normale Natur der Seele. In der echten Ekstase verläßt die Seele den Körper; in der „unechten" verbleibt sie im Körper und erlebt das durch das Gehirn gefilterte Echo ihres normalen ekstatischen Zustandes.

IM RITUS ERWACHT DIE SEELE

Die Blicke der Natur

Die Naturbetrachtung ist das älteste Verfahren zur Selbstverfeinerung. Erst das endlos lange Anschauen einer Lilie, eines Lurchs oder eines Lapislazuli macht uns mit dem Gesehenen bekannt. Der kurze Alltagsblick steht allein im Dienste des Egos und des Verstandes sowie seiner Begriffswelten, die dann das noch gar nicht richtig Gesehene nach Belieben mit billigen Projektionen vollpumpen. Je tiefer ich aber einer Hyazinthe ins Gesicht sehe, umso mehr erkenne ich von mir selbst. Nicht durch anschließendes Überlegen, sondern durch langes Schauen offenbart sich irgendwann aus der Form der rissigen Granitwand etwas Höheres. Durch den *langen Blick*, den *nicht-zwinkernden Blick* entsteht zunächst Vertrautheit, dann Liebe, später Gemeinsamkeit und Einheit, und schließlich sprichst du zur Wolkenwand. Die Schau ist ein wesentliches Werkzeug der Naturtherapie. Sie besteht aus einer Vielzahl von Blickformen, mit denen wir die Natur erst richtig sehen lernen. Der normale Blick erlaubt keine Kenntnis des Wiesels und Wacholders; man muß mit Blicken experimentieren.

Zeit löst Zeit auf

Das Geheimnis ist das *lange Schauen*, denn nach langer Zeit löst sich die Zeit selbst auf, und von ihr befreit verliert sich mein zeitgestricktes Ich. Ein Ich zieht Zeit magnetisch an. Je ichhafter, umso zeithafter bin ich. Der Gegenzauber zur Zeit und zum Ich ist daher paradoxerweise die Zeit selbst; wie in der Homöopathie heilt man Gleiches mit Gleichem. Wer sein Zeitempfinden überfordert, läßt es verwelken; dann enthüllt sich hinter der Zeit die Nichtzeit – ihr wahres Gesicht, und das alleine bist du.

Die Insel des Jetzt

Die Naturbetrachtung sowie selbst Natur zu sein führt uns zum Zustand der „Insel des Jetzt“. Nach einem langen, einsamen Aufenthalt in Gebirgen und Tälern, auf Bergzungen und in Sumpfwiesen kommen wir schließlich dort an, wo wir sind, auf der Insel des Jetzt. Sie ist der heilsame Ausgangspunkt für das Eindringen in die Urwelt der Natur.

Die Zeit, da die Sonne brennt – Ein Tag steht für alle Tage

Jeder Tag (germanisch „die Zeit, da die Sonne brennt") ist ein Abbild des ganzen Jahres, des ganzen Lebens. Deshalb kannten unsere Vorfahren keine Zeit, denn das Alles war immer auch das Jetzt. Das Auseinanderziehen von jetzt und später ist eine krankhafte Errungenschaft der Neuzeit, die durch die Uhrzeit und den Verlust der Naturberührung geschaffen wurde. Man kann einen Tag als kosmischen Tag, als Lebenstag erfahren. Man kann ihn würdigen, indem man zum Beispiel morgens und abends die Natur anruft. Um nicht in einen von tausend Ereignissen zersiebten Tag zu fallen, um nicht von tausend unguten Gefühlen und Worten anderer zermürbt zu werden, muß man den Kopf über Wasser, sprich: in der Natur behalten, indem man den Tag als den *All*tag lebt. Wir bleiben im zeitlosen Augenblick verwurzelt, denn das Sein kennt keine Zeit. Wer tief ins Seinsgefühl einsteigt, spürt keine Zeit, keine Unruhe der tausend Stimmen mehr. Nur tiefes Seinsrauschen dröhnt im Kopf. Dafür gehen wir zum Bachwirbel, an die Felswand, ans Meeresufer, denn wir wollen sehen, wer wir wahrhaftig sind.

Die Anrufung der Steinmenschen soll uns in den zeitlosen Raum des *All*tags versetzen und die Erinnerung dran hochkommen lassen, dass wir jenseits der Zeit und des Menschseins stehen und schwebende Daseinspunkte, frei von allen Icherfindungen und Zuweisungen anderer sind. Nichts kann uns erschüttern, nichts beeindrucken, nichts verunsichern, alle Außenereignisse sind fliehende, aus trügerischen Erwartungen und hoffnungslosem Meinen zusammengesetzte Einbildungen. Wir richten uns darauf ein, all dem zu begegnen, aber es soll an uns abprallen, die wir in einer dröhnenden, mächtig rauschenden Seinswelle sitzen und als Weltkinder mit großen Augen die Weltvielfalt anstaunen. Der morgendliche Ruf an die Natur bringt uns unsere Ahnen in Erinnerung, die uns und unseren Handlungen und Gedanken jetzt zuschauen und vor denen wir dafür geradestehen müssen. Auch die großen Seinsgötter blicken auf uns wie Berge auf Kieselsteine; sie bleiben bei unseren Fehlern stumm, wissen aber alles. Wir vereinigen uns mit den Ahnen, den Berggöttern und den Weltherrschern, wir werden Lauschende des Seins und wappnen uns gegen Meinungen, Vermutungen und Ängste, indem wir nun den *All*tag verkörpern, der gegen den banalen Tag antritt.

Wenn ich ein Mensch werden will, muß ich aufhören, dauernd ein solcher sein zu wollen. Ein werdender Mensch ist einer, der seine persönlichen Hoffnungen und Hoffahrten aufgegeben und sich statt dessen seinen Geschwistern, den Bergen, Bäumen und Göttern überantwortet hat und das Rauschen des Urtons vernimmt, während er im Fahrstuhl fährt. Es geht um die Kunst, wie der Wasserfisch durch den Tag zu gleiten, denn wenn ich Wasserströmungen als Kraftfeld nutze, treibe ich von selbst und erfahre im Tag den *Alltag*.

Sonnenanbetung – Wolke, Nebel, Mond sein

Sonnenanbetung. Morgens das Aufgehen der Sonne vom Berg beobachten; sie tanzt und erstrahlt in besonderer Kraft. Den Aufgang des Mondes bei Vollmond verfolgen, oder den Aufstieg des Morgennebels in der Talaue miterleben. Der Dämmerung wie einer Frau beiwohnen und das Verhallen der Waldstimmen erlauschen. Alle atmosphärischen Bewegungen verfolgen, ruhig, mit viel Zeit. Bei Neumond unterm Baum dasitzen, bei Sonnenuntergang am Meer liegen oder beobachten, wie der Morgen aus der Nacht aufsteigt. Wolkenbildungen und Wolkenzüge schauen, mitfließen. Morgens dem Vogel im Baum nachforschen. All das tun, was dem frühen Menschen natürlich war und ihm Lebenskraft und Daseinsüberzeugung gab, denn dessen bedürfen wir wieder, nicht als Kult oder Gruppenübung, sondern allein. Aber wir müssen es wieder lernen, woraus die Notwendigkeit der Naturtherapie entspringt. Die Naturtherapie ist etwas Künstliches, weil wir die Kunst wieder erlernen müssen, die Natur als Abbild der eigenen inneren Vorgänge zu beobachten. *Wir müssen erkennen, daß Innen und Außen denselben Gesetzen unterliegen.* Jeder Tag sollte von einigen dieser kleinen Einfühl-Genüsse erfüllt sein.

Ruf an die Natur am Morgen und Abend

Ich rufe an

Ich rufe dich an, Morgennebel, du verbirgst die Wälder zart.
Ich rufe dich an, Frühwind, du wehst den Schlaf aus den Augen.
Ich rufe dich an, großer Berg vor meiner Tür, du seist mein Schützer.
Und ich rufe an die Armee dort unterm Hang, die Schar der Bäume.
Ich rufe dich an, Schwalbenvogel, dein Segelflug sei mir ein Weg.
Ich rufe an die Höhe des Himmels, du bist unendlich, laß mich ein in dich.
Ich rufe an dich, Dämmerung, die zeigt, wohin ich zu gehen habe.
Zuletzt rufe ich und doch zuerst das tiefe Grollen aus der Erde an,
dich, Erdmutter, Hüterin all meiner Schritte.

Im Allgemeinen lieben wir es, die großen Fragen, die tiefen Wahrheiten zu verschieben. Wir sagen uns: Morgen! Aber das ändert nichts, einmal müssen wir doch damit beginnen.

Jeder Tag ist ein *All*tag, er steht fürs ganze Sein. Er steht nicht in einer Reihe endlos vieler Tage, sondern für sich, für alle Tage, weil wir *jetzt* sind, nicht morgen oder gestern. Das Jetzt ist die ganze Zeit. Was wir jetzt tun, tun wir immer. Was wir jetzt tun, steht für unser ganzes Wesen. Der Augenblick, der einzelne Tag ist wichtig; es geht nicht an, etwas auf Morgen zu verschieben oder einen Fehler mit dem Hinweis zu entschuldigen, morgen werde es besser. Jetzt ist die Stunde der Entscheidung! Heute ist ein heiliger Tag! Im Zustand des Heiligen gibt es kein Morgen oder Gestern. Heilige Zeit ist Jetztzeit, Nichtzeit. Jetzt, jetzt, jetzt, das ist es, worauf es ankommt. Es gibt keine zukünftige Entwicklung, Wandlung, Hoffnung, Verbesserung. Jetzt ist der Augenblick des Wandels, der Verbesserung, der Augenblick der Wahrheit.

Die Morgenanrufung ist dafür da, um jedem Tag gerecht zu werden und nicht durch die sich ansammelnden Ereignisse verschmutzt zu werden. An unserem Naturaltar, einem Blütenschrein, einem Baumheiligtum oder was immer man sich hergerichtet hat, was aber nur der eigenen Vision bei einem Naturaufenthalt entsprungen ist, rufen wir zunächst die Kräfte der Natur an – laut und deutlich, nicht leise und innerlich. Wir schreien unsere Fragen und Leiden ungeschminkt und unüberlegt hinaus. Die Worte müssen nicht in logischer Folge erscheinen – man schreit, damit man nicht denken muß. Ich sage unverblümt, was ich fühle, ob richtig oder falsch ist völlig belanglos. Die Seele will Wahrheit. Der *Ruf der Natur am Morgen* besteht darin, alle versteckten Selbstlügen ans Licht zu fördern, damit sie dem Tag offenkundig werden und sich nun, gewissermaßen öffentlich geworden, von selbst auflösen. Bleibt ein Problem bestehen, wird es jeden Morgen ausgerufen. Diese Andacht ist daher nicht sonderlich andächtig, sie ist ein Schmerzensschrei, eine Warnung, ein Kriegsschrei der Seele, die Wahrheit, Reinheit, Echtheit will. Es geht darum, blinde Flecken zu erhellen, dunkle Staubecken zu reinigen und sich selbst und anderen endlich die Wahrheit zu sagen. Es geht darum, zu tun, was die eigene Seele braucht und nicht, was soziale Anpassung, peinliche Eingeständnisse, Selbstbetrug, Ängste und das Heer der seelischen Häßlichkeiten wollen. Es geht um eine reine Seele, darum, Seelenruhe von den Notlagen und Unsicherheiten zu erlangen, um sich danach ganz der Natur zuwenden zu können.

Am Ende des Tages steht die Überschau und damit der *abendliche Ruf an die Natur.*

Einen Naturaltar suchen

Einen Naturaltar kann ich nicht einfach so errichten. Im Wald gibt es keine Kirchen. Aber ein Stein mag so, wie er liegt, dienen, ebenso eine Felswand, ein Erdloch oder der Quellgrund. Einen Naturaltar suche ich nicht – ich finde ihn! Durchstreife die Wälder, und plötzlich ist er da. Wähle ihn nicht aus, denn er erwartet dich. Schaue beim Gang durch die Wälder, was du fühlst. Aber was du fühlst, ist selten das, was die Natur dir sagt, denn ein Heer von Ich-Ichs steht an der Tür zu deiner Seele, das sich vordrängelt, weil sie alle selbst Seele sein wollen. Dieses Heer schlimmer Kulturgeister ist nur durch langes Laufen durchs Unterholz abzuwimmeln. Erwarte nicht, nach einem Sonnenlauf schon dein Naturheiligtum zu entdecken. Es zeigt sich und gibt sich nicht hin, wenn die Stunde schlagen soll, sondern wenn deine Ich-Lärmgeister, von denen deine hehre Seele wie ein Flickenteppich überlagert ist, vom langen Gehen, vom sinnlosen Wandern und vom ereignislosen Lauf erschöpft und geschwächt zusammengebrochen sind. Das Naturheiligtum kennt keine Regel, wie es auszusehen hat. Wenn du es öfter besuchst, wird es sich an dich gewöhnen und dir einiges sagen, aber es läßt sich Zeit, denn es steht jenseits deiner Uhr, die du zuvor mit Sicherheit geopfert hast.

Wie betrete ich meinen Naturaltar? Ich trete rein ein. Ich trete nicht als Ich ein. Ein Naturaltar ist kein Psychotherapeut, hier werden keine Probleme gelöst. Der Altar der Psyche ist ein Opfertisch. Ich betrete ihn nackt oder zumindest schlicht, meinetwegen bemalt, mit Zweigen bekränzt, mit symbolischer Maske, mit meinem wahren Selbst. Zwischen dir und der Naturmutter muß Spiegelgleichheit herrschen – wie sonst soll sie sich offenbaren? Dein Naturaltar ist ein Opfertisch; hier wird alles Ich weggegeben, hier herrscht Leere. Du machst der Urmutter keine Geschenke, denn sie läßt sich nicht von Dingen betören, die aus ihr selbst kommen. Sie will, daß du dein Ich opferst, damit sie sich in dir erkennen kann. Der Naturaltar offenbart die Leerheit des Seins, und das geschickterweise mittels des Opfers, das in dir Leere schafft. Daher hilft nur, zu schauen und nicht zu glotzen, zu denken oder zu fühlen. Fühlen ist dichter als Schauen. Der Schauende ist leicht, weiß nichts, ist einfach da. Gefühle sind gefährlich, denn es sind meistens die eigenen! Dein Altar ist ein Spiegel, und was du siehst, bist allein du. Wenn du nichts mehr siehst, bist du selbst Spiegel geworden, reines Sein. Das hängt davon ab, wie lange du schaust, also schaue nicht mit dem Ich!

Meinen Sakralplatz bauen

Jeder baut allein aus Naturdingen einen seiner Vision entspringenden und auf seine persönlichen Bedürfnisse zugeschnittenen Sakralplatz. Er besteht aus den Symbolen, Bildern und Gegenständen der heraufgedämmerten Visionen oder stellt eine Objektivierung der eigenen gelebten sowie ersehnten Urbilder dar. Bei Gruppen führt jeder Sakralplatzerbauer die anderen in seinen Sakralplatz und die entsprechenden Rituale ein, so daß jeder durch Mitfühlen auf die Seelenebene des Sakralplatzbesitzers gelangt, dessen Seelenwildnis erfährt und sich so selbst mit Mitgefühl und der Anregung zu mehr Mut bereichert, denn es verlangt Größe, andere in sein innerstes Heiligtum einzuführen. Doch müssen nicht alle Urgefühle öffentlich werden.

Naturtherapie ist kein Diskussionszirkus, in dem verbal Tagesprobleme besprochen werden. Das läßt die Natur nicht zu. Auf dem Hochmoor und im sumpfigen Wiesengrund spricht die Natur unserer Seele ohne den Umweg über die Abstraktion der Sprache *unmittelbar* in Bildern und Bewegungen. Die eigentliche Sprache der Seele ist eine wilde Orgie aus Tanz, Bild und Schrei, aus handwerklicher Gestaltung des Urmutterstoffs und aus dem freundschaftlichen Umgang mit Bäumen, Steinen und dem Erdreich.

RITUALE DER INNEREN REINIGUNG

Reinigung von der eigenen Geschichte

Unsere eigene Geschichte belastet uns, und unsere ungelösten Probleme kreisen in Kreisen. So entkommen wir unseren festgefahrenen Ansprüchen und zwanghaften Wiederholungsgedanken nicht. Daher wird in der Naturtherapie *die eigene Geschichte gestrichen, was geschieht, indem man zu anderen nicht über sich selbst sprechen darf.* Auch der eigene Name und Beruf dürfen unter keinen Umständen genannt werden. Naturtherapie ist weder ein Debattierklub, noch eine Selbstdarstellungsarena, wie es in New-Age-Kreisen oder im Alltag üblich ist. Ohnehin ist das kleine Ego insgesamt verpönt; es darf allein über Naturbeobachtungen und Naturgeschehnisse sowie über tiefe Urgefühle geredet werden. Die Naturtherapie ist keine Psychotherapie, sondern Naturerfahrung, die von selbst und ohne unser Zutun unsere Seele reinigt und Hemmungen auflöst.

Die Natur als Reinigungsanstalt

Wir können die Natur nicht erkennen, weil wir bestimmte Vorstellungen von ihr haben. Die Naturtherapie versucht daher nicht, über Analyse und Datenspeicherung sowie Wissen und Meinen, sondern durch Natureinsamkeit, die unser Wissen zum Erlöschen bringt, Zugang zu Busch und Bär zu bekommen. Lange Dauer, Einsamkeit und Langeweile zerstören hartnäckig Wissen und Meinen. Wir werden blank, leer wie ein Spiegel und geben nur noch wider, was als sogenannter Baum vor uns steht – und das ist hundertmal mehr als jedes Wissen über diesen Baum. Unsere tiefe Verwurzelung in Wertvorstellungen ist uns nicht mehr bewußt, denn nun denken wir, die Welt sei so, wie wir sie sehen. Jetzt reinigt uns die Natur durch die wässrigen, luftigen, erdigen Elemente, durch feuchte Erddüfte, durch schillernde Farben und durch Blätterrauschen. Naturerotik bedeutet Reinigung vom Ich. Hinzu kommen Rituale der Tier- und Pflanzenverwandlung. Reinigung durch einfaches Leben heißt das Gesetz.

Der Kinderblick

Ich muß mich an meine eigene Kindheit erinnern – daran, wie ich die Welt wahrgenommen und erfühlt habe. Das Naturkind erinnern. Ich als Naturkind, das ist mein Mittelpunkt. Die Untersuchung der Kindheitswahrnehmung offenbart, daß ich meine wahre Anschauung der Welt, mein Lebensgeheimnis zugunsten praktischer Tätigkeiten und zwanghafter erwachsener Lebensgewohnheiten verloren habe. Der naturreine Blick, das fleckenlose Gefühl oder die wertfreie Beurteilung drücken sich äußerlich in ausdruckslosen, staunenden Kindergesichtern aus, die ganz im Gegensatz zur angepaßten oder verzeichneten Mimik der älteren Semester nur schauen, ohne von Gefühls- und Erkenntniswellen verzerrt zu werden. Das wahre Gesicht bleibt sprachlos, denn im Angesicht von Klarheit ist es klar. Wer gesichtslos schaut, schaut das Ganze.

Dazu kann man zunächst die Kindheitsstätten aufsuchen, die Spielplätze, die alten, ins Mythische abgeglittenen Häuser und Wohnungen, die Spazierwege. Die Wiederherstellung der frühesten Kindheitsempfindungen läßt uns auch die tiefen Kindheitsvisionen erinnern, das tiefe Seinsempfinden und die Schau der Neuheit, in der wir seinerzeit standen. Auch paranormale und synästhetische Erfahrungen gehören hierher. Vernunftwidrigerweise besteht ein Teil der reifen Persönlichkeit darin, eine Schleife durchs Leben zu drehen und im Alter zu seinem Ursprung zurückzukehren – sprich: wieder Kind zu werden. Das Leben sollte enden, wo es angefangen hat, mit der gleichen Schau des Staunens, denn wir werden bald in einer neuen, jenseitigen Welt wieder Kinder sein. Wer diesen Rückschluß verpaßt, verpaßt sich selbst. Mit dem Alter kehren wir naturgemäß zur Kindheitsschau zurück. Wir haben ein Leben lang beurteilt, aber jetzt ist es genug, und wir haben es nicht mehr nötig, im Lebenskampf zu bestehen, sondern können Menschen und Ereignisse so belassen, wie sie sind.

Rituale gleichen aus

Das Ritual gleicht aus. Es verbindet seelischen Zustand und tatkräftige Handlung miteinander, weil die Seele im Irdischen durch körperliche Tätigkeit wachgerufen werden kann. Oft verlieren wir uns unter dem Druck des Alltags in irgendwelchen Tätigkeiten, die unsere Seele nicht mehr nachvollziehen kann. Wir handeln wie Maschinen. Nun hinkt die Seele hinterher, ist überfordert und weiß nicht, was los ist. Dann muß ein Ritual veranstaltet werden, damit auf sinnbildlich-seelischer Gefühlsebene das stoffliche Ereignis nachgeholt und erlebt werden kann, damit man sich mit dem, was man getan hat, verbunden fühlt. Wir müssen geistig hinter dem stehen, was wir tun und ganz eins damit sein. Körperbewegung ohne parallele Geistbewegung kann sich verirren. Oft tut dein Körper etwas, wovon deine Seele nichts weiß, denn sie ist viel langsamer als dein Körper. Wenn dir jemand aufträgt, etwas Bestimmtes zu tun, kann dein Körper das zwar schnell erledigen, aber deine Seele hat noch gar nicht mitbekommen, worum es eigentlich geht. So läuft der Körper vor der Seele her, und die stolpert entgeistert hinterher, ringt nach Atem und wird schließlich so krank, daß sie auf der Strecke bleibt. Dann fragst du dich, woher die Krankheit stammt. Krankheit heißt Seelenverlust. Ja, der Körper mit seinem angehängten Verstand kann schneller als die Seele sein. Man sollte meinen, es sei umgekehrt – das gibt es allerdings auch; dann hängen Verstand und Körper hinter der Seele her. Das Ritual bringt also Seele und Körper auf den neusten Stand der Ereignisse. Dann kann die Seele verschnaufen, dann wirst du eins mit dir selbst, und dann steigt deine Kraft an, denn sonst hängst du keuchend hinter den Ereignissen und Bewegungen her. Mir scheint, daß die Seele bei uns modernen Menschen so weit ins Hintertreffen geraten ist, daß sie uns ganz aus den Augen verloren hat und alleine für sich herumirrt. Doch solange du einen Körper hast, ist eben das nicht der Fall, denn Körper und Seele hängen an einem gemeinsamen Faden, und wenn der Körper alleine weiterzieht, verursacht das einen Ruck und Schmerzen in der Seele. Wenn die Seele alleine davon zieht, bleibt der Körper entseelt und entkräftet zurück.

Das Drama des eigenen Urbilds

Im Allgemeinen wissen wir nicht, wer wir sind und legen uns aus einer Mischung aus Glauben, Hoffen und äußeren Definitionen ein wahres Ungetüm an Selbstbild zurecht. Wer sich der Natur zuwendet, wird durch Leere und Stille von diesen künstlichen Lügengebilden gereinigt und findet sein wahres Urselbst. Bei dieser Übung geht es darum, sich selbst das Zentrum des eigenen Lebens als heiliges Schauspiel vorzuführen, um die eigene Lebenskraft wiederzugewinnen. Man findet einen schönen Naturplatz, verweilt dort einige Tage und versucht nun, spielerisch sein Urbild mit Sand, Holz oder Zweigen darzustellen, damit der überaktive Verstand etwas zur Ruhe kommt. Parallel führt man seine anderen Naturübungen durch, aber ohne jegliche Verbissenheit. Irgendwann ist es dann so weit: Eine Bewegung überkommt einen, ein Tanz des Urbildes entwickelt sich von selbst und ohne Nachdenken. Ich lasse die Kraft einfach durch mich hindurch gleiten, wehre mich nicht und führe aus, was immer aus mir kommt. Die meisten Menschen dringen nicht zu ihrem Urselbst vor, jener obersten Instanz, die ihr Leben leitet, die ihr Träumen und Sehnen erfüllt. Wenn das Urselbst nicht aus den kulturellen Fesseln erlöst worden ist und sich im normalen Leben nicht als oberster Herrscher durchgesetzt hat, bleibt der Mensch unerfüllt. Dann kränkelt er unsicher vor sich hin und ist rein verstandesorientiert. Bei der ungenierten schauspielerischen Darstellung des persönlichen Urselbstes vor dem Publikum der Bäume und Gräser geht es darum, das zu tun, was einen zutiefst unbewußt erfüllt. Dazu gehören Mut und Offenheit.

Enthüllung des Urgefühls

Was ist Teufel, was Geist? Man muß lernen, zwischen echtem und falschen Ich zu unterscheiden. Das kann ich aber nur, wenn ich nicht denke, sondern mich meinem reinen Gefühl hingebe. Aber wie geht das? Genau darum geht es in der Naturtherapie – um die Rückkehr ins Urgefühl! Das geht nur durch Einsamkeitssitzungen. Wenn zart am Rande oder wie Morgennebel Urgefühle, Urwünsche, Ursehnsüchte wie Erzübel schamhaft hervorkriechen, würgen wir sie nicht einfach ab, sondern sprechen sie, so weit das geht, in Wort, Silbe und Laut aus. Sind Worte zu direkt und peinlich, dann benutze man den Schrei, die Stoßbewegungen, die Gesichtsverzerrung. Aber man muß das Urgefühl gleich zu Beginn konkretisieren, sost gestehen wir ihm kein Anrecht auf Leben zu. Nun erscheinen Ursehnsüchte, und der kleine Mann von der Straße hätte sich nie träumen lassen, daß in ihm der Minotaurus haust.

Seelische Sandgemälde

Sandgemälde und mit Sand auf die Erde gestreute Linienlabyrinthe geben unserem Gefühl eine Art Schutz oder erhöhen die alltägliche Person zur sakralen Person. Sie stellen unbewußt inszenierte Projektionen unserer Innenlandschaft dar und entstammen dem Drang nach Veräußerlichung der Ichstruktur, damit wir sie nach außen geworfen erkennen oder loswerden und uns für die ichunabhängige Naturwelt öffnen können. Diese Sandgeflechte stellen

Reinigungsbewegungen der Seele dar; sie erfreuen das Auge und richten unsere Innenschau aus. Es sind hilfreiche Mittel, die allerdings nicht wie in der Psychotherapie das Ende, sondern gerade mal den Anfang darstellen.

Der Bau einer Geisterhütte und eines Urmuttertempels

Jeder Mensch besitzt einen Nestbauinstinkt und so auch den Instinkt, sich gewissermaßen als Schutz vor der materiellen Wirklichkeit ein spirituelles Nest zu errichten. Zwar ist für die Naturtherapie ein künstlicher Bau spiritueller Gefühle abzulehnen, da die Natur schließlich selbst der Tempel ist, doch diesem tief verwurzelten Gefühl muß Rechnung getragen werden. Wenn das Bedürfnis besteht, eine Geister- oder Geisthütte bzw. einen Urmuttertempel zu errichten, dann sollten dafür nur verbrauchte, abgestorbene oder verwelkte Materialien wie zum Beispiel alte Zweige, Blätter, Erde und ähnliches verwendet werden. Es wird dafür kein lebendes Erdmutterelement getötet oder abgeschnitten. Auch die Tempelanlagen der alten Stämme sind ohne großen Aufwand gebaut worden, denn im wesentlichen nutzte man dafür die Erdenergien der Orte selbst. Der Tempel ist im eigentlichen Sinne ein Ort, wo sich die feinstofflichen Energien der Arme und Beine der Erdmutter sammeln und sich durch energetische Verwerfungen ein Tor zur Anderswelt aufbaut. Das ist der zentrale Sinn des Tempels; erst an zweiter Stelle steht die Erfüllung des menschlichen Bedürfnisses nach räumlicher Geborgenheit und materiellem Ausdruck, sprich: geistiger Architektur. Wie bereits erwähnt, ist die Landschaft selbst der Tempel.

Baumwallfahrt

Gegen die Baumwelt tobt ein Krieg. Das hängt mit unserer menschenorientierten Lebenseinstellung zusammen. Der Mensch stellt den Menschen in den Mittelpunkt. Das ist verständlich, entspricht aber dem untersten Niveau des Menschseins, nämlich noch keiner geworden zu sein. Wahres Menschsein enthüllt sich erst, wenn ich meine Gemeinsamkeit mit anderen Lebensformen erkenne. Doch wie eine solche Menschheit aussehen könnte, ist derzeit gar nicht abzusehen. Trotz globaler Baumvernichtung überleben aufgrund lokaler Zufälle hier und da einige alte Bäume, und zu ihnen führen die Baumwallfahrten. Eine Baumwallfahrt besteht aus drei Schritten. Die Anreise selbst stellt die Einstimmung auf den jeweiligen Baum dar. Während der Wallfahrt wird nicht gesprochen – persönliche Geschichten und die übliche, belanglose gesellschaftliche Plauderei, die nur dem Aufbau des Egos dient, spielen, wie wir bereits wissen, in der Naturtherapie keine Rolle und sind sogar verpönt. Beim Baum angekommen findet eine erste Verehrungszeremonie statt, eine Begrüßung; eine Art Ich-Opfer ist ebenfalls erwünscht, damit ich dem Baum als gleicher gegenübertreten kann. Im dritten und wesentlichen Schritt geht es um die Baumschau. Stunden- oder gar tagelang sitze ich am Baum und betrachte sowie pflege ihn, bis mich die Schau überkommt.

Das Trauerheiligtum

Wir verlieren dauernd etwas. Teilweise bemerken wir gar nicht mehr, daß wir etwas verlieren, und das ist der schlimmste Verlust, denn der Mensch bedarf einer tatkräftigen Trauerbewältigung – sich einfach nur von der Schwermut treiben zu lassen, schwächt und wird ihr nicht gerecht. In der Naturtherapie gibt es ein Trauerheiligtum, einen Ort, an den wir die Trauer in Gestalt eines Gegenstands als Opfer ablegen. Der stoffliche Mensch bedient sich des Stoffs im allgemeinen, um ihn zu knechten, bei höherer Einsicht jedoch, um ihn loszuwerden! Also nehmen wir etwas, das den Verlust im Kleinformat darstellt, und gehen zum Trauerheiligtum, um es zu opfern. Jeder kann sich ein solches Heiligtum einrichten, entweder heimlich im nahen Wald, an einer Eiche, an einem Steinvorsprung oder auch im Garten.

Totentanz

Wer nicht gestorben ist, kann nicht leben, denn der Tod zeigt uns den Sinn des Lebens, und erst im Tod sind wir ganz das, was wir sind, nämlich reine, nicht mehr von den körperlichen Filtern getrübte Seele. Tod bedeutet, im reinen Seelenzustand zu sein. Der stoffliche Körper mit seinen Organen und Reizen lenkt die Seele von sich selbst ab, doch der Tod als Verlust des Körpers läßt meine Seele nun sein, was sie ist. Tod, also reiner Seelenzustand, offenbart hundertmal besser als jede Psychoanalyse, wer wir tatsächlich sind. Daher gibt es keinen Tod, sondern nur ein zu-sich-selbst-Kommen der Seele. Der Tod muß also geübt und vorweggenommen werden, um zumindest ein Echo seiner transzendierenden Kraft bereits im Leben zu erlangen. Bei allen alten Völkern bedeutet wahre Heilung daher die Erfahrung des Todes bereits während des Lebens! *Naturtherapie ist Todestherapie und daher Lebenstherapie!* Natur gebärt und stirbt. Dieser Wechsel hat einen tiefen Sinn, den die moderne Welt typischerweise nicht entdeckt, weshalb das Leben unbegriffen an ihr vorüberzieht.

Beim Totentanz geht es nicht um eine reale Todeserfahrung, wie sie uns gelegentlich in der Natureinsamkeit durch den Zusammenbruch des kleinen Ichs überkommt, sondern eher um ein oberflächliches Nachempfinden des Sterbens. Der Totentanz gleicht einem Spiel und ist keine wirkliche Todeserfahrung infolge einer Ichauslöschung. Er stellt lediglich eine Zeremonie dar, in der jemand eine symbolische Todeserfahrung durchläuft. Am Schluß dieser Erfahrung findet die Prozession zum Grab mit Totenmusik und Totentanz statt. Der Totentanz schenkt uns einen Schimmer davon, wie es ist, jenseits der Macht der Materie zu tanzen und frei von den Banden des kleinen Ichs zu sein. Das in Musik eingebettete Drama dient als Vorbereitung auf die jenseitige Sphärenmusik und läßt uns abgehoben außerhalb des Lebens schweben. Nun kann das Leben im Jenseits spielerisch durchlebt werden: die Auferstehung der Toten, der Tanz auf dem Waldboden, das Naturrauschen als Sphärenmusik, in festliche Naturkleider gehüllte Menschen, Prozessionen ...

Nächtliches Totenritual. Der Tote erzählt seine Imaginationen der Seelenbegleiterin

Gespräche mit Tieren

Jeder wählt nach reiflicher Inneneinkehr ein Tier, welches er erforschen und in das er sich verwandeln will. Durch die Beschäftigung mit diesem Tier wird er sich damit tief und auf irrationale Weise anfreunden. Dabei geht es nicht um Hundehaltung und Katzenfürsorge, sondern um Lykanthrophie – um die Übernahme der Tierseele. Wer nicht mit Tieren sprechen kann, kann gar nichts! Das genaue Beobachten und Mitgehen mit der Lebensweise von Tieren, die Nachahmung ihrer Bewegungen, ihres Ganges und ihrer Lebenslogik führt zum inneren Zugang. Die Verwandlung in das *eigene* Tier wird erreicht durch ein – in der Vorstellung oder wirklich durchgeführtes – enges Zusammenleben mit ihm. Darüber hinaus unterstützen eine Anzahl von Übungen zum Mitempfinden und die Verkleidung dabei – man schneidert sich ein entsprechendes Tiergewand. Die Nachahmung des Lebensstils des eigenen Tieres geschieht in der Wildnis, wo man einige Zeit so wie dieses Tier lebt. Das ist keine Tagesübung, sondern kann sich über Monate und Jahre erstrecken. Eins aber ist sicher: Ohne die Verwandlung in einen Eulenmenschen kann man nie Mensch werden, denn das Menschsein erfüllt sich erst, wenn wir vom Lebensborn aller Wesen getrunken haben.

Erdfeuerreden

Ein Redner tritt in den imaginativ gezogenen Kreis, stellt sich ans zuckende Feuer und entkleidet sich; nackte Fußsohlen berühren die Erdfrau. Seine Seele und nicht sein Verstand wird nun nackt sprechen.

Im allgemeinen reden wir in einem bewußtlosen Strom der sich von Wort zu Wort entfaltenden Wörtermechanik, durch ein im Hintergrund stehendes Denken und Fühlen überwacht. Meist setzt sich jedoch die Mechanik der Wortaneinanderreihung gegenüber dem Denken und Fühlen durch, weshalb dabei eben kein großes Denken und Fühlen, sondern nur Alltagsgetratsche herauskommt. Bei den Erdfeuerreden ist das anders, denn da kehrt sich dieses Verhältnis um. In der ungewöhnlichen Situation verloren stellt man sich auf ein zart heraufdämmerndes Gefühl ein, und ohne es als peinlich oder gut zu zensieren, lassen wir es am zuckenden Feuer barfuß auf der Erde stehen. Ungeschminkt und langsam fließt es heraus, und wir spüren dem Echo der Worte nach. Der Syntax, die Ordnung der Worte ist jetzt dem Gefühlsstrom unterworfen, Schreie und Stöhnen flechten sich ungezwungen ein. Meine Seele spricht, nicht mein pedantischer Verstand, und vielleicht dringen sogar Geistworte durch.

Erdfeuerreden – nackte Füße verbinden mich mit der Erdmutter, der nackte Körper verbindet mich mit der heißen Welt, Flammen fressen meine Gefühle auf, verzehren, verdauen, reinigen. Die Erde gibt mir die Kraft, große Seelenworte zu sprechen, das Feuer säubert funkensprühend auch die letzte Schüchternheit. In der Seelenrede stehe ich wahrhaft nackt da, was auch äußerlich ausgedrückt wird. Die Natur will die Einheit von Innerem und Äußerem, daher das Spiel mit materiellen Kräften in der Naturtherapie. Erdfeuerreden sind für den Anfänger schwer, er schwelgt im Verstand, in Schüchternheit und Peinlichkeit, er ziert sich, verkrampft sich, hat Bedenken aller Art, sich körperlich und innerlich auszuziehen, er will sich verstecken und einigeln, aber schon der nackte Busen gibt zu verstehen, daß Flucht unmöglich ist. Allein oder als Gruppe steht man ums Feuer, und der Sprecher schweigt. Leise vergeht die Zeit, aber man wartet getrost. Irgendwann entringt sich dem Erdfeuerredner ein erstes Wort. Ein Anfang ist gemacht, ein zweites Wort wird fallen. Zwar noch vom Verstand geleitet, befreit sich die Rede langsam aus dem Korsett von Regeln und Anstand, aus den Grenzen, die wir um unser Ich gezogen haben, denn mit der weiten Offenheit, dem Höhlendunkel, der Nachtschwärze und dem Feuerknistern, mit der feuchten Erdmutter unter und den schweigenden Baummenschen hinter mir – da läßt man irgendwann die Zügel los, und die Seelenwahrheit strömt hervor. Das, was wir schon immer sagen wollten und hinter unseren Lippen verschlossen haben, entringt sich uns nun am Erdfeuer. Die schlichte Daseinskraft der Elemente und der stumme, unsichtbar um uns stehende Kreis der Erdfeuerwächter bewirken, daß man es in der Öffentlichkeit, in der Höhlennacht des Sternenhimmels erst sagt, dann betet und schließlich anruft.

Die luftleere Gebärde

Die Silhouette eines Körpers im Morgengrauen auf dem Meerschaumfelsen. Regungslos steht er da, dann zarte Andeutungen von Gefühlen, die sich Form geben, während erste Sonnenstrahlen am Horizont hochschießen.

Unsere Bewegungen folgen Anstand und Sitte. Das Fleisch darf sich nicht ungeniert entfalten. Kleider hemmen, Schuhe drücken. Die Seele, die den Körper bewegt, fühlt sich eingeschnürt. In der Luftleerebewegung verbinde ich mich mit dem Meerschaum, der Felswand, dem aufklärenden Nachthorizont und werde selbst Mond. Ich höre in mich hinein und spüre Seelenlust, die sich in Körpergesten umsetzen will. Ich lasse zu, daß meine Muskeln und Gelenke von dieser Seelenbewegung ergriffen werden, werde ganz diese Bewegung und verliere mich als denkendes Wesen, bin Luft, bin Leere, bin Seelenstrom. Am Anfang mögen sich alteingesessene Standardbewegungen durchsetzen, doch bald schon stimmen Luftleeregebärde und Seelengestik miteinander überein.

Der Seele muß auch im Körperlichen Freiheit gewährt werden. An der Bewegung sieht man, wo ein Mensch steht. Wenn wir uns allein in der Natur befinden, gemeindet sie mich ein und läßt mich wie die Tannenspitzen im Westwind taumeln.

Wolkenwassergefühle

Diese Übung ähnelt der Erdfeuerübung. Letztere bringt meistens die verdrängten, kulturell nicht erlaubten persönlichen Gefühle hervor, doch die Wolkenwasserübung noch geht weiter. Wenn sich Seele und Körper weitgehend gelöst haben und sie selbst geworden sind, entdeckt man noch eine weitere Schicht tiefster Verdrängung: die Urgefühle, die unpersönlicher Art sind. Jetzt treten allgemeine Seinsgefühle hervor, undefinierbare kosmische Empfindungen, die ebenfalls nach Luft schnappen und nach Bewegung ringen und sich auch im Gefängnis des Stoffkleids äußern wollen. Es scheint jedoch nur im Ansatz möglich zu sein, diese tiefsten Zustände auch im Körper zu entfalten.

Naturnamen: Sonnenbär und Lärchenwipfel

Mit Beginn der Naturtherapie wird der bürgerliche Name gestrichen, und durch eine Reihe von Naturerfahrungen kristallisiert sich bald der wilde Name heraus. Dieser entspricht in Lautklang und Bedeutung unserem wirklichen Charakter und ist eine Entsprechung unserer seelischen Taten. Der Name kann auch schrittweise durch unsere Handlungen und Taten in der Natur erworben werden, denn es ist die Natur, die uns mit einem Namen kennzeichnet. Dieser Name ist reine Kraft und nicht nur bloße Bezeichnung; er wird zu einem heiligen, geschützten Kraftlaut, der uns in schwachen Stunden hilft, unsere Ehre aufrechtzuerhalten. Dieser Name bleibt geheim, denn es ist ein Kraftname, mit dem wir uns nur gegenüber der Natur ausweisen.

In der Naturtherapie tritt niemand jemals mit seinem bürgerlichen Namen auf. Jeder erfährt in der Natureinsamkeit seinen Naturnamen, der sein gegenwärtiges Wesen und seine Wünsche deutlich zum Ausdruck bringt. Der Naturname berührt unsere innere Natur, unsere Essenz kommt zum Ausdruck, und alte, mit dem bürgerlichen Namen verbundene Verfestigungen und Beschränkungen lösen sich auf.

Das Bekenntnis zur Wildnis

Beim ersten Treffen im Rahmen einer Naturtherapie tritt jeder als ein Stück (seiner inneren) Natur auf. Normale Alltagskleidung ist unwillkommen. Hier ist jede Frau ein Erdspalt und jeder Mann ein Baumwipfel. Man kommt als das, was man wirklich ist oder sein möchte. Wir stimmen uns mit einem Kreistanz, einem Kriegs- oder Liebestanz ein, und nach einem Geldverbrennungsritual, das uns von der makabren Geldwelt abtrennt, stellt sich jeder im nächtlichen Feuerschein in seiner ureigenen Naturgewalt dar und bekennt sich zur Sehnsucht seiner Seele nach Wildnis.

Naturlust und Natursexualität

Die Natur ist nicht schüchtern; Nacktheit und Eros gehören stets dazu. In der Naturtherapie geht es um den Spaß an der Freude, um den Genuß an der Kindlichkeit, um das grundlegende Bedürfnis des Menschen nach Verkleidung, nach Aufschrei, nach Wildheit und Exzess, aber auch nach Stille, wieherndem Gelächter, nach Einsamkeit und animalischem Überlebenskampf. Der Wandertrieb schleust uns durch Eis und Hitze, der Nestbautrieb formt Stein und Holz, Hände sehnen sich nach Matsch und Sand, die Seele liebt Wiesenblumen und Quellwasser – in diesem wilden Treiben erblüht auch der Eros. Eroszeremonien gehören einfach dazu, und Nacktheit ist das wahre Kleid der Erdmutter, weil sie nichts zu verbergen hat. Nacktheit ist ein Opfer des kulturellen, anerzogenen Ichs!

Gelehrten Meistern der Seelenkultur erscheint diese Wollust auf Natur als infantile Gebärde und sinnloses Herumtollen im Wald ohne Bezug zu psychotherapeutischer Kontrolle. Dem ist entgegenzuhalten, daß die Seele ein wildes Instrument der Natur ist. Doch von der Logik der Kultur eingezäunt, wird ihr nur ein abgeschwächter, zivilisierter Lebenstrieb gestattet, dessen Verkümmerung zur Verkümmerung der Seelenkraft, der Ausdrucksstärke, der Hingabe und der Demut, aber auch des Kriegs- und Tatendranges führt. Dann beschränkt sich das Schöpfertum nur noch auf Erlaubtes, dann ist die Sexualität genormt, die wilde Intuition zum Versanden gebracht, die Regenerationskraft geschwächt, und an deren Stelle werden Apotheke und Psychologenbesuch gesetzt. Die Eingebung, das wilde Mitempfinden werden im Krawattenarbeiter abgebremst, und die Durchsetzungskraft in braves Verhalten verpackt.

Die Verehrung von Phallus, Vulva und Koitus

Um die Sexualität auszuweiten lernen wir, die Natursexualität zu entdecken und mit der menschlichen zu vergleichen. Hier mag man der Errichtung von erotischen Naturaltären, Opfer- und Verehrungszeremonien für den Schöpfungsdrang, Phallustänzen, Geburtsorgien, indischer Tantraphilosophie und der Kunst des Yantras frönen.

Naturerotik

Die Natur ist voller erotischer Augenblicke, Formen und Farben. Wir erfahren die ganze Tragweite des Sexuellen nicht in der Mensch-zu-Mensch-Berührung, sondern nur die Schau der Natur enthüllt ihre Weite. Erotik endet nicht beim Orgasmus, sondern beginnt da erst. Erotik liegt nicht nur in der vor uns liegenden Frau, sondern nimmt da gerade mal ihren Anfang. Die Erotik hat viele Schichten und Seiten, und es ist ein Anliegen der Naturtherapie, dort Naturerotik zu entdecken, wo scheinbar nur Bäume und Felsen verloren im Wald stehen. Nach langer Einsamkeit erschauen wir irgendwann erotische Landschaftsformen und ein erotisches Zueinander von Bäumen und Gräsern. Dem folgen Naturklänge, die bisher für uns keine Klänge waren, und dann Farben, die wir bisher nicht als solche einordnen konnten. Schließlich bemerken wir ein Zueinander aller Formen und Geräusche, was dann in einem Stimmen-, Formen- und Daseinskonzert gipfelt, in dem wir zu erahnen beginnen, was die Natur an Erotik hervorbringen kann. Hier enden Worte, und selbst Gedichte und Poesie müssen versagen, denn eine andere Welt tut sich auf, die nicht mehr Natur heißt. Wir betreten eine neue Bühne und Weltschau. Die alten Entwürfe dessen, was Natur ist, fallen gänzlich weg.

Wir ertasten Moos, streicheln Rinde mit verbundenen Augen, hören Natur, ohne sie zu sehen, sehen sie, ohne sie zu hören, schmecken Gräser und erspüren mehr, als zu sehen ist. Aber wir dürfen die Worte nicht ganz ausklammern und lernen, treffende Worte zu finden, denn die Sprache hilft uns – wie beschränkt auch immer – ebenfalls dabei, die Wirklichkeit zu erfassen. Die Poesie hilft uns, die Tiefe des Seins zu begreifen. Naturerotik für den Hausgebrauch hieße: Wie sensibilisiere ich meinen Mann? Indem ich ihn mit Blättern bedecke und mit Grashalmen streichle! Die Flüssigkeit des Wassers und Schlamms führt zu einer neuen Form der Erotik, nämlich der Sinnlichkeit aller Daseinsformen und Aggregatzustände der Welt. Und genau diese müssen wir erleben, wenn wir die Natur werden wollen, die wir ohnehin sind. Also rein in den Schlamm und in die nebelnasse Wiese! Die moderne Scheu vor Naturberührung, Dreck und ungewohnten Reisen muß aufhören. Was, bitte, ist der Felsen, an dem wir uns reiben? Wie unterschiedlich ertasten wir Quarz und Harz? Was unterscheidet den Hagel vom Regen? Wenn wir diese feinen Unterschiede in Worte fassen, öffnet sich ein neuer Erlebnisraum. Ins Laub hineinfallen, mit verbundenen Augen im Sand umherkriechen – nicht nur für ein paar Minuten, sondern einen Tag lang. Es geht darum, ganz Sand, ganz Moos zu werden. Natur bedarf der Dauer.

Naturgesetze lernen

Es geht in der Naturtherapie zentral darum, die Gesetze der Stein- und Wasserwesen im engumschlungenen Zusammensein mit ihnen zu erfahren, um sie sich im zweiten Schritt einzuverleiben und sie zu werden. Um die seelischen Gesetze der Pflanzengeister zu erleben, bedarf es des langen Aufenthaltes, des Alleinseins in Bergwäldern und Flußauen, in Felsgrotten und auf Gipfelhöhen – ohne Schutz und mit nur einem Mindestmaß an Zivilisation. Ausgesetzt werden wir in die Naturkraft eingesetzt.

DIE KLEIDER DER ERDMUTTER

Aus verschwommenen Träumen und
schattengleichen Erinnerungen habe ich einen schlafenden Drang
in mir zum Erwachen gebracht.
In diesen Träumen hatte ich verweilt an tiefblauen Seen,
umpflanzt mit Wächterbäumen, ich habe Zeichen im Sand
fremder Inseln gesehen und meinen Durst gelöscht
in jenen wasserlosen Seen und
habe ein Meer mit Wellen aus Kristallglanz überlaufen,
worunter die Sagen verflossener Zeiten lebten.
Ich habe dort Blumenwiesen,
die bis zum Horizont reichten durchstreift,
zwischen denen die verblichenen Knochen aller Krieger der Welt lagen,
und bin durch wirbelnde Wolken und Feuerwände,
die tosten im Himmelsgewölbe gestiegen,
doch haben mich die schwarzen Raben immer begleitet.

- Douglas Monroe: Merlyns Vermächtnis -

NATURHAUT

In der Naturtherapie sind Bürgerkleider unbeliebt. Der Mensch kann sich nicht im Straßenanzug der Natur hingeben. Für die Zeremonien lernen wir, uns allein mit den Schalen der Meerestiere oder den Stacheln der Kakteen zu bekleiden. Ich verwandle mich in die Meeresflora und die Sandwüste, ziehe mir Pflanzenstoffe über und bestreiche meine weiße Haut mit schwarzem Ton. Ich bekleide mich mit Zweigen, Erde und Luft. Mich mit Beifuß einzureiben, eine Krone aus Lianen zu tragen und Basaltstaub auf der Haut zu haben, beschwingt und hilft mir dabei, ein kleines Stück in die vielfältige Welt der Naturwesen einzusteigen. Für das Naturritual ist ein entsprechender Laubanzug unabdinglich. Man muß sich daran gewöhnen, daß die rosafarbene Unterwäsche abzulegen ist und auf den Körper Birkenhaut gehört.

Die neue Naturhaut ist kein Kleid, sondern es geht vielmehr darum, beim Sammeln der Hölzer, Blätter und Erden bis hin zum Auflegen auf den Leib und weiter bis hin zum Ausleben dieser Kleidung im Ritus eine Einweihung zu erfahren. Diese Kleidung dient nicht dazu, die Haut zu schützen oder zu verstecken, sondern sich die Kräfte von Baum, Stein und Erde einzuverleiben - zunächst rein äußerlich und später darstellend, innerlich erlebend. In der Naturtherapie geht es darum, Natur zu werden und durch die Übernahme von Naturkräften die eigenen Naturkräfte zu wecken. Das rituelle Naturgewand wird bewußt getragen; damit betone ich meinen Abschied vom Straßenanzug und seiner engen Welt. Das Anlegen der

Drei Muttergöttinnen am Baum des Lebens

Ritualkleidung entspricht einer bewußten Veränderung der Lebenseinstellung. Ich bin dann nicht mehr Derselbe, darf anders sein und muß nicht mehr meinen Tagesneurosen gehorchen: Alles ist erlaubt! Alles ist möglich! Das Naturgewand, die symbolische Haut ist eine bewußte Äußerung, die mir selbst klar macht, daß ich mich aus dem Kulturalltag zurückziehe. Das Naturkleid ist mein Bekenntnis zur inneren Wahrheit und die Rückkehr zur Wildheit meiner Naturseele.

Verehrung der Urmütter

Verwandlung durch Naturkostüme

Sämtliche Kulturen und Religionen haben sich an diese einfachste Möglichkeit zur Verwandlung gehalten. Smoking wie Fastnachtskostüm sind nichts als ein innerer Rollentausch, dem man äußerlich Ausdruck verleiht. Überhaupt liebt der Mensch den Rollentausch, ja, er benötigt ihn wie das Bad. Wir können nicht ewig derselbe sein, denn das ließe uns erlahmen. Neben dem Alltagsmenschen bin ich der Reisende, der Freizeitler, der Hobbyarchäologe, der Liebende, der Weinkenner. In all diesen Rollen sind Aspekte von mir vorhanden, ich bin also immer nur teilweise ich selbst. Dabei geht es ausschließlich darum, mein tiefstes Wesen, das sämtliche einzelnen Rollen und Rollengelüste in einem Punkt vereinigt, zu entdecken. Am tiefsten Punkt meines Wesens vereinigen sich all die Lieblings- und Traumrollen zu einer umfassenden Wesenheit, die dann keine Person, keine Rolle mehr ist, sondern ein heiliges Wesen – groß, unantastbar, Raum und Zeit enthoben, Mensch, eher Übermensch, der Urstoff allen Menschseins. Diesen Zustand trägt jeder in sich, ob er will oder nicht. Die meisten wollen nicht, weil sie noch nicht die Kraft dazu verspüren. Doch wer ahnt, öffnet sich, gibt sich hin. Die Masse aber schläft, träumt bestenfalls. Nur wenige sind berufen!

Wer noch schläft und träumt, der meint, beim Naturgewand gehe es um Verkleidung. Er weiß noch nichts von der verwandelnden Kraft hinter der Maske und glaubt, man verstecke sich dahinter – so, wie er sich hinter seinem aufgesetzten Gesicht versteckt. Das Gewand ist ein Lebensstil, es formt unser Leben und ist ein echter Ausdruck unseres Lebens. Es ist ein Unterscheid, ob man nackt oder angezogen dasteht. Das größte Kleid der Natur ist die nur mit sich selbst bekleidete Nacktheit. Es ist schwer, sich selbst als Natur zu erkennen, und so wählen auch die Nackten das Blätterkostüm, das Horngeweih, die Erdbemalung. Denn wer das Skelett auf seine nackte Haut zeichnet, dem wird klarer, daß wir eines haben, sprich: daß der Tod immer mit uns geht. Denn daß wir leben, um zu sterben, ist die tiefste Erfahrung in der Naturtherapie. Erdmutter verwandelt sich gerne. Verkleidung hilft also, das Innere nach außen zu holen.

Das Naturkostüm beendet das unbestimmte Chaos des Tages und läßt uns in unser wahres Wesen eintreten. Das Kleid der Zivilisation läßt unsere Seele nur verwaschen durchscheinen; das Natur-Ritualgewand dagegen konzentriert meine Energie auf meine tiefste Kraft und Überzeugung, also auf das, was wir letztendlich sind. Der Alltagsanzug jedoch engt mich entweder auf *eine* Seite von mir ein oder macht mich gar ganz zur Schablone. Da ich es nicht lange ohne krank zu werden ertrage, nur eine Seite meiner selbst oder eine gesellschaftliche Schablone zu sein, sehne ich mich nach wahrer Erfüllung meines innersten Wesens, und das wird befriedigt, indem es die Früchte der Natur überzieht. So wird durch Erdmutters Kleid meiner Selbstentfremdung durch die Normkultur entgegengewirkt.

Es sind gerade jene Knochen und Halme, welche die Tiere und Pflanzen mir anbieten, die mich befreien. Nicht nur, daß ich dadurch Lilie und Kranich bruchstückhaft erahne, auch sind Blüten und Federn so unnachahmbar, so frei geschenkt, daß ich selbst blütenhaft und federleicht werde. Auch Blüte, Feder, Fell und Schale sind Seiten von mir und helfen mir, mich in meiner Vielfalt zu finden. Alle Naturfrüchte sind Zustände meiner Seele. Natur, erweitere mich! Ich bin Du! Die Verwandlung in Nadelbäume und Blätterbüsche ist eine für Körper und Geist willkommene Erholung. Mich aus eingerasteten Regeln zu befreien, macht mich gesund. Die rituelle Bekleidung mit Tannenzapfen und Vogelfedern, mit trockenem Laub und nassem Schilf bildet den Anfang meiner Naturverwandlung.

Das Naturkleid ist kein Theaterkleid. Es geht nur am Rande um Spiel und Spaß. Das eigentlich Wichtige ist die Verwandlung und nicht, dem Betrachter etwas Wunderliches vorzuspielen. Ich werde nicht beobachtet, sondern beobachte mich selbst. Das Naturkleid ist keine Exzentrik einer neuen Therapie, sondern Ausdruck von Größe, *vom Mut, Natur zu sein!*

Die Nacktheit der Wildnis

Ritual ohne Naturkostüm ist unmöglich. Wenn ich mein Gegenüber als wandelnden Strauch erlebe, verblaßt hinter Blättern und Wurzeln sein Menschencharakter. Dann treten seine überpersönlichen Natureigenschaften hervor, und er wird die Essenz seiner Person – ein Naturwesen. Ich bin nicht nur ich als sozialer Charakter, als genetisches Experiment meiner Eltern, sondern vereine darüber hinaus alle Gesetze der Natur in mir und bin alle Gesetze des Alls, bin Allmutter. Wenn ich diese Archetypen in mir spüre, öffnet sich mir die Natur, tritt mir als Gleiche gegenüber, und wir vereinen uns. Diese Urnatur-Erfahrung hat die Psychologie nicht gewürdigt, sondern als primitv abgelehnt. Aber nur in der Unpersönlichkeit der Naturgesetze erfahre ich mich als wertvoll; dem billigen Ichkostüm entronnen – das die Psychologen mit verkrampften Technologien aufbauen wollen – trage ich nun das Kleid der Großen Mutter, bin Große Mutter, Urvater, Allwesen. In der Naturtherapie geht es darum, genau das zu entfalten, es geht um heroische Größe, um Helden ohne Ichcharakter, um Götter, die wir sind, wenn auch in Fleisch und Blut eingepackt. Bei diesem Übermenschenprojekt geht es darum, Natur zu werden – und die Verkleidung ist ein Einstieg.

Alltagskleider, Normalgesichter, hübsche Frisuren sind im Rahmen des Naturgeschehens hinderlich und unästhetisch. Mein Charakter soll durch das Naturkostüm betont und herausgearbeitet werden; meine Naturqualitäten, mein Geist- und Seelenwesen tritt über Farben, Körperbemalung, ein Federkleid, einen Grashut und schwarze Erde stärker hervor. Und ich kann mich freier, nämlich von gesellschaftlichen Normen losgelöst bewegen und so das werden, was ich bin. Naturtherapie ohne Naturkleider ist fast nicht möglich; daher verwenden auch alle alten Völkern und Stämme die Verkleidung. Der Mensch kann sich zwar innerlich verwandeln, doch da er Leib und Körper ist, bedarf es auch deren Verwandlung, und die geschieht durch das Naturkostüm. Nur zivilisationskranke Gemüter scheuen die Erdpackung, sie rufen frech, diese Kindereien hätten sie nicht nötig, aber tatsächlich hält sie die Angst vor der Verwandlung im Korsett der engen Normen fest. Normenkrank und icheingeschränkt verdämmern sie am Rande des exzessiven Lebens in Konfektionsunterwäsche. Die Natur aber sucht Helden und keine in Sakkos eingezwängten Seelen. Wir sind Körper und Seele, und beide müssen sich verwandeln. Das Naturkostüm bleibt unabdinglich.

Es ist ein erhebender und ästhtetisch überwältigender Eindruck, wilde Naturgnome, zarte Elfen und nackte Haut zu sehen. Die Geschlechtsorgane können betont werden, denn wir haben sie nun einmal. Im Dickicht der Wälder enden die Versteckspiele mit Röcken und BHs, denn hier ist der Mensch nackt, und in der Nacktheit tritt seine Naturkraft am ehesten hervor. Ein Ritual in Straßenkleidern verliert seine Wucht. Eine nackte Gesellschaft kann sich nicht mehr hinter Fassaden verstecken, sie bekennt sich zu sich selbst und handelt frei. Auf die nackte Haut kann Erde gelegt, Sand gestreut oder können Federn aufgeklebt werden; man darf Storch und Erdkruste werden, aber man mag auch schlicht nackt bleiben, denn das ist in unserer Kultur der Körperverschleierung und Körperangst bereits ein erster Höhepunkt. Die Erdmutter will ihre Brüste zeigen, der Urvater sein Hinterteil. Scham ist unbekannt, weil es nur ästhetische Formen gibt, auch wenn sie im gesellschaftlichen Verständnis unästhetisch sind oder nicht der Sitte entsprechen. Aber was die Natur uns gegeben hat, gehört dazu. Nur die Tiere haben das richtige Verhältnis zur ihren Genitalien, und ich rufe: Werdet Tiere! Die Verwandlung durch Verkleidung ist ein Urbedürfnis aller Kulturen, das befriedigt werden muß. Das hat die Standardkonfektion verdrängt und die Psychologie aus Scham abgelehnt. Naturtherapie wird uns die Naturhaut wieder über die Ohren ziehen.

DUNKLER GEGENZAUBER – MENSCHEN, MEISTER UND METHODEN

In den sechziger Jahren entdeckte die westliche Welt die Bewußtseinstechniken der Naturvölker und der asiatischen Religionen. Es war eine Offenbarung: Ich kann mein Bewußtsein verändern, indem ich konzentrative Übungen verwende – das verlockte! Wenn wir heute – vierzig Jahre später – zurückschauen, stellen wir fest, daß daraus zwar ein Meer an Büchern ensprungen ist, doch die damals angestrebte Bewußtseinsveränderung nicht stattgefunden hat. Viele Menschen üben bewußtseinsverändernde Techniken, und doch verändert sich nichts außer ihren intellektuellen Ansichten, die nun lauten: Bewußtseinsveränderung ist möglich! Beweise aber bleiben sie schuldig. Als Ausdruck der Verzweiflung und des Ersatzes für das, was nicht stattgefunden hat, werden nun allerfeinste intellektuelle und emotionale Bewußtseinsregungen im Rahmen der Egomanie überzeichnet und als große Veränderungen vorgeführt, worüber dann endlos zu erzählen und womit zu renommieren ist. Einzelne mögen etwas erfahren haben, im Allgemeinen aber besteht ein ungünstiges Verhältnis zwischen dem, was erreicht wurde und dem Ausmaß des intellektuellen Geplappers darüber. Im Grunde wurde die geistige Erfahrung auf eine Unmenge physischer und intellektueller Tätigkeiten reduziert, angefangen bei dem Meer an Organisationen, Ashrams, Vereinen, Meditationsgruppen über den explodierenden Buchmarkt bis hin zu den unendlich vielen Workshops und Seminaren – also dem gesamten Ausmaß an marktschreierischen Tätigkeiten und Verhaltensweisen. Was sich in der Tat geändert hat, ist der intellektuelle Ausblick, denn manche Menschen betrachten die Welt jetzt mit anderen Augen. Aber Bücherstudium und Seminarbesuche erzeugen keine Bewußtseinsveränderungen – und wenn doch, dann höchstens auf intellektuellem Niveau, und deshalb wird die rationale Beschäftigung damit nun mangels echter Erfahrung als tatsächliche Bewußtseinsveränderung ausgegeben. Am Ende dieses Weges stehen Selbstbetrug und spirituelle Selbstdarstellung. Der Sucher ist vom Ich und vom Intellekt eingeholt worden. Die Stoffwelt hat den Ausreißer wieder zurückgeholt. Abgesehen davon, daß ein neues Verstandesprogramm über das alte gestülpt wurde, hat sich also nichts verändert. Was fehlt, ist echte Erfahrung, doch dazu bräuchte es mehr Mut, Ausdauer und individuelle Begabung.

Die all dem zugrunde liegende Fehlannahme ist im christlich-wissenschaftlichen Denkstil der Neuzeit begründet und besteht schlicht darin, daß man einen Wandel des Bewußtseins zu *mehr* Bewußtsein durch Anwendung von Methoden erreichen könne. Die Methode aber stellt bereits eine Ablenkung dar, denn sie wurde vom rationalen Bewußtsein entworfen, um ein Halsband zu haben, an dem man den Sucher jederzeit leicht zurückziehen kann. Die westlichen Sucher vergaßen, ihr Bewußtsein zu fragen, ob es für den Wandel denn auch bereit ist; sie hatten nur ihren Intellekt, ihren durch kulturelle Einflüsterungen verformten Verstand gefragt, und der hatte entsprechend seiner naturgemäßen Egomanie schnell und begeistert „Jaaa!" geschrien. Seitdem verwechselt man intellektuelle Erfahrung und wirkliche Bewußtseinsveränderung miteinander. Man ist also auf der nüchternen Ebene des Verstandes hängen geblieben und rechtfertigt sein Versagen nun in ausschweifenden Worten eifrig und zunehmend krasser als spirituell oder religiös.

Die Lösung des Problems ist recht einfach: Die Geschichten von Heiligen, Yogis und Eremiten, die ihr Bewußtsein verändert haben sollen, stimmen nicht. Diese Menschen haben zwar bewußtseinsverändernde Methoden eingesetzt, aber *nur am Rande*, gewissermaßen als Rahmen. Die Bewußtseinsveränderung selbst wurde erreicht, indem man sich hinsetzte und *nichts tat*, denn das läßt Wissen und Verstand von selbst und ohne die gepriesene Methodik verfallen. Technik ist dazu nicht nötig, sondern *einfach nur dazusitzen, nichts zu tun*, entweder in der Dunkelheit oder am Strand. Wenn im Verstand nichts mehr geschieht, verfällt dieser samt Worten, Gedächtnis und seinem Anhang an Gefühlen und Gefühlserinnerungen: Alles, was wir so stolz als „Ich" bezeichnen, bricht dann wie ein Kartenhaus in sich zusammen, und die leere Ebene hinter Verstand und Sinnen tritt ungeschminkt hervor: das Nichts! Das Nichts ist ebenfalls ein Bewußtsein, das lediglich weitere Strecken und Felder des Seins abtastet als das uns normalerweise zugängliche. Aus dem Nichts ins Etwas des Verstandes zurückgekehrt, entwirft dieser aufgrund der seltsamen Erfahrung ein neues Weltbild, denn da er nur denken kann, bleibt ihm gar nichts anderes übrig. Ich wiederhole: Es wurde keine „spirituelle Technik" angewendet; es wurde im Gegenteil keinerlei Technik verwendet, gar nichts gemacht, nichts gedacht oder gewollt, und es mußte nicht innerhalb eines kulturellen oder religiösen Rahmens gehandelt werden. Wenn dies doch getan wurde, bildete auch das nur eine überflüssige, vom ängstlichen Verstand verordnete Rahmenhandlung. Die Heerschar komplizierter Bewußtseinstechniken dient allein dazu, dem Verstand Futter zu geben, damit er sich entspannt. Diese Entspannung nennen wir dann Spiritualität, Erleuchtung, Ekstase, Vision – rein intellektuelle Begriffe, die nur aus einem Theoriegerüst bestehen, innerlich aber hohl sind. *Wenn Techniken gelegentlich etwas bewirken, dann nichts anderes als das, was auch durch einfaches Nichtstun bewirkt wird.* Denn die Erdmutter ist das Nichtstun selbst, und wenn wir uns ganz loslassen, gibt sie uns alles, schenkt sich selbst. Man schaue also die wirklich Weisen an: Haben sie je Yoga geübt, oder sind sie durch Nichtstun in den Stand der Schau versetzt worden? Die Voraussetzungen waren immer Alleinsein, Einsamkeit, Ruhe, Nichtstun, Nichtbewegen, keine Abwechslung, an einem Ort zu verharren – sprich: das Sein, gleich welcher Art, einfach zulassen. Dadurch haben weder der Verstand noch der Körper etwas zu tun, und auch die Gefühle erlahmen, weil keine neuen Aufgaben auf sie einstürzen. Verstand und Gefühl legen sich gewissermaßen schlafen, das sogenannte Bewußtsein wird leer und frei. Das ist die Andere Welt; das ist alles, was zu erreichen ist, und zwar ohne die vielgepriesene Technik und Methodik. Es wird ohne Meister, ohne Ausbildung und ohne jegliche angeblich notwendigen spirituellen Kenntnisse erreicht. Meister und Methoden, Lehren und Lehrpläne gehören zur rationalen Welt; sie wollen den Zugang zur irrationalen Welt verbarrikadieren und tun das stets mit Erfolg, wovon die vergangenen vierzig Jahre spiritueller Verstandeskultur deutlich Zeugnis ablegen. Wie sämtliche Erfahrungen zeigen, wird die Natur des Daseins nur ohne oder gegen Meister und Methoden, Lehrer und Lehrjahre erreicht. Daher kennt die Naturtherapie weder spirituelle Diplome, noch imposante Titel oder abgestufte Lernprogramme. *Das Einzige, was zu sagen bleibt, ist: Lauf in die Wüste, ohne alles. Den Rest besorgt der Sandsturm.*

Ichgefühle gegen Seinsgefühle

Wenn Verstand und Gefühl erst einmal aus Langeweile oder vor lauter Nichtstun zusammengebrochen sind, ist einfach nichts Störendes, nichts Anschauliches mehr vorhanden. Dann dämmert eine submentale Ebene herauf, in der nicht zwischen Dingen und Ereignissen unterschieden wird. Auf dieser Ebene besteht ein Liebesverhältnis zwischen allen Dingen; durch die Abwesenheit von Schranken in Gestalt von Bewertungen verbinde ich mich sogleich verstandes- oder gefühlsmäßig mit allen Dingen, die mir nun lebendig erscheinen. Sie alle haben eine Lebensberechtigung, ich achte und verehre sie. Das kann ich, weil eine Überbewertung des einen oder anderen Naturwesens durch mein persönliches Ich nicht mehr aufkommen kann, denn nun bin ich nicht mehr in dem Maße als Ichpunkt gegenwärtig, sondern eher verblaßt und nur noch als Allesfeld vorhanden. Im Allesfeld stehen jedoch Seinsgefühle, nicht Ichgefühle im Vordergrund:

- Ich bin mit allem verbunden.
- Ich bin alles!
- Mein Ich ist riesengroß und umfaßt in Liebe, Mitgefühl und Verehrung eine ganze Welt in Gestalt des gerade wahrnehmbaren Umfelds.
- Die Verehrung der Welterscheinungen nimmt zu, und so dringen wir langsam ins Bewußtseinsfeld der Steine, Pflanzen und Wolken ein. Im Vordergrund stehen tiefes Kinderaugenstaunen und die Schau ohne Bewertung.

Im Reich der Schmerzen

Warum versagen die normalen psychologischen Methoden? Weil zur Tiefenerkenntnis die Seele reingewaschen werden muß, und zwar zuallererst vom Alltag und Kulturballast. Die gängigen psychologischen Verfahren arbeiten ohne jegliche Reinigung, sie stürzen sich mitten in den Dschungel unseres Ichs hinein, das sich aus Verstrickungen von Gedanken, Gefühlen und Kulturschlingpflanzen zusammensetzt. In diesem Wirrwar fuchtelt die Psychologie nun herum und will Ordnung schaffen; doch das ist lächerlich!

Die Natur geht anders vor. Wer sich ins Hochmoor setzt und dort fünf Tage alleine an einem Ort sitzen bleibt, wer auf dem Gipfelfelsen mit weitem Überblick sieben Tage sitzen bleibt, ohne sich wegzubewegen, der wird Schmerzen erfahren, und zwar den Schmerz der Einsamkeit, denn das Kultur-Ich ist an Lärm und Dauerkontakte gewöhnt, an Dauerreden, Verschattungen oder Überlagerungen durch andere Menschen und Ereignisse, durch Radio, Fernsehen, Besucher, Telefon, Einkaufen, Kinder, Stadtlärm, Essenmachen, sinnloses Nachbarschaftsgetratsche und Freundesgeplapper, an Verwandschaftspflichten, schlechte Lektüre über Banalitäten, Alltagsstreitigkeiten und Probleme mit Kindern und Ehepartnern und an das allgemeine Chaos der Politik, der Kultur und des Lebens. In diesem Chaos, das als das normale Leben mißverstanden wird, bricht bei dem einen oder anderen gelegentlich die Sehnsucht durch, seine wahre Natur zu ergründen. Dann springt aus dem Alltagswirrwarr der städtischen Geräuschkulisse sofort ein ebensolches Wirrwarr hervor und bietet sich ihm als treuer Helfer und geistiger Führer an, der sich Psychologe, Trainer, Seminarleiter, Berater, Helfer, Therapeut, Psychiater, Guru, Meister, Seher und Hellseher, Orakel und Weiser nennt, uns die Hand reicht, in die Klinik, ins Therapeutenzimmer, ins neuste Seminarhaus oder gar in die Orakelhöhle zieht und uns weissagt. Das sind die Hoffnungsträger, doch sie hoffen nicht auf deine Gesundung, sondern auf ihre finanzielle und Prestigenesung. Sie haben diese oder jene Methode gelernt, die alle gegeneinander austauschbar sind, aber sie haben die angeblichen Früchte dieser Methode nicht selbst erfahren, sondern von irgend jemand anderem durch Mund-zu-Mund Propaganda erlernt oder in einem Buch gelesen. Sie machen das professionell und stilisieren sich zu Fachleuten hoch. Ich jedoch betone: Sie haben es angelernt und nicht erfahren! Oder, einfacher ausgedrückt: Es gab bei diesen Methoden nichts zu erfahren. Diesen Leuten traut man gerne, weil lernen in unserer Kultur viel Prestige bringt. In den alten Kulturen besaß lediglich die Eigenerfahrung Wert, weshalb es auch keine Fachleute gab, sondern nur einige eigenartige Personen, die von ihrer ganz persönlichen Erfahrung lebten. Eben keine Fachleute, sondern Individualisten. Sie hatten nicht etwa gelernt, sondern ihre Seele hatte einen Unfall gehabt. Die Psychologie besitzt heute einige hundert Methoden, Techniken und Tricks, die man gegen Geld erkaufen kann; oder man macht es sich noch einfacher und erwirbt eine Broschüre, doch wenn diese gelesen ist, weiß man alles – eben nichts. Bücher werden geschrieben, um auch damit Geld und Prestige zu erwerben. Jeder der sogenannten Psychologen und weisen Seher hat einige solcher Methoden gelernt, und je mehr es sind, umso höher ist sein Prestige. Diese Methoden werden nun auf dich losgelassen, wodurch du selbst eine Methode wirst, nur kein freier Mensch, kein Individualist mehr, denn dazu müßtest du Eigenerfahrungen haben, die weder du noch dein Führer *machen* können, denn Erfahrungen kommen wie das Gotteserlebnis, nämlich dann, wenn sie sich selbst dazu entscheiden. Du kannst dich lediglich durch Selbstopfer, Reinigung, Ichverlust und Naturanbetung dafür bereitmachen. Die Naturtherapie ist eine solche Form der Öffnung und Vorbereitung. Den Rest erledigt die Erdmutter – sofern sie dich überhaupt wahrnimmt.

Mit dünnen Hypothesen über Mysterien schreiten

1. Pseudospiritualität – mentale Harmlosigkeiten und Selbsttäuschungen auf dem Weg ins Naturgeheimnis

Der Weg in die Natur oder zu unserer Geistnatur ist mit ebenso vielen Täuschungen gepflastert, wie es Steine gibt. Jeder Schritt ist ein Schritt in eine Kulisse. Mentale Attrappen verstecken sich besonders gerne hinter Erfolgen, Einsichten und spirituellen Offenbarungen – und das umso mehr, je einmaliger und tiefgründer uns diese Visionen erscheinen. Deshalb gibt es keine endgültige geistige Erfahrung! Was aber existiert dann? Der Weg ins Naturgeheimnis hat so viele Lebensringe wie ein Baum. Schicht um Schicht nähern wir uns dem Kern, dem Samen von allem, aber jeder Lebensring stellt sich egozentrisch als das vermeintliche Ende der Weisheit dar. Geistige Erkenntnis, gleich welcher Güteklasse, steht daher stets an einer Schranke, die sich selbst beschränkt, weil sie einen nicht weiterziehen lassen will. Geistige Erfahrungen sind wie Klebstoff, sie lassen uns nicht los. Die Untersuchung des Katalogs der

Selbsttäuschungen und Gesetze der Pseudospiritualität anhand von eigenen Erfahrungen stellt daher den wichtigsten Aspekt unserer Haingespräche dar.

2. Pseudospiritualität führt zur Naturunfähigkeit

Wie bereits erwähnt, leiden viele Menschen, die sich der Spiritualität zuwenden, unter einer Nur-Geist-Neurose, einer Nur-Energie-Neurose oder unter einer Gefühl-über-alles-Neurose. Einige darunter erleben auch die große-Erleuchtungs-Neurose oder die Kontakt-zum-Jenseits-Neurose. Man versucht, mangelnde Geisterfahrung zu rechtfertigen, indem man intellektuelle Konzepte zur Erfahrung erhebt. Man belügt sich, um vor sich selbst nicht schäbig dazustehen. Man vergrößert sich übermäßig, um seine Kleinheit zu vertuschen. Spiritualität besteht zu 99 Prozent aus aufgeblasenem Egoinstinkt, und sogenannte „spirituelle Erfahrungen" sind zu 99 Prozent selbstgestrickte Lügen mit dem Zweck, die eigene Naturunfähigkeit sowie den eigenen Mangel an Naturhingabe durch phantasierte Erfahrungen zu rechtfertigen.

3. Pseudospiritualität – Die Lügen der großen Tempel

Die menschengemachten Sakralbauten der monotheistischen Religionen werfen ein deutliches Licht auf deren Naturferne und ihren Wirklichkeitsverlust. Dieser Religionstyp hat sich in die menschengemachte Kulturlandschaft zurückgezogen. Die Tempelarchitektur – wie großartig sie auch immer sein mag – ist ein Versuch, vor der unmittelbaren Erfahrung zu fliehen. Tempelarchitekturen verfälschen die Urmuttererfahrung und bieten statt dessen aufdringlich seichte Sinnbilder an. Es bedarf jedoch keiner Sinnbilder des Geistes, denn die Natur ist das unmittelbarste Sinnbild und hundertmal drastischer und echter als Marmorskulpturen, glänzendes Mosaik und tiefgründige Symbolik. In der Naturtherapie ist die Natur selbst der Tempel, und man nimmt keine Korrekturen an ihr vor. Wir gehen davon aus, daß die Natur ihr eigener Schöpfer ist und ihre Werke in Gestalt der vielen Arten von Lebewesen für den Menschen verehrenswert sind, weil er so lernen kann, wie sich die Urmutter ausdrückt, was es ihm ermöglicht, ihrem Wesen über ihre tausend Lebensformen ein Stück näher zu rücken.

Natur reinigt von spiritueller Überempfindlichkeit

1. Naturgesetze sind Plasmagesetze

Die stoffgebundene Natur baut sich aus einem ihr zugrundeliegenden Plasma, einer Energie, einem feinstofflichen Kraftfeld auf. Dieses Plasma besitzt bestimmte Gesetze, die die Naturformen und das, was wir Leben nennen, hervorbringen. Die stofflichen Naturgesetze sind daher letztendlich die Gesetze des hinter ihnen stehenden Plasmafeldes.

2. Die Naturtherapie kennt kein Ziel

Der oberste Grundsatz der Naturpsychotherapie besagt, daß sich die Psyche in der Natur widerspiegelt. Das aber ist nicht sofort erkenntlich, vielmehr bedarf es dazu ausgiebiger Beobachtung und langer Forschung. Naturpsychotherapie ist kein Verfahren, mit dem man schnell seelische Gesundheit erlangen kann, sondern ein Lebensweg ähnlich dem, den schon die alten Völker gingen. Die Naturpsychotherapie ist keine weitere Therapiemethode, kein Geschäft für Möchtegern-Therapeuten, sondern der lange Weg durch die Matrix der Natur. Hier gibt es keine schnell zu erlangenden Ziele, ja, es gibt überhaupt keine Ziele, sondern nur die Lebensart. Die Naturtherapie hat nicht das Bedürfnis, sich anderen Richtungen gegenüber zu verpflichten, sich auf sie abzustimmen, akademisch, wissenschaftlich oder was auch immer zu sein. Statt dessen ist sie eine offene Welt, *ein Weg in den weglosen Untergrund*, wo nur der Vogelschrei oder die plötzliche Stille zählt.

3. Ich bin Natur, und die Natur ist ich

Ein weiterer wesentlicher Grundsatz in der Naturpsychotherapie ist die Erforschung unserer Einheit von Natur und Seele. Je nachdem, wie weit wir diese Einheit erst erkannt und dann erfahren haben, können wir Natur und damit wir selbst werden. Am Anfang dessen steht ein geheimnisvolles Paradoxon: Der Mensch ist mit Bäumen, Wolken und Wasserläufen verbunden. Diesen Leitsatz kann der zeitgenössische Mensch jedoch kaum annehmen, denn Pflanzen und Tiere stehen ihm als fremde Lebensformen gegenüber. Er entwickelt kein Mitgefühl für sie. Dennoch beruht die gesamte Technik und jede menschliche Erfindung auf einem Nachäffen von Naturgesetzen, weil es nur Natur gibt und der Mensch nichts Neues hinzuerfinden kann. Darüber hinaus haben diese Nachahmungen bisher die grundlegendste Wirkkraft der „Organismen" nicht erkannt, nämlich die plasmatische Lebensenergie, und diese ist dieselbe wie die menschliche Lebensenergie! *Mensch und Natur sind eins!*

4. Naturtherapie ist nur für die Starken

Allein auf der Hochebene, vom Nachtfrost unterkühlt, in der Weite vereinsamt, ohne Helfer in Gestalt von Theorie und Therapeut bleibt nur der Weg des Wunders, der Verehrung, der Hingabe dessen, was ist. Daraus entstehen Opfer, Zeremonie und Ritual. Ich opfere mich oder etwas von mir selbst, um mich selbst, meine Enge loszuwerden, um Urnatur zu werden, Seele pur. Ich führe ein Ritual durch, um mich von mir selbst als Ego und Individualität zu reinigen, um in meine Seelennatur, in die Universalseele einzutauchen. Was ist Seele? Sie ist meine Urnatur, mein plasmatischer Urstoffkörper, der im Urstoff, also im Totenreich lebt. Totenreich, Urstoff, Plasma und Seele sind vier Bezeichnungen für dieselbe raumzeitlose und stofflose Sache ohne Kausalität. Wenn aus der Ethnomedizin etwas werden soll, muß sie das Plasma erforschen, und sonst nichts. Davon hängt ihr Erfolg oder ihr Versagen ab. Aber ich sehe dazu keinerlei Ansätze.

Das Wunder des Daseins muß in aller Stärke erfahren werden, damit man es ergründen, erfühlen und handhaben lernen kann. Der Weg des Schamanentums, der ältesten Weise, sich dem Leben zu nähern, bestand daher stets darin, sich dem Seinsstrom einfach schutzlos und allein auszusetzen, anstatt sich hinter Mauern, Meinungen und scheinbarem Wissen zu verstecken. Dabei werden zwei grundlegende Erfahrungen gemacht. Das ist zum einen die Entdeckung, daß hinter der sichtbaren Natur eine Urnatur steht, nämlich die Nachbar- bzw. Plasmadimension, das Totenreich, der Energieozean. Zum anderen entpuppen sich die Gesetze des Plasmas als jene des Stoffs, was bedeutet, daß sich die Gesetze meiner Seele als die meines stofflichen Lebens enthüllen.

Ein Wort zum Schluß: Das Verständnis des Urstoffs oder Totenreichs führt zur Erkenntnis der Herkunft und Geburt der Menschheit. Das wiederum führt weiter zur Beschäftigung mit der Urgeschichte, den Urüberlieferung über den Ursprung der Menschen, und das bringt uns schließlich zur Göttergeschichte. Hier tun sich weite Horizonte auf, die das Weltbild der Moderne mit solcher Wucht treffen, das es wie ein Kartenhaus in sich zusammenfällt. Das bespreche ich hier nicht, habe es aber in anderen Werken aufgeschrieben. Doch wer sich nicht mit dieser geheimen, verdrängten Urgeschichte beschäftigt, wird nie die Wurzeln des Seins und damit sich selbst erkennen.

Naturtherapie bedeutet innere Reinigung durch Alleinsein in der Natur. Naturaufenthalte bewirken die Säuberung von angehäuften Ichstrukturen und erkünstelten Kulturverhaltensweisen. Es geht um seelische Nacktheit, denn wer nackt und ohne aufgeklebtes Kulturgut dasteht, ist gesund. Also zieht eure Verkleidungen aus, seid splitternackt! Die Natur als seelisches Nacktidyll – aber wer will das schon? Was wir wollen, sind neue, ausgefallene und bizarre Kulturmethoden. Egoerfolge für die Therapeuten – darum geht es. Pulsierende Therapievielfalt, da hüpft das Herz des zukünftigen Egotherapeuten, denn für ihn bedeutet Leben Vielfalt und Abwechslung, ein breites Angebot an Heilweisen für die ebenso breite Nachfrage von Seiten der Kranken. Für die Natur gibt es dagegen nur *eine* Urkrankheit, nämlich die, nicht mit der ganzen Schöpfung vereint zu sein, und auch nur eine *eine* Urheilung, die darin besteht, sich mit der Schöpfung zu vereinen. Die Schwachen setzen auf Kultur; nur wenige Starke entscheiden sich dafür, in der Natur unterzugehen.

INITIATION DURCH DIE GROSSE GÖTTIN

Die Götter haben uns das Land geschenkt, damit wir es mit unseren Händen weiter formen. Die Götter werden das Land niemals verlassen, im Tau des Morgens und im Nebel zwischen Felsschluchten werden sie ruhen und mich beobachten, wenn ich durch die Steine aufsteige. Sie werden in der Stille der Gipfel stehen, und wenn ich übers Wasser gleite, wird der Dunst der Seen mich mit ihnen verweben. Wenn ich die Bäche entlangwandere, werden sie die gurgelnden Rufe der Wirbel um die Steine sein. Und wenn ich in die verborgenen Wipfel des Waldes dringe, werden sie eben genau dieser sein. Denn sie sind immer da; wenn meine Lebensmusik längst verklungen sein wird, werden sie sich auf sonnenbeschienenen Grabsteinen räkeln und ihre großen weißen Pferde werden über mich hinweggaloppieren.

- Douglas Monroe: Merlyns Vermächtnis -

Das Gesetz des Spiegels

Die Grundlage der Naturtherapie bildet das *Gesetz des Spiegels*, das auf die *Einheit der Gesetze der Natur mit den Gesetzen des Seelischen* verweist. Um jedoch die Gesetze des Seelischen zu entdecken, müssen sie von den sie überlagernden *Gesetzen der Kultur* befreit werden. Das ist, als wären wir zunächst komplett mit Mütze und Schal bekleidet vor einen Spiegel getreten und hätten jetzt alle Kleidungsstücke abgelegt, um uns nackt davor zu stellen. Nun zeigt sich die wahre Natur des Spiegels: Es erscheint nichts mehr darin, er ist (fast) leer – weil wir ebenso leer sind wie der Spiegel. Wenn der leere Spiegel auftaucht, dann treten die geistigen Prinzipien unseres Wesens deutlich hervor, und das sind dieselben wie jene, die der Natur innewohnen. Nun beginnt die eigentliche Naturerfahrung, und wir schwelgen in unserer echten Bestimmung.

Kindnatur und Mutternatur

Es hat keinen Zweck, sich der Natur in einem lauen Bewußtseinszustand zu nähern, denn dabei kommt nichts als Wandern, Kräutersammeln und Sternenkunde heraus – eben die übliche akademische, wissensaneignende, naturausnutzende, naturromantische Eroberung der Natur. Hier geht es jedoch nicht um Informationsgewinn, Erholung im Grünen oder Revitalisation auf Kosten der Natur, sondern darum, die Natur so zu fühlen, wie sie tatsächlich ist und nicht als das, wozu sie von uns gemacht wird. Dazu bedarf es einer inneren Offenheit, einer inneren Abschwächung unseres industriellen Leistungsvermögens, unseres Allwissens und unserer Ichbedürftigkeit, es bedarf schlicht und ergreifend *keines* Ichs. Wie aber werden wir das kleine, große Ich los, bevor wir uns in den Wald begeben? Das ist die große Frage, ohne deren Lösung die Naturtherapie zum Wanderzirkus, zur Naturschwärmerei, zur Kneippkur oder zur Badestrandidylle verkommt.

Die entsprechende Vorbereitung umfaßt nicht mehr und nicht weniger als die Auflösung des ganzen Ichs. Mein sogenanntes „ich bin" bzw. „ich bin der und der" ist nichts weiter als eine Formalität, die ich im Laufe des Lebens und der unumgänglichen Anpassung an meine Kultur erworben habe. Mein Ich ist stark, denn ich weiß, wer ich bin. Ich fühle mich als Ich und nicht als Du. Lange Naturaufenthalte offenbaren mir jedoch genau das Gegenteil. Es läßt sich nicht mehr so ohne weiteres von meinem Ich reden, weil es nicht mehr so leicht faßbar ist und mir plötzlich vor den Augen verschwimmt. Mein Ich entpuppt sich als eine viel zu enge Daseinsform, denn Büsche und Wolken, Flußbett und Talgrund zeigen mir, wie verwandt wir miteinander sind und wie eingebettet ich in sie bin. Dadurch treten eine Reihe von Entsprechungen zu den Erscheinungen des Normalbewußtseins auf:

- Aus Sehen wird Hellsehen,
- aus Fühlen wird Hellfühlen,
- aus Hören wird Hellhören,
- aus dem Ich wird das große Naturselbst,
- und aus dem Denken wird Bewußtseinsklarheit.

All unsere Sinnesfunktionen liegen in einem Kontinuum der Öffnung und lassen sich hin zu einem *Universalsinn* erweitern, der zur Wahrnehmung anderer Wesen führt, weil wir die ganze Natur sind. Wenn wir uns jedoch in einem Zustand befinden, in dem wir aus der Natur herausgehoben sind, nehmen wir nur einzelne Punkte wahr, die wir dann als „Ichs" bezeichnen.

Doch nun stellt sich heraus, daß unser Ich oder unser Bewußtsein nur zu einer Ausschnittwahrnehmung fähig ist, die in keiner Weise das Recht beanspruchen kann, unser Ich oder gar die Wirklichkeit zu sein. Unsere Wahrnehmung ist nur ein Kind der Totalwahrnehmung; sie ist zwar nicht gänzlich von der Wahrnehmung der großen Wirklichkeit getrennt, stellt sich aber als eine Miniaturwahrnehmung dar. Demnach ist zwischen Miniatur- und Totalwahrnehmung zu unterscheiden. Unsere Welterfahrung ist gewissermaßen eine kindliche, denn wir haben uns noch nicht zur erwachsenen Welterfahrung auf der Ebene der Gesamtnatur aufgeschwungen. Aber solche Bestrebungen hat es seit jeher gegeben, ja, sie sind sogar das älteste, urtümlichste und auch zukunftsträchtigste Bestreben – nämlich wirklich zu erfahren, was sich hinter der von uns auf die Natur geklebten Landschaftskulisse zeigt. Der Mensch ist Natur und hat nur einen Auftrag: ganz Natur zu werden!

Es ist erstaunlich, aber je länger ich in der Natur bin, umso mehr führt mich mein Geist zu den Praktiken zurück, die die alten Kulturen im Umgang mit der Natur ausgeübt haben. Es scheint dazu keine Alternativen zu geben. Es stellt sich auch heraus, daß nur diese Verfahren anwendbar sind; sie werden nicht künstlich auf dem Reißbrett der Psychologie entworfen, sondern kommen gelassen zu uns und entsteigen der nahen Verbindung von Mensch und Moor. Meine Kindnatur führt mich instinktiv zur Mutternatur.

Die Phase der Entwöhnung

Es fällt schwer, aus dem Lärm der Stadt in das Flüstern der Lagune einzutauchen. Am liebsten würde ich gleich wieder wegrennen. Das Nichtstun, die Langeweile schmerzen. Mit einem Blick kenne ich die Berge und Seen, wozu länger bleiben? Natur ist schön, kann aber dem Menschsein in seinem faustischen Streben nicht helfen, sage ich mir. Alleine fehlen mir die Gespräche über die eigene Situation mit anderen. Ich möchte plaudern und analysieren. Bewegung des Geistes ist gefragt, und auch der Körper will bewegt werden. Was soll schon dran sein an den Wellenkämmen, an Muschelgehäusen, Sandmustern? Wozu Hitze, Kälte, Nässe ertragen? Nichts wie ab nach Hause!

Die folgenden vier bereits angesprochenen Übungen haben sich als die einfachsten Möglichkeiten herausgestellt, sich anfangs mit der Natur zu befreunden. Um den zivilisatorischen Schmerz der Entwöhnung abzufangen, bedarf es einiger gemäßigter Übungen, Zeremonien und Spiele. Jetzt ist alles möglich, und jeder kann sich etwas einfallen lassen, denn der Phantasie sind keine Grenzen gesetzt. Wie fängt man also an?

1. Die Zeremonie des Anfangs

Die Unruhe des Anfangs, die Unsicherheit, allein in der Natur schlafen zu müssen, kann durch natürliche Handlungsfreudigkeit überbrückt werden: ein Naturbegrüßungsritual, eine Zeremonie der Einstimmung oder zur Eingewöhnung vielleicht die Arbeit mit Naturmaterialien. Nun muß einfach etwas geschehen, denn Kontemplation wäre jetzt noch verfrüht. Man lasse sich also etwas einfallen!

2. Seinen Platz finden

Die Gegend wird erkundet; man sollte *seinen* Platz finden bzw. wird vom Platz gefunden. Wer herumläuft und krampfhaft nach einem gemütlichen Plätzchen Ausschau hält, wird es entweder gar nicht finden oder durch oberflächliches Gefühl an einem Ort enden, der nicht der wahre Platz ist. Das dauert, dafür muß die Zeit verstreichen. Wie überall im Leben muß man das Suchen aufgeben, wenn man etwas finden will.

3. Naturaltar

Der Naturaltar sollte als erstes gefunden und gebaut werden. Man kann dort zum Beispiel Dinge plazieren, die einen wichtig sind, denn der Schrein ist ein Naturheiligtum, in dem die Dinge und Wesen der Natur ihren Standort haben. Der Schrein wird nur betreten, wenn man sich in rechter Verfassung befindet und ihn dringend benötigt. Er ist kein Tummelplatz für irdische Gefühle; hier wird geopfert und werden Gespräche mit Naturkollegen geführt, hier sammelt sich die Kraft und entströmt der magische Augenblick. Zwar ist jeder Ort ein Naturaltar, aber der Mensch bedarf anfänglich zur Ausrichtung seiner Kräfte eines festen Ortes.

4. Naturgebet

Im Gegensatz zum normalen Gebet bezieht das Naturgebet auf konkrete Weise Pflanzen, Steine oder das Meer mit ein. Dazu gehört die Errichtung eines Gebetsaltars, einer Gebetshöhle oder eines heiligen Schreins. Es kann auch an einem Ort stattfinden, an dem man ein einschneidendes Erlebnis hatte. Alle Stammesvölker besitzen solche natürlichen Gebetsräume. Es kann an einem Begräbnisplatz, an einem Ort, an dem ein Tier verendet ist oder auch auf der spitzen Felsnase eines eigenartig geformten Erdhügels stattfinden.

Riss-Psychologie

Ich lebe, aber was ist das, was da lebt? Ich lebe vor allem durch eine Reihe von Bestimmungen, ich lebe nach Richtlinien, nach Gesetzen, die nicht die meinen sind. Doch ich habe vergessen, welches meine angestammten Gesetze sind, und etwas verbietet mir die Wiederentdeckung. Wiederentdeckung tut weh, weil das Bekannte aufgegeben werden und ich mich erst mit dem Neuen-Alten bekannt machen muß. Es bedarf des Wegreißens vom Altbekannten, was weh tut, während das Neue-Alte noch unsichtbar, weil eben unbekannt ist. So wird Naturtherapie zum Schmerz. Die Natur ist ein Schmerz, weil sie sich in dauerndem Wandel befindet. Kurzum: Es bedarf einer Riß-Psychologie des Herausreißens aus Kulturnormen und des Einstiegs ins Wandelkleid der Erdmutter.

Die Entdeckung der Langsamkeit

Die Natur ist langsam, doch unsere Kulturnatur ist schnell, und so klaffen Kultur und Urnatur auseinander. Die Kunst der Langsamkeit ist vielleicht die schwierigste von allen. Doch wer sich langsam bewegt, weiß, wo er langgehen muß, und wer bedächtig schaut, sieht, was er sehen muß. Wer ruhig sitzt, sitzt richtig, und wer langsam fühlt, fühlt zum erstenmal. Unser Lebensstil ist schnell, denn wir werden von der Zeit gejagt und zählen den Tag nach Stunden. Jeder weiß: Zeit ist Geld und Leben. Wir versuchen zu leben, indem wir der Zeit nachjagen, um sie einzuholen. Wahrlich, die größte Narretei der Moderne ist unser Versuch, die Zeit zu überholen. Die ganze Kunst des Natureinklangs beruht dagegen auf der Kunst der Langsamkeit. Der Weise ist ohne Hast. Die Kraft zur Langsamkeit ist die höchste Kunst.

Der Naturplan: In den Tag hinein leben

Der Tag lebt mich, und mein Tagesablauf bestimmt mich. Die Kultur der Zeit frißt mich auf. Ich bin nicht Ich, weil ich zum Lakai eines genormten Tagesablaufs geworden bin. In der Natur regiert zwar keine Uhr, aber ein anderer Plan. Dort schaue ich, was mein Körper will und lasse mich treiben. Es gibt nichts zu tun. Erstmals spüre ich, was ich eigentlich bin. Hinter meinem Ich gibt es ein weiteres Ich, das frei, leicht und doch von großer Tiefe ist. Mein altes Ober-Ich hingegen besteht aus künstlichen Regeln, Ängsten und zwanghaften Handlungen, und ich habe mir eingebildet, genau das zu sein. Aber nun taucht in dieser Leere der Naturplan auf und mit ihm die Gesetze von Tag und Nacht, von Ebbe und Flut. Wenn wir neue Gesetze erfahren und uns ihnen zu ergeben lernen, leben wir authentischer und verbundener.

Der Urlaub

Jeder will Urlaub machen. Ferien über alles. Nie mehr arbeiten – das ist jedermanns Traum. Genauer gesagt: Jeder will leben, will, daß seine Arbeit sein Leben, aber nicht, daß sein Leben seine Arbeit ist. Ob es ein wahrhaft freies Arbeitsleben geben kann, ist hier nicht die Frage, sondern es muß das Einfachste von der Welt gesagt werden: Ich will leben, und dieses Leben sollte meine Arbeit sein. Diese einfache Tatsache muß aber zuerst erfahren werden. Ich bin so tief im rastlosen Arbeitsprozess, in lebensgeschichtlichen Zwängen eingebunden, daß ich keinen Ausweg sehe. Ich habe den Mut verloren, auszusteigen und die Kraft verloren, mich herauszureißen. Wohin soll ich mich wenden, wenn ich nicht weiß, wohin? Die Naturtherapie ermöglicht, daß erste Horizonte einer anderen Lebensweise auftauchen.

Der Genuss des zeitlosen Augenblicks

Als erstes müssen wir lernen, uhrlos, zeitlos zu sein. Zwar wollen wir das immer, aber den allermeisten von uns ist es gänzlich unmöglich, sich daran zu gewöhnen. Meistens reicht es uns, davon zu träumen. So werden wir selbst tickende Uhren und im Gleichschritt der Zeiger marschierende Automaten. Nur ganz wenige Menschen können es aushalten, wenn das Gehirn zwar einen Zeitplan möchte, aber wie zum Beispiel an der Lagune keiner zu haben ist. Dann sehne ich mich nach Zeitstruktur, nach einem Zeitplan. Das entsetzliche Empfinden, allein, sinnlos und inhaltsleer im Nichts zu hängen, pulsiert in meinem Körper, und ich denke: „Das ist ja vertane Zeit!" Ich will etwas machen, etwas zwischen die Finger kriegen, will Ablenkung um jeden Preis, denn die Natur langweilt mich. Am liebsten würde ich abbrechen, den Fernseher anschalten, mit anderen reden, den Körper bewegen. Hier erlangt der spirituelle Sucher seinen wahren Höhepunkt, denn die Einsamkeit zeigt ihm, wer er wirklich ist: ein nervöser Uhrenmechanismus, der keinerlei Kraft hat, das Sein pur zu genießen. Die Naturtherapie ist zumindest in der Entwöhnungsphase nicht angenehm, und deshalb gehen wir schrittweise vor. Man kann sich in der Tat problemlos von der Zeit entwöhnen, aber das bedarf eben der Zeit.

Dem Leben keinen Widerstand entgegensetzen

Wenn ich allein in der Natur bin, spinnt mein Gehirn zu Beginn noch Pläne aus sich heraus; Erinnerungen und alte Szenen tauchen auf, Filme laufen ab, ich träume ganze Gedankenpaläste darüber, was ich in ferner Zukunft noch alles tun kann und verplane mein Leben bis in die letzte Einzelheit. Eine penible Detailgetreue in Form eines zwanghaften Durchdenkens scheinbar wichtigster Lebensprogramme durchdringt mich. Doch in Wirklichkeit spielen meine Denkprogrammierungen einfach nur verrückt, weil sie merken, daß sie leerlaufen und sich aus Panik über ihren baldigen eigenen Untergang ein letztes Mal aufbäumen. Es ist ein Todeskampf, und ich leide. Irgendwann taucht dann aus heiterem Himmel das „Loslassen“ auf, ein „keinen Widerstand entgegensetzen“, und plötzlich kommt es zum Filmriß. Der zeitlose Augenblick steht vor mir, und ich merke es nicht einmal, denn sowie mir etwas bewußt wird, bricht es auch schon wieder in sich zusammen. Wahre Augenblicke lassen sich nicht beobachten, denn der magische Moment zerbricht, wenn man das versucht, weil Beobachtung eine voyeuristische Verstandestätigkeit ist. Das Ich aber ist eine luftige Konstruktion, ein auf Sand gebautes Haus, das die Wirklichkeit nicht in ihrer universellen Vernetzung aller Ereignisse erfahren kann, weil es als Ich immer auf einen Ichpunkt begrenzt bleibt.

Das Seins-Ich denkt nicht

Mich beherrscht das, was vorhanden ist. Ich bin mein Denken, mein Fühlen, bin die beobachtete Umgebung. Der Verstand ist der Herrscher meines Wesens, und er geht ziemlich raffiniert vor, indem er mir suggeriert, er sei ich. Tatsächlich jedoch bin ich *nicht* mein Denken, bin nicht mein Verstand und auch nicht mein Fühlen. Denken und Fühlen arbeiten mit der listigen Werbung, sie seien wir. Doch das ist nicht der Fall, und davon muß sich der Europäer, der das von der Psychologie pseudowissenschaftlich eingeredet bekommen hat, lösen. Ich bin weder Verstand noch mein subtiles Fühlen, sondern gedankenloses, gefühlloses Sein. Es gibt keine Wahrheiten, Gesetze, Farben und Bewegungen, weder Gutes noch Schlechtes, die Dinge haben keine Namen, die Zeit existiert nicht, und auch der Raum ist nur eine Täuschung. Wenn ich einen Zustand erreicht habe, in dem ich das begreife, dämmert mein wahres Wesen herauf. Etwas schaut aus mir heraus, und ich werde in mich selbst eingeweiht. Dieses neue Ich ist kein kleines, enges Ich mehr, das sich aus meiner Geschichte, meinem Denken und meinem Fühlen zusammmensetzt, sondern ein Seins-Ich – dasselbe, das auch die anderen Naturwesen haben. Jetzt kann ich erstmals im Leben Natur erfahren, doch nun *als ein Spiegelbild meiner selbst*, das ist das Unglaubliche. Aber dafür stelle ich jetzt keine Theorie auf, denn diesen Zustand kann man nur erfahren und nicht darüber reden – es sei denn, man hat ihn nicht erfahren und der Verstand versucht, sich auch dieses unfaßbare Gebiet untertan zu machen. Denn die Aufgabe des Verstandes als Grenzwächter besteht darin, alles, was von dieser Dimension reinen Seins kommt, sofort zu rationalisieren und in die Kultur einzugemeinden.

Wenn der Moment eintritt, in dem das Denken und Fühlen aufhört, wird beides durch einen umfassenderen Zustand ersetzt, nämlich den des reinen Seins. In diesem Zustand bin ich, was ich ursprünglich bin. Jetzt erfahre ich die Naturwesen nicht als Schilfhalm, sondern als lebendiges Schilfwesen; ich spreche mit ihnen, und sie antworten. Naturtherapie heißt, den Seinszustand zu erlangen und lange in ihm zu verharren.

Spiritualität

Naturpsychologie ist keine Form der Spiritualität. Wenn ich lange in der Natur lebe, löst sich Spiritualität wie ein Morgenschleier über dem Teich auf. Dann geht es nicht mehr um eine Suche oder darum, auf dem Weg sein, wie es die spirituellen Macher nennen, sondern einfach um Naturgenuß, um einsame Stunden in der Schlucht und am Waldhang, um ein langgezogenes Nichts am Bergbach, um dichtes Sein am Moorgrund, um sattes Daliegen auf einer sandigen Landzunge. Die Zeit bringt es mit sich, daß der Widerstand gegen das Nichtstun zerbricht und wir mit Salzwasser und Meerwind, mit Ebbe und Flut und mit dem sanften Plätschern am flachen Delta in Zwiesprache treten.

Dann sind Schlichtheit und Bescheidenheit meine Stärke, weil ich nichts mehr erkämpfen will. Die Suche nach Spiritualität und das Gerede über Heiligkeit sind ein Versuch des Verstandes, im Seinszustand nicht unterzugehen. Wenn ich zeitlos die Lichtbrechung im Wassertropfen genieße, braucht es keinen Geist und weder Telepathie, noch Hellsehen, noch Auralesen. Diese mögen sich sanft und unscheinbar genau dann entwickeln, wenn ich nicht mehr an sie denke, aber dann sind sie so anders, als ich es mir vorgestellt habe, so wenig aufsehenerregend, so gar nicht nötig. Spiritualität steht dann nicht mehr im Dienste des Egos und im Sog des Verstandes. Das Naturgefühl kennt keine Absicht, kein alternatives und spirituelles oder gar heiliges Leben. Diese Zustände und Erfahrungen lassen sich nicht eintrichtern, hier gibt es keinen Lernvorgang. Und die Aufgabe des Naturtherapeuten besteht darin, anderen diesen allereinfachsten Zustand zu ermöglichen.

Seinswoge

Als Mensch bin ich ein in willkürliche Regeln und unlautere Denkvorgänge eingeschlossenes Gebilde. In einem Schneckenhaus mitmenschlicher Übereinkünfte, geschichtlicher Spurrillen und persönlicher Meinungen eingerichtet, lebe ich in meinen ganz eigenen Kokon hineingestrickt, was durch genetische Festlegungen, astrologische Bestimmungen und seelische Ereignisse unterstützt wird. In diesem Strickrahmen besitze ich nur wenige Möglichkeiten, die Wirklichkeit zu erblicken, wie sie jenseits meiner gewebten Wahrnehmung wahrhaft besteht. Kurzum, ich bin ein Blinder, Lahmer und Tauber. Ich lebe in einer Wirklichkeit, die ganz aus persönlichen Fäden zusammengereimt ist. Zwar ist alles, was ich tue und denke wirklich, aber es ist nicht die wirkliche Wirklichkeit.

Wie nun läßt sich mein Sein erweitern? Leben heißt schlechthin Seinserweiterung durch das Lebensschicksal selbst. Mein Schicksal führt zu dauernder Erweiterung, zu neuen Erkenntnissen, Schicksalsschlägen und zur Öffnung für neue Ebenen, Menschen, Landschaften oder Lebensgesetze. Am Ende des Lebensweges dürfte der Höhepunkt meiner Laufbahn darin bestehen, ein bißchen weiser, wissender und großzügiger geworden zu sein sowie über mehr Handlungsspielraum und mehr Gefühlsreichtum zu verfügen – oder auch im genauen Gegenteil: verbohrter, engherziger, ängstlicher, materialistischer, gefühlloser geworden zu sein. Doch wie auch immer: Das ganze Sein bleibt mir verschlossen.

Ehe-Ritual auf Bali (Links Bräutigam)

In der Naturtherapie geht es um Seinsöffnung. Das beinhaltet zum einen die *Verwandlung* in Habicht und Haselnußbaum, in Amsel und Apfelbaum, in Lärche und Lerche. Zum anderen aber bedeutet es die *Erfahrung einer größeren Dimension* um uns herum, eine Schaumblase auf dem Wellenkamm zu sein, die der endlosen Seinswoge, dem Schaum des Plasmas, dem großen Ganzen, dem nie Erfaßbaren und Einholbaren ausgeliefert ist. Letztendlich besteht Heilung also darin, das Ganze zu sein. Da das unmöglich scheint, solange wir auf zwei Beinen wandeln, streben wir zumindest nach einer Annäherung an das Ganze, nach Seinsöffnung und nicht nach vollkommener Seinswerdung. In der Naturtherapie versuchen wir, durch Natureinsamkeit, Pilgerfahrt, Naturverwandlung und Naturanbetung, durch die Zeremonie der Ursymbole und auch durch die Auseinandersetzung mit grundlegenden Naturgesetzen einen Funken des Seinsganzen zu erhaschen, denn all das ermöglicht uns die Vielfalt des Naturdramas. Die Natur heilt und führt durch ihr Übermaß zum Ganzen - wenn wir bereit sind, uns ihr hinzugeben und uns unter Bäumen liegend von der Sonne bescheinen lassen, die Langeweile zwischen den Dünen zu genießen oder den Hochgenuß zu spüren, auf einem Gipfel zu sein. Dem Himmel nah, der Erde anheimgefallen und die Wolken als Boot nehmend segeln wir durch den Schaum der Weltkräfte.

Das Herz geht auf

„Das Herz geht mir auf" ist eine sehr schöne Redewendung, um ein tiefes Gefühl des Schönen, Wahren und Guten zu bezeichnen. Wenn wir auf eine friedlich auf der Wiese weidende Kuh, einen verschlafen im Hof liegenden Hund, einen von Blüte zu Blüte flatternden Schmetterling treffen, ein auf der Erde spielendes Kind sehen oder über eine weite Ebene schauen, durch die sich glitzernd eine Wasserader schlängelt, dann scheint etwas mit uns zu geschehen: Das „Herz geht uns auf". Aber was soll das heißen?

Wenn uns eine reine Situation begegnet, ein Wesen, das sich ungestört von außen absichtlos, sich selbst genügend und nur aus sich selbst heraus lebend seinen eigenen Naturbewegungen hingibt, beeindrucken uns diese erhabenen Bewegungen wie ein Tanz oder ein Kunstwerk. Wenn also keine Absicht, kein Überlebenstrieb sichtbar ist und keine Notwendigkeit vorliegt, sich auf nützliche oder egoistische Weise zu verhalten, wirken die Wesen schön, gut und wahr. Davon wird mein Gefühl angesteckt, und ich erlange das gleiche Gefühl wie das Wesen: Mein Herz geht auf. Das fühlt sich tatsächlich so an, als öffne sich das Herz, als lasse es seinen Schleier der Vorsicht und Gewohnheit fallen. In genau dem Augenblick, in dem wir das Gute erblicken, strömen Mitgefühl und Liebe in uns ein, als öffne sich eine unsichtbare Tür, durch die das Licht hereinfällt. Dann empfinden wir eine Liebe, die frei von Beimengungen ist – eine reine Seinsliebe, die nicht unmittelbar dem Überlebenstrieb, dem Ich und der Erhaltung frönt.

In der Naturtherapie geht es darum, dieses Erlebnis in freier Natur zu erlangen und nicht in der geordneten, zersägten Menschennatur, wo eingreifende Hände das Leben nicht verschont haben. Diese Erfahrung ist an sich ein Wunder. Wir fühlen uns grundlos erhaben und sinnlos erheitert; das Leben ist schön. Es ist nicht die starke Liebe des Eros, das Überwältigt- und Getriebensein der normalen Gefühle, es ist der stille Anblick des Guten, der offenbart: Die Welt ist gut!

Warum sich Menschen fremd sind

Menschsein äußert sich als Mitgefühl und Liebe zum Anderen. Ich spüre die Liebe, die Achtung, die Hochachtung, die Verehrung, das Wunder, ich zolle jedem dieser menschlichen Giganten Respekt, aber ich muß mich abwenden – und zwar bald, denn das große Seinsgefühl verläßt einen im Zusammensein mit den Mitmenschen. Dann wird man im Kokon ihrer Gefühle und Willensimpulse, ihrer Erinnerungen und Träume gefangen. Ihre Beschränkungen werden alsbald sichtbar, denn nun ist der sie erhebende All-Tag zum Alltag geworden, der sie niederdrückt. Da wird das Leben zum Vegetieren und zum Lebenskampf; da gibt es keine Sonne und kein Götterdasein mehr, sondern höchstens noch einzelne Götterfunken. Und so wende ich mich ab und werde auf mich selbst zurückgestoßen, bin das Spiegelbild des Mitmenschen und werde, was er ist. Mitmenschen untereinander ziehen sich nicht nur an, sie ziehen sich auch gegenseitig herunter. Sie ziehen sich um so mehr herunter, je weniger tief sie in den Schoß der Erdmutter, der Sternenfrau fallen können. Die Götter machen Angst, also werden die Göttlichen geschmäht. Kein Mensch ist seinem Gott treu. Götter sind dazu da, um mit ihren Namen mein kleines Ich zu verdecken, nicht aber, um sie zu *werden* – so spürt der Ängstliche, und so handelt der Verräter.

Ich nähere mich den Mitmenschen, als schaue ich in einen Spiegel – ich trete davor und beschaue mich im anderen sowie den anderen in mir. So beschauen wir uns wechselseitig, und im circulus virtiosus unserer gegenseitigen Beschauung vergessen wir die wahre Welt der Natur. Wir vergessen den Geist, weil wir im Mitmenschlichen *zu sehr* wir selbst geworden sind.

Im Teufelskreis des Menschlichen gefangen versuche ich, zu entkommen. Die Sehnsucht packt mich, das tiefe Verlangen, mit der Haselnuß allein am Bachlauf zu ruhen, im Moos der Felsen die Große Ruhe zu genießen, die Fährten der Rehe im Wissen zu passieren, daß Tiere da sind. Wenn das Gespräch in bedeutungslose Zonen ausufert, überkommt Unruhe den das Sein Liebenden. Die Stille des Waldes schmeckend, sucht er den Fluchtweg aus jener Enge, welche die Gespräche um sich ziehen. Ich träume, gleite über Wogen und schwebe in Wolken. Ich rufe die Tiere an, uns zu helfen: Sie mögen aufstehen und uns durch ihren Anblick erheben. Wir wollen fort von uns und hinauf zu den Urformen unserer selbst, wollen aus dem zwickenden Schuhwerk unseres städtischen Daseins heraussteigen, unsere Haut abstreifen wie die Schlange und über unseren Körper hinauswachsen. Und wenn mein Verstand und mein Gefühl von Größe, Wissen und Erfahrung zu schwärmen beginnen, dann ruft mein Seins-Ich die Berge als Zeugen an, sie mögen mir helfen, sie zu erklimmen, damit ich Überschau bekomme und Sein an sich werde. Aber die Berge antworten bündig: „Der Weg zu uns selbst ist steil, gereinigt wirst du durch Schweiß!"

Wenn dein Freund von seinem Höchsten zu schwärmen beginnt und dich in seine Bergeshöhen miterhebt, du aber erkennst, wo er scheitern wird, dann wirst du auch begreifen, warum er darüber redet. Dann entfliehe dem engen Zirkel der Freundschaft und rufe das Wasser an, diesen Strohhalm Mensch in seinen reingewaschenen Wogen emporzuheben und dem Himmel näherzubringen, damit er sich in der Vereinigung von Wasserblau und Himmelsblau als sein Kind fühle. Der Mensch erschöpft sich, je mehr er sich Menschen öffnet, der andere lebt von deinem Zuhören, wobei du erlischst. Er mag dich in seinem Reden eine Zeitlang mittragen, dann aber läßt er dich fallen, weil du nun erschöpft und wie er selbst geworden bist, weil Menschen in einem Gespräch sterben, das kein Ende kennt, denn die Sprache ist unersättlich! Also rufe ich die Nicht-Sprache der Natur an, weide mich in ihrem säuselnden Wind, schlafe in gurgelnden Bächen und wiege mich in flüsternden Zweigen. Es ist die Fremdsprache der Natur, die mich wie der Vogelflug erhebt. *Die Sprache der Natur erfrischt, weil wir sie nicht mittels Logik verstehen. Alles Verstehbare erschöpft, und alles Wissen erniedrigt; allein die Weisheit des Unwissenden läßt uns selig lächeln. Die Natur ist das Große Unwissen; in ihr erwachst du zu dir selbst!*

URMUTTER UND URVATER SPRECHEN

Jedes ist alles

Urmutter spricht:

Ja, wenn jedes alles ist, ist auch das Alles ein einziges Jedes. Das bedeutet die Rückkehr zum Einfachsten, zu dem, was ist, zur Tannennadel, zum Eichenblatt. Wenn das Einfache alles erklärt, warum sich dann ans Vielfältige wenden, das nur ein Meer an Verneblung und gekreuzten Nervenbahnen ist? Warum Labyrinthe untersuchen, wenn ein gerader Weg daran vorbeiführt, wenn *ein* Weg hinreichend ist, alle Wege zu begehen?

Das, was ist

Urmutter spricht:

Ich bin „das, was ist". Mein Wort ist der Berg und das Gras selbst. Ich habe keine Sprache. Ich kenne kein „Jenseits des Denkens". Für mich gibt es kein Jenseits des Diesseits. Euer Jenseits ist mein Diesseits! Ihr unterscheidet, weil ihr nicht sehen könnt. Mein Leib ist groß, ist fest und flüssig, ist Seele und Land.

Bin ich Knoten?

Urvater spricht:

Menschengewebe, Menschengeschiebe ist letztendlich Menschenliebe. Menschen drängeln sich und drücken sich umeinander, aneinander – die Menschheit als Bastgeflecht, als Knotenteppich, als Lebensteppich, in dem jeder ein Knoten, ein Gedankenknoten ist. Jeder verknüpft mit anderen Knoten, die zum Lebensband gewoben und geflochten werden. Das Leben ist ein unendlich verflochtenes Band. Tausend Knoten auf einer Schnur ergeben *ein* Stück Land. Eine Aneinanderreihung von Gedankenknoten erzeugt ein Stück Stoff. Viele Gewebe und Gewimmel bauen einen Materiewirbel auf, und Unsummen dieser Wirbel bilden endlich einen Planetenknoten, Galaxienknoten, Weltallknoten ... Wenn sich die Gedankenkraft erst biegt, dann rekelt und sich schließlich windend in sich selbst verirrend verbiegt, formt sich das Neue: ein Materieknoten. Das ist die Pointe: Die Welt ist nichts als ein wuchtiges, unheimliches Geknote, aus feinstofflichen Gedankenknoten entstandene Materie, aus plasmatischen Gefühlsverdichtungen geborener Stoff. Materie ist Seele! Wer aus der Materie flüchten will, muß die Gedanken und Gefühle fallen lassen wie die Jungvögel ihre Federn. Allein das Nicht-Ich befreit aus dem Körperpanzer. Wie entknote ich mich also? Genau das ist der gordische Knoten des Schicksals, meine Narretei.

Mut zur freien Geste

Urvater spricht:

Überlege, bevor du handelst. Bedenke, bevor du lebst. Denn wenn du lebst, ist es nur ein Denken. Ich fordere nun: Vertraue dich der „freien Geste" an. Schreibe, ohne zu Denken, und sprich frei! Lasse locker, halte nicht fest, bleibe ohne Sinn! Deine Sprache und dein Schreiben gehören dir nicht, denn du bist nicht der Sprechende, der Schreibende. Du bist nur ein Sprach*rohr*, durch das Töne fließen. Du bist ein Übergang. Dann rollen gewaltige Töne und Buchstaben durch dich hindurch, und du wirst deine eigenen Schöpfungen erstaunt als Kunstwerke eines anderen betrachten. Dann mußt du dich nicht mehr eitel schöpferisch betätigen, denn dann wirst du selbst ein Kunstwerk sein – schau in den Spiegel!

Freiheit – dein dich so sehr bezauberndes Schlagwort – ist Freiheit *von Dir selbst* und nicht *für Dich selbst.*

Gestrandet an den Gestaden der uferlosen Zeit

Urvater spricht:

„Zeit ist ein Gedanke". Wie wollt ihr Erkenntnis erreichen, ohne euch auf diese Idee zu gründen? Wenn ihr die Relativität der Zeit – die Existenz von Zeit und Nicht-Zeit – anerkennt, erkennt ihr den Lug und Trug all eures Zeitverhaltens an. Niemand hat den Mut, die Nichtzeit über das Zeitliche zu erheben, denn was bliebe dann noch übrig, was machte da noch Sinn? Niemand von euch unterzieht sich gern einer Prüfung der Nichtzeit. Auch eure großen Denker sind Gestrandete an den Gestaden der Nichtzeit, wo sie nur noch Fata Morganas und fliegende Holländer sehen und den Boden unter den Füßen verlieren. Die Angst lullt sie alle ein. Doch das Denken beginnt erst, wenn es mit der Erfahrung der Nichtzeit aufhört. Ihr jedoch zieht statt dessen die *Philosophie der Angst* vor. Habt ihr die Angst zum obersten Herrscher erhoben?

Ihr fragt euch nicht: *„Sind wir in der Zeit oder ist die Zeit in uns?"*

An der Zeitfrage hängt alles andere: Raum, Kausalität, Sein, das berüchtigte Ich ... Wer von euch diese Frage aufnimmt, steht in der Tat an einer Zeitenwende. Wer die Nichtzeit ernst nimmt, verliert die *Philosophie der Angst*, wird Nicht-Ich, wird irre, wird Narr. Ah, ihr verkriecht euch bereits. Ah! Bin also nur ich der Irre?

Frieden und Krieg

Urmutter spricht:

Das Leben, so wie ich bin, ist gut, doch ihr Menschen wollt es ändern. Ihr wollt meine Haare kämmen, meine Falten bügeln, ihr wollt meine Haut durchbohren und meinen Hauch verpesten, mehr noch, ihr wollt meine und somit eure Seele mit Wissen über mich peinigen.

Ihr wollt entweder Krieg fördern oder Krieg abschaffen. In diesem Pendelschlag formen sich eure Zivilisationen; wer aber sagt euch, daß nicht eben *ich* dieser Pendelschlag bin? Ihr wollt Frieden oder wollt ihn eben nicht – erneut mein Pendelschlag. Ich bin eure tickende Wanduhr, ihr seid mein Gehör. Ihr wollt im Guten wie im Bösen Moralisches erreichen, durch Krieg, der Güte bewirken soll oder Güte, die Krieg bewirken wird. Seit dem Uranfang versucht ihr, abzuschaffen oder anzuschaffen, aber ohne sichtlichen Erfolg – ihr bekommt, aber es wird euch auch wieder genommen. Kennt ihr mich immer noch nicht? Kaum seid ihr geboren, meint ihr – die Sprößlinge meines Bauches – das Leben selbst in die Hand nehmen zu müssen. Ihr wollt und ihr könnt, doch ihr wißt nicht, daß ich all das bin. Aber auch das ist mein Gesetz, das Gesetz eurer Blindheit. *Ich* bin die alte Blinde, und ihr seid Echos meiner Blindheit.

Dann gibt es eure Denker, die den dritten Standpunkt jenseits des Pendelschlags einnehmen. Diese unbeteiligten Beteiligten fordern nun: Dieser Pendelschlag muß ganz abgeschafft werden! Das sind eure Metaphysiker; sie verlagern euer Problem eine Stufe höher und entziehen sich so auf feine Weise. Nur eure Weisen schmunzeln, gewähren, tanzen mit, erfreuen sich an euch und tun so, als seien sie wie ihr. Sie haben losgelassen und lassen mich gewähren; sie sind meine besten Kinder. Sie sind mein Geist. Eure Weisen, das bin ich! Das, was ist, ist die Weisheit. Doch eure ganze Kultur dreht sich darum, das was ist – mich – zu widerlegen. Daher stammen all eure Enttäuschungen, denn einzig ich bleibe immer. Eure Philosophien sind Handlungsanweisungen, aber kein ruhiges Ist-Dasein. Zwar sucht ihr ein besseres Leben, aber nicht in eurer Erdmutter. Kennt ihr nicht meine Flutwellen, die gegen eure weiten Strände und schönen Buchten brechen? Ich bin beides! Ich bin euer Krieg und eure Geburt, und ich wünsche, daß ihr in mein anderes Leben sterbt, damit ich euch neu gebären darf.

Erkennt ihr, was ist? Laßt los und beherrscht die Gelassenheit im Untergang. Wenn ihr behauptet, ihr hättet nichts getan und nichts geschaffen, bleibt ihr abgeklärt. Wenn ihr den Krieg sein lassen und den Frieden erlebt habt, haben beide euch geläutert; habt ihr aber beide mit Herzen durchgeführt, seid ihr Verunreinigte geworden. Wenn ihr am Schluß sagen könnt, daß ihr alles mitgemacht habt und doch nie dabei wart, dann habt ihr gelebt. Ich schenke euch Krieg und Haß, Liebe und Freiheit, damit ihr lernt, sie *nicht* zu gebrauchen ... Braucht ihr nicht Moral, Skandale, Neid und Glück, um euch den Leib zu reiben wie die Schuhe auf dem Fußabtreter? Der Glauben, ihr könntet selbst wissen und selbst handeln, muß abgestreift werden. *Euer Ich ist ein Irrtum; Individualität ist eine Krankheit.* Doch ihr bedürft dieses Irrtums, um ihn loszuwerden! Laßt uns also feiern und die Zeremonie von Leben und Tod begehen!

3. DIE GROSSEN GEISTZEREMONIEN

Schlangenritual: Die Schlange als Sinnbild des Weiblichen

RAGE HINAUS IN KOSMISCHE RÄUME

„Der erste Schritt, den der Mensch tun muß, sucht er den Weg, besteht darin, das gewohnte Bild von sich zu zerstören ... Die Menschen müssen erst die Wirklichkeit ihrer selbst wahrnehmen lernen."

„Die Begrenzungen seines Körpers sind nur Wahnvorstellungen; er stützt sich nicht nur auf die Erde, sondern ragt über die Erde hinaus in die kosmischen Räume. Bewegt er einen Gedanken oder einen seiner Arme, bewegt sich eine ganze Welt mit ihm ..."

„Wir Menschen beschränken uns, machen uns kleiner als wir sind. Jeder unserer Gedanken und Gefühle ist ein Gitterstab zum eigenen Gefängnis, ein Schleier über dem Gesicht, eine Verneinung unserer Macht. Wir sind Ignoranten unserer selbst, verunstalten und verleugnen uns, und wir beobachten und berechnen die Natur nur nach dem Maß unserer Angst vor der überwältigenden Ganzheit des Seins, die uns erschlägt, wenn wir sie mit offenem Herzen in uns lassen. Wir führen ein Leben nach kleinmütigen Gesetzen und schreiten mit dünnen Hypothesen über Mysterien hinweg. Es gefriert das Universum zu einer statischen Einheit und setzt sich an den Rand der Welt, schamvoll, untätig, wie ein zufälliges Sekret, ohne Macht und ohne Hoffnung."

- Julius Evola -

Die Einheit mit der Urmutter ist verloren

Ich möchte hier etwas zu einem Naturtherapie-Ritual anmerken, wie ich es aus meiner Sicht erlebt habe. Die Veranstaltung trug den Titel „Urmutter". Dieser von mir geprägte Begriff lehnt sich an die Weltmutter, die Große Göttin, die Magna Mater, an die Erdmutter an. Die Urmutter ist der Ursprung von allem. Die menschliche Mutter wird hier ins All verlegt. Da in der zeitgenössischen Kultur ein großes unbewußtes und unerfülltes Bedürfnis nach Urheimat, nach Aufgehobensein besteht, was der technisierte, rein auf Arbeit, Wirtschaft und flache Lebenslust ausgerichtetete Verkehr der Menschen nicht erlaubt, war klar, daß sich zu diesem Thema einige Menschen einfinden würden – insbesondere Frauen, welche die Rückbindung an eine archaische Frauenrolle, an die starke Göttin suchen. Jeder sollte sich eine Vorstellung von der Urmutter machen und entsprechende Ritualkleidung dazu mitbringen; so es war ausgeschrieben, und das teilte ich auch jedem mit. Daß sich tatsächlich jedoch niemand darauf vorbereitete, war abzusehen. Die Teilnehmer brachten weder eine eigene tiefe Vorstellung noch entsprechende Ritualkleidung dazu mit. Ich wurde endlos gefragt, wie diese aussehen solle, und da schwang eine große Angst davor mit, sich verkleiden zu müssen. Keiner hatte sich tief eingefühlt, keiner wollte sich tief einfühlen; es blieb beim Suggestivwort *Urmutter*. Alle wollten etwas über sie *wissen*, aber sie *sein* – nein danke.

Die Angst vor dem Ichverlust

Zum Ritual ist folgendes zu sagen: Allein durch die Verkleidung mit Naturmaterialien enthebt sich der Mensch seiner Persönlichkeit, denn genau darum geht es im Ritual – *sich von seinem Ich loszulösen, einmal Nicht-Ich, freier Archetyp, Urmutter zu werden.* Das stellt bereits eine Heilung dar, nämlich die Heilung von sich selbst, und dazu verhelfen Maske und Mummenschanz. Alle Völker haben damit erfolgreich gearbeitet und daraus eine ganze Kultur innerhalb der Kultur entwickelt, aber der heutige Mensch hat eine „märchenhafte" Scheu davor, sich zu verkleiden. Zwar haben wir auch heute zum Beispiel bei der Fastnacht und bei Volksfesten noch Restbestände von Verkleidungen, doch sind sie dort meist vorgeschrieben oder kulturell überliefert, weshalb man sich nicht selbst einfühlen, Gedanken machen oder mit sich selbst beschäftigen muß. Die Menschen kamen also wegen des Stichworts „Urmutter" zur Veranstaltung, und seine zauberische Anziehung verfehlte ihr Ziel nicht. Doch sie kamen aus Neugier, aus dem Konsumverhalten heraus und wollten schauen, was passiert. Sich selbst wollten sie jedoch nicht beschauen lassen. Die heutige Konsumentenhaltung, die hören und wissen, sich aber nur nicht sich selbst offenbaren will, ist allgegenwärtig. Man wollte die Urmutter sehen – doch die stellte sich als glotzendes Lieschen Müller heraus, das kaum aufzustehen wagte und mit einem roten Punkt auf der Nase schon überfordert war. Man hatte sichtlich Angst davor, aufzutreten und die wilde Urmutter in sich loszulassen. Man wagte den Schritt nicht, die eigene innere Urmutter unter Verlust des eigenen Ichs hervorzukitzeln.

Doch um das soziale Gestrüpp des Egos abzuwerfen und sich nicht als Ich, sondern als das Ganze zu fühlen, fehlt die notwendige Ich-Kraft. Aber nur im Gefühl, das Ganze zu sein, fallen alle Schamgrenzen, alle persönlichen Überempfindlichkeiten, alles Ich-Meinen und Ich-Wissen – die gesamte Kultur fällt weg. Wenn uns das möglich wäre, würde ein Urvieh von einem Wesen vor uns stehen.

Als alle Teilnehmer der Veranstaltung glücklich angekommen waren, regnete es in heftigen Strömen. Die Urmutter regnete, obwohl wir im Freien schlafen und feiern wollten. Aber das wurde noch gelassen aufgenommen, denn es gab keine Alternativen. Überhaupt fällt bei allen Seminaren eine häufig auftretende Bewegungslosigkeit auf. Wenn man die Leute fragt, warum sie im Leben so betriebsam sind, in Gruppen aber häufig untätig werden, geben viele das auch zu und sagen, sie wollten die anderen nicht überfahren und nicht so in den Vordergrund treten. Aber das ist nichts Neues, denn schließlich besteht unsere gesamte Sozialkultur aus Anpassungsangst. Zwar brüsten sich alle mit ihrem Ego und sind nur Ich, aber kaum werden sie in eine Gruppe geworfen, verwandeln sie sich zum Wir. Das dicke Ego schmilzt beim Erstkontakt mit einer Gruppe schnell dahin. Danach tritt es allerdings rasch erneut hervor und ist schließlich wieder ganz obenauf – jetzt allerdings auf Kosten der anderen und der Gruppe. Beim einen mag das schneller, beim anderen langsamer gehen, aber alle pendeln sich ohne Rücksicht auf Verluste wieder in ihr Normal-Ich ein, und zwar um so mehr, je länger man zusammen ist. Es verhält sich eben genau so, wie in der Gesellschaft auch.

Leidenschaftslosigkeit vor Gott

Was uns vor allem daran hindert, in die Tiefen des seelischen Alls vorzustoßen, ist eine offenbar individuell angeborene und zusätzlich anerzogene Schwerfälligkeit gegenüber der wahren Natur des Seins. Es gibt einfach Menschen, die im Angesicht des ganzen Seins keine Leidenschaft verspüren. Das ist ihnen nicht vorzuwerfen. Die Sehnsucht, mit der Gottheit zu verschmelzen, ist wohl angeboren, aber unter dem Druck des Sozialegos nicht jedem mehr möglich. Auch mithilfe von Religion und Ritual kann man nicht aus jedem Menschen einen Heiligen machen, denn die Menschen sind verschieden, und damit muß man sich einfach abfinden. Die Geisteslust ist eine Begabung wie jede andere auch, und obwohl jedes Lebewesen eine Sehnsucht nach der Ganzheit spürt, bleibt sie je nach Charakter und Schicksal unterschiedlich stark.

Passivität und mangelnde genetische Spiritualität

Man geht heutzutage irrwitzigerweise davon aus, jeder könne den Weg ins Geistige antreten, ja sei naturgemäß „spirituell" – was immer das sein soll, sei hier dahingestellt. Diese phantastische Idee entstammt dem modernen Liberalismus, der besagt, der Mensch sei frei und könne sich individuell entfalten, er könne lernen und sich hocharbeiten. Dafür, daß dem nicht so ist, sprechen Bände. Tatsächlich können sich nur einige wenige befreien – das Gras wird so stehen bleiben, wie es ist. Darüber hinaus wird oft von der Entwicklung geredet, was ein moderner, dem Evolutionsdenken entstammender Gedanke ist, demzufolge sich alles weiterentwickeln soll. Tatsächlich aber ist dem nicht so. Nichts entwickelt sich! Im Gegenteil wird alles nach festgelegten Gesetzen geboren und stirbt bald wieder. Die phantasievolle, kindliche Hoffnung, die Kultur entwickle sich oder kosmische Gesetze würden die Erde gar zum Besseren beeinflussen, sind Schnapsideen unreifer Geister. In blinder Hoffnung und Unkenntnis der Geschichte und Geschichtsgesetze warten träge Konsumenten auf den guten Kosmos, auf Planeten, Götter, ET´s oder das Schicksal. Der Kult, daß alles gut wird, durchzieht die gesamte europäische Geistigkeit spätestens seit dem Aufkommen des Christentums. Doch die Tatsachen belehren uns eines Besseren: Nichts wird besser und ebensowenig anders, aber *alles vewandelt sich, während alles Grundsätzliche gleich bleibt*. Nur der Mutige erkennt, daß *nichts besser wird und alles in wechselnden Kleidern beim Alten bleibt*. Die Naturgesetze herrschen als gnadenloses Auf und Ab, Stirb und Werde. Es wird kein Gott kommen, und die großen, mittleren und kleinen Erlöser sind nur Menschen mit festen Ego-Absichten, nämlich zu bekehren, Geld zu machen, sich als Ich herauszubilden, zu knechten, Macht zu gewinnen oder der Masse ihre Traumschlösser davon aufzuzwängen, was Spiritualität ist. Die Erlöser jeder Epoche haben nichts außer neuen Hoffnungen in Gestalt neuer Religionen und Glaubenssätze gebracht, und das stets ganz wirklichkeitsnah durch Mord und Totschlag, Leid und Krieg, denn Religion setzt sich selten ohne Machtpolitik durch.

Die Vererbung erworbener Eigenschaften

Geistigkeit als bewußtseinsvertiefende Kraft ist angeboren und wird nicht erworben! Mein Bewußtsein ist das Ergebnis all meiner vorherigen Leben, die sich in diesem Leben entfalten. Wenn ich in diesem Leben etwas lerne – zum Beispiel ein Handwerk – dann schlägt sich das erst im nächsten Leben als Begabung für dieses Handwerk nieder. So keimen Verstand und Charakter. Man kann sich entwickeln, aber die wirklichen Früchte entfalten sich erst im nächsten Leben als Begabungsgut. Natürlich trägt ein Übungsprozess auch im gegenwärtigen Leben bedingte Früchte, die jedoch hart erkämpft sind. Auf diese Weise entwickeln wir uns im Guten wie im Bösen, und was wir in diesem Leben mitbekommen haben, wird uns im nächsten durch eine erhöhte Auffassungsgabe dafür geschenkt oder wieder genommen, wenn wir es nicht nutzen und weiterbilden. Wer also nichts tut, wird auch nichts erhalten. An ihrer Begabung werdet ihr sie erkennen! Wenn ich in diesem Leben völlig unbegabt für die Malerei bin, aber dennoch einige Zeichnungen vollbringe, werde ich im nächsten mit ein paar Prozent mehr Kunstfertigkeit geboren werden. Höre ich im nächsten Leben jedoch auf zu malen, verfällt meine kleine Begabung, und ich muß im übernächsten Leben von vorne beginnen. Das nennt sich schlichtweg Schicksal. Die Lamarcksche Theorie von der Vererbung erworbener Eigenschaften stimmt, sofern man eine Wiedergeburt annimmt.

Ich weiß, das ist ein Faustschlag ins Gesicht jedes Hoffenden, jedes sensiblen Geist-Menschen, der mit Gegenbeweisen zurückschlagen wollen wird. Was ihn durchs Leben getragen hat, war allein die Hoffnung; aber er hat nichts dafür getan, weil er dafür genetisch einfach nicht ausstaffiert war. Die Kraft zum Bewußtseinswandel ist genetisch festgelegt, und nur wenige besitzen sie. Diese Kraft besteht in der Fähigkeit, die Seele vom Leib zu trennen und in sonst nichts. Keine Mode-Therapie hilft dabei auch nur einen Schritt weiter; deren Hoffnungsprogramme halten uns lediglich in Aufruhr.

Trägheit und Konsumentenverhalten entspringen der genetischen – sprich: karmischen – Unfähigkeit (Gengut ist über verschiedene Leben hinweg geronnenes Karma!), Seele und Leib nicht sauber voneinander trennen zu können. Die Vermischung von Körperempfindungen und Seelengefühlen ist dafür hinweisträchtig. Viele Menschen können sich nicht einmal vorstellen, daß Sinneswahrnehmungen wie Hören und Sehen mit der Abtrennung der Seele vom Leib nicht mehr arbeiten und statt dessen die Sphärenklänge des Seelenreiches sowie deren Bewohner wahrgenommen werden. Oder daß man die stoffliche Welt dann nicht mehr sieht und sich das Sehen zum Hellsehen, das Hören zum Hellhören usw. verwandelt.

Seele und Körper

Die meisten Menschen verfügen nicht über die Fähigkeit, sich als aus zwei Teilen bestehend zu erfahren, nämlich einerseits als das wahre Ich – sprich: die Seelenperson – und andererseits als reinen Körper, der von der Seele lediglich bewohnt wird. Die Unfähigkeit, in der Stoffwelt ganz die eigene Seele zu sein, führt zu Entmutigung und schließlich zur Verleugnung des Seelischen überhaupt. Dann stellt der materialistische Standpunkt den letzten Versuch dar, zu Philosophie und Wesenseigenart zu finden. Überhaupt besteht das Grundübel der irdischen Kultur darin, daß der Mensch seine raumzeitlose, nicht-materielle Seelennatur, also die Seelendimension, nicht in den Stoff hinüberzuretten wagt, weil es so aberwitzig erscheint, unser wahrhaft stoffloses Dasein in einer Welt aufrecht erhalten zu wollen, die uns das genaue Gegenteil beweist – nämlich, daß wir Stoff sind. Die Seele fühlt sich in der Stoffwelt hilflos und unwirklich, denn sie kann mit Seelenfingern nicht nach Steinen greifen und mit Seelenfühlern keine Autos fahren. Deshalb fühlt sie sich so minderwertig und unvollkommen, daß sie irgendwann im sechsten Lebensjahr nachgibt, die Gesetze der harten Natur sowie die Ideologie des Stoffes übernimmt und damit beginnt, ihre Seelenexistenz zu verdrängen, zu belächeln, als Irrtum zu verklären. Wenn man von einer seelischen Entwicklung sprechen will, dann von dieser, *dem Prozess der Verleugung des wahrhaften eigenen Seelenwesens.*

Die Menschen erwarten vom Leben, daß etwas geschieht. Man ist gewohnt, lässig zurückgelehnt Filme anzusehen, halb schlafend Fernsehbilder und Vorträge anzuhören und vor sich hinzuschnarchen, während Animateure uns wachzuhalten versuchen. Das ist die Krankheit der Leidenschaftslosigkeit: Die Seele ist in der Härte der Stoffwelt teilnahmslos geworden, um sich nicht mit Seelenflügen lächerlich zu machen. Es ist eine kollektive menschliche Passivität, denn das Seelenleben wurde mit dem Eintritt in den Stoff verdrängt. Unsere wahre Natur, raumzeitlose Seele zu sein, wird nun als Traumgespinst der Schwachen verlacht.

Aber jeder, der noch fühlen kann, weiß: Ich bin nicht mein Körper, sondern ich habe einen Körper!

Alle Probleme lassen sich auf den Unterschied zwischen Seelenwelt und Stoffwelt zurückführen. Ich bin Seelenplasma *und zusätzlich* Stoffkörper. Ich bin zweierlei; aber wahrhaftig kann ich nur eines sein. Dennoch bin ich zweierlei, und damit kommt niemand zurecht, weshalb sich jeder seine eigenen irrealen Erklärungen entwickelt. Man versucht lebenspraktisch, mit dem Ur-Widerspruch über die Runden zu kommen und schafft es dennoch nicht; man scheitert, leidet und belügt sich selbst. „Ich bin nicht der Körper", das ist es, was uns unsere verdrängte Seele dauernd einflüstert; „Ich bin dein Ich" flüstert uns dagegen unser der Körper ein.

Hinzu kommt: Die Seele hat sich diesen Körper gewählt, indem sie ein entprechendes Ehepaar wählte, das einen solchen Mischkörper erschaffen mußte. Wie dieser Vorgang abläuft, ist uns unbekannt; auf jeden Fall aber erhalte ich genau den Körper, der im Stofflichen ein Spiegelbild meiner seelischen Zustände ist. Seelenbild und Stofform sind eins. Die Varianten der alten Kunst, Seelenbild und Seelengemüt aus der Körperform abzulesen, reichen von der Graphologie über Gesichtskunde und Irisdiagnostik bis hin zu jenem Heer mantischer Techniken, die aus jedem Körperteil den Gesamtcharakter ablesen wollen. Es ist sicherlich möglich, aus dem Ohr auf den gesamtseelischen Zustand zu schließen, denn jeder Körperteil verkörpert den Gesamtcharakter in seiner jeweiligen Formgebung als Ohr, Auge, Fuß, Stirn oder Schädelform. Der Stoffleib ist ein makrokosmisches Abbild meines Seelenzustandes, und zwar insgesamt wie auch in jeder einzelnen Körperfunktion. Der Körper ist ein vollkommenes Hologramm meiner Seele, doch wie es dazu kommen kann, überschreitet unser Fassungsvermögen. Das Verhältnis der Seele zum Körper, die Übertragung der Seelendimension in die Materiedimension, oder genauer gesagt, die Übertragung meiner Einzelseele in meinen Einzelkörper bleibt nach wie vor *das* Geheimnis. Die Seele schafft sich einen Leib, einen Plasmakosmos, einen Materiekosmos. Das sind gigantische Vorgänge! Sind daher die sozialen Vorgänge als Spiegelbilder seelischer Vorgänge ebenfalls ein Abbild der

Ritual für die Baumfeen

kollektiven Plasmaexistenz? Dann scheint es im Totenreich der Seelen nicht so rosig auszusehen. Ein anderes Beispiel: Wenn aus Nichtraum Raum, aus Nichtzeit Zeit, aus Seele Körper wird, dann müßten die sozialen Gesetze, die Massenbewegungen der Menschen ihren Widerhall in einer massenloseren Seelengesellschaft finden. Steht für die hiesige gesellschaftliche Entfremdung der Einzelindividuen im Plasma eine Einheit der Nicht-Individuen? Wenn ich hier massives Unwissen erkenne, gibt es dann im Plasma massives Wissen? Wenn ich hier gar keinen Ursprung erkenne, kann ich dann davon ausgehen, daß dort *der* Ursprung liegt? Wenn ich hier Feindschaft und Gegensatz erfahre, erlebe ich dann dort Einheit und Freude? Mit diesen Überlegungen steuern wir auf ein himmlisches Paradies zu. Aber ist dem wirklich so?

Das Ritual hat die Aufgabe, unsere Seele wieder daran zu erinnern, daß sie nicht der Körper ist. Wie aber führt man Rituale durch? Rituale sind keine sozialen Massenbräuche, wo jeder Schritt vorgegebenen wird und wo alle – nur mit jenem Rinnsal an Lust ausgestattet, mit dem man auch auf den Befehl reagiert, im Gleichschritt zu marschieren – ohne Selbstgefühl und ohne echte Hingabe nach derselben Flöte tanzen. Ich rede nicht von jenem schwachen Hochgefühl, das im Gleichschritt der Masse auftaucht, denn das ist lediglich ein letztes Echo des Seelenflugs. Als Voraussetzung zum Ritual bedarf ich der Zurückführung in die Kinderschau, um die Welt unvoreingenommen zu erfahren.

Wir müssen uns bewußt werden – darin besteht die überzeitliche Suche nach Geistigkeit – daß wir in unserem unsichtbaren Seelenleben miteinander vereint sind. Die soziale Gleichschaltung nährt sicherlich die Hoffnung auf eine humane Einheit, tatsächlich aber erzeugt sie aber nur Anpassung an gesellschaftliche Hohlheiten. Die kurze Hochstimmung, die daraus resultiert, mit allen anderen in Einheit zu sein, hält nur kurz an – nämlich bis der nächste einem auf die Füße tritt. Das ist die Einheit im Irdischen, welche die seelische Einheit im Überirdischen nur nachhallend widerspiegelt. Wir leben in Echos und sind selbst entfernte Echos der wahren Quelle. Das soziale Leben nährt sich vom verborgenen, massefreien und übersozialen Leben des plasmatischen Urstoffs. Wir leben in Spiegelbildern, ohne es zu merken, aber nur wenige haben den Mut, aus dem Spiegelbild hinaus- und in die Seelenwelt einzutreten. Man verlustiert sich im Spiegelbild, beschaut sich eitel und sonnt sich in seinem eigenen Schatten. Es gibt aber einen zeitlosen Kampf, der sich durch alle Zeitalter zieht und von Helden ausgefochten wird, die in jedem Jahrhundert aufbrechen, um die Spiegelbilder zu zerschmettern; daher stammen die alten Geschichten von Helden, die nicht etwa in eine neue Verstandeswelt, sondern fürwahr in die plasmatisch-seelische Nachbarwelt einbrachen.

DIE LEHREN DER WILDEN GESCHÖPFE

Und die Bäume erwachten und erkannten ihn,
und die wilden Geschöpfe sammelten sich um ihn,
als er inmitten der waldigen Bergtäler
vielerlei Lieder sang.
- Lied von Hu dem Mächtigen -
(aus *Merlyns Vermächtnis* von Douglas Monroe)

In der Naturtherapie – sprich: in der Natur der klirrenden Morgenkälte und der brütend heißen Sommernacht – werden wir unter dem Druck der Elemente dazu herausgefordert, grundlegende Fragen zu stellen, die im Alltag leicht untergehen. Die Kälte fragt dich: „Was ist Tod?“, der Hitzeschweiß fragt dich: „Was ist Dasein?“ und die Eiskristalle auf deiner Stirn fragen dich: „Was ist Leben?“

Daß ein abgesplitterter Felsbrocken die Therapie übernehmen soll, wird im Therapiereifer der Europäer noch nicht gelehrt und auch, daß der verdorrte Apfel am Herbstapfelbaum den Arzt ersetzen kann, war bis jetzt ungehört. Fühlt sich da nicht jeder berufene Heiler und Allesheiler beleidigt? Hört er überhaupt die darin versteckte Anklage gegen sich? Therapeuten hören die Natur nicht rauschen, spüren die Winde nicht wehen, und der verschrumpelte Winterapfel, dessen Fleisch sich in klirrender Kälte kristallisiert und eine faltige Haut bildet, der aber dennoch zäh am Ast hängen bleibt – daß es ihn gibt, daß er heilsam sein kann, darüber lächelt man bestenfalls und geht zur nächsten Neurose über. Die Natur ist kein Teil der Psychologie, sondern Menschenseelen sind umgekehrt eine Unterabteilung der Natur. Es ist ein unausgesprochenes Grundgesetz aller modernen Psychologie und Sozialwissenschaften: Der Mensch steht an oberster Stelle; die Natur dient ihm allein zum Überleben und darf beliebig benutzt werden. Wenn ich nun Naturtherapie ankündige, dann heißt das: Die Grundlagen der Psychologie sind beschränkt! Aus diesem Grund kann die Psychologie niemals wahrhaft heilen. Psychologie ist ein Apparat, der Heilung unterdrückt, denn sie fordert immer nur eine Heilung *von* etwas, nie eine Heilung hin zur universalen Gottheit, die alles ist. Aber Heilsuchende beruhigt, beschwichtig die Illusion, denn sie wollen schnelle, punktuelle Hilfe. Die Psychologie kann jedoch nicht heilen, weil sie die Gesetze der Natur weder kennt noch kennenlernen will, denn ihre gesamte Grundlage ist ein traumatischer, durch Atemnot verursachter Schwindel.

Naturtherapie ist Plasmapsychologie

Hier sei kurz die unbekannte Grundlage einer echten Naturpsychologie dargestellt.

Aller Stoff entstammt einem raum-, zeit- und stofflosen Plasmafeld. Dieses Feld enthält alle Lebensformen. Alle plasmatischen Formen kristallisieren in einem Verdichtungsprozeß, um sich Stoff – sprich: einen Körper – auszubilden und werden so zu lebenden Felsen, Bäumen, Tieren und Menschen. Dabei löst sich der Plasmakörper nicht auf, sondern schafft lediglich ein stoffliches Doppel seiner selbst, in das es dann wie in ein neu gebautes Haus einzieht und es so belebt. Das Leben selbst rührt ausschließlich vom Plasmaleib her. Wir sprechen in diesem Zusammenhang traditionellerweise von der Seele oder dem Geist. Das gesamte Dasein besteht zunächst nicht in stofflicher, sondern unstofflich-plasmatischer Gestalt. Das Plasma ist nicht einfach ein Feinstoff, sondern ein Seelen- und Gefühlsfeld; es ist jenes Gefühl, das den Menschen als solchen ausmacht. Gefühle sind Plasmazustände. Natürlich bleibt meine Plasma- oder Gefühlseigenart im Körper voll erhalten und bildet meinen Charakter, denn dieser ist lediglich das Gefüge unseres Plasmafeldes. Wenn dieses Feld sich zum Leib kristallisiert, wird dieser zu einer symbolischen Übersetzung meines Plasma- bzw. Gefühlsfelds. Dann sind mir meine Gefühlswelten gewissermaßen ins Gesicht geschrieben. Deshalb sehen alle Wesen unterschiedlich aus, und deshalb läßt sich aus allen Körperteilen mein Gesamtcharakter erschließen, was man als Analogiewissenschaft bezeichnet, denn zu diesem Zweck wird eine analoge Verbindung zwischen Körper- und Seelenausdruck hergestellt.

Warum kann ein abgesplitterter Felsen den Therapeuten ersetzen? Weil ein Felssplitter schweigt. Ein Therapeut schweigt nicht; er redet und weiß zu viel. Der Fels aber schweigt, denn er hat viel Zeit. Menschen haben keine Zeit, der Fels jedoch zeigt uns nach spätestens vierzehn Stunden, die wir davorgesessen haben, daß es sich lohnt, die Zeit aus den Augen zu verlieren. Er zeigt uns, daß er recht hat und mehr weiß, dieses Wissen aber eben felsenfest verteidigt und nicht so leicht preisgibt. Die Weisen der Felswand geben Wissen nicht gegen Therapiehonorare preis. Sie betreiben ehrliche Therapie und prüfen den Heilsuchenden zuerst, indem sie ihn lange warten lassen. In jeder der alten Therapieformen mußten die Sucher lange warten – und nicht nur ein paar Stunden, sondern ganze Jahre lang. Während sie beharrlich darauf warteten, daß der Weise ihnen den Zutritt gestattete, erlangten viele die Erkenntnis einfach während des Wartens von selbst, denn die physische Natur lebt in der Zeit und bedarf daher der Zeit, um sich selbst zu erkennen. Im Plasmareich ist das anders; dort erkenne ich die Verhältnisse *sofort*. In der Stoffwelt kann ich das nicht, weil meine durch den Körper gefilterte Seele verlangsamt ist, also durch die Langsamkeit des Stoffs verhüllt und behindert wird. Die Langsamkeit des Stoffs ist jene der Zeit, und deshalb bedarf die Selbsterkenntnis langer Zeit. Weil der Stein das weiß, läßt er uns ebenso wie ein echter Heiler warten, denn auch dieser nimmt seine Patienten erst dann an, wenn sie keine mehr sind.

Dennoch hilft der Felssplitter dem Suchenden gewaltig. Durch seine Form, seine weiß sich schlängelnden Gesteinslinien, durch Einsprengsel aller Farben, durch seine zerrissene Gestalt, seinen Härtegrad und sein Gewicht bietet er den Augen des Suchenden eine ganze Reihe von Weisheiten und Wahrheiten, die, richtig betrachtet, ein aufgeschlagenes Buch sind, in dem der Suchende lesen kann – falls er eine Brille zum Lesen von Steinwissen besitzt. Aber solche Brillen gibt es in modernen Brillengeschäften nicht zu kaufen, weil sie zu futuristisch sind. Denn je weiter die derzeitige Kultur fortschreitet, umso mehr verarmt sie an Wissen, was sich in zunehmender Naturentfernung äußert. Da aber die Naturformen die einzigen großen Weisen sind, entfernen wir uns immer mehr und hoffen dabei, allein durch uns selbst lernen zu können. Doch diese Täuschung rächt sich, denn wir werden zunehmend unwissender und kränker, was übrigens dasselbe ist.

Dennoch wäre es falsch, zu behaupten, daß sich die Naturwesen von uns zurückziehen, denn tatsächlich ist es genau umgekehrt: Der Mensch entfernt sich vom Felsbrocken. Die Naturwesen sind immer da, laden offen ein, lehnen niemanden ab und laufen nicht weg.

Außerdem sind Menschen für Naturwesen ungefähr dasselbe wie Ameisen für den Menschen, nämlich nur ein Randphänomen, denn die Welt ist viel größer, als Menschenaugen wahrnehmen können. Es gibt Dinge unterm Himmel, von denen Menschen nicht einmal träumen – andere Wesen, umfassende Gesetze, Bewegungen des stofflichen und des Plasmakosmos. Dinge, die jedem Mitteleuropäer sofort das Gehirn sprengen würden, wenn er davon erführe. So ist der wirkliche Umfang der Welt gänzlich vor dem Menschen verborgen, der als Blinder und Tauber zwischen Felsschreinen und Steindomen umherirrt und nicht weiß, daß er sich in einer Erdmutterkathedrale befindet, während er blindwütig zu seiner menschengemachten Kirche marschiert.

Die geheime Therapie des Felsbrockens ist so einfach wie der Fels selbst; das stellt jeder bereits nach fünf Minuten fest, die er damit verbracht hat, ihn anzuschauen. Zunächst ist man als Patient enttäuscht, daß sich die Felswand keineswegs geheimnisvoll öffnet. Doch wenn der Suchende durchhält, öffnen die Weisen der Felswand ihr unsichtbares Tor. Das erstaunt den Suchenden dann über alle Maßen, und er schreit: Übersinnlich! Nun hat er wieder nichts verstanden, denn das war doch nur der Warteraum, den die Weisen der Felswand geöffnet haben, die nun herzlich lachen, den Sucher wieder aus dem Vorzimmer hinauskomplimentieren und zur Strafe die Pforte schließen, woraufhin der nun angelockte Sucher immer wieder versucht, dort hinein zu gelangen – ohne zu merken, daß die Weisen ihm nur ein Lichtbild ihres Warteraums gezeigt haben und nicht den Raum selbst. Die Felsweisen testen die Sucher lange und überlisten sie auf vielerlei Weise. Wenn der Sucher in Erinnerung an seine bizarre Erfahrung an den „heiligen“ Felsen bereits eine Kirche oder gar eine ganze religiöse Kultur aufgebaut hat, ziehen sich die Felsweisen ganz von ihm zurück, indem sie die Anforderungen so hoch schrauben, daß keiner der Anhänger des Visionärs nun jemals ins Wartezimmer eingelassen wird. Die Felsweisen bleiben von nun an unzugänglicher toter Fels.

Die Heilung wird jedoch nicht nur durch das lange Warten und Alleinsein herbeigeführt; eigentlich reicht bereits der Körper des Felsgesteins. Wer diesen lange, sehr lange betrachtet, kommt auf Gedanken der unmöglichen Art. Wer noch länger hinschaut, erkennt im Splitter das Gesicht des Felsweisen und legt es vorsichtig zur Seite, denn er erahnt nun, wie der Stoff sich aus plasmatischem Rohstoff gebärt, wie sich Unsichtbares in Sichtbares verwandelt. Er erahnt das Weltgeheimnis und kniet alsgleich nieder. Der Mensch verkleinert sich nun in dem Maße, wie er das Weltgeheimnis schauend lüftet. Je kleiner er an Wissen wird, umso mehr wächst er an Weisheit, denn Wissen und Weisheit schließen einander aus. Wissen weiß dies und das. Weisheit jedoch weiß nichts mehr, sondern *ist* einfach. Der Gegensatz von Wissen und Weisheit ist der von Theorie und Erfahrung, denn die Theorie ist nur der matte Abklatsch der Erfahrung. Die Erfahrung ist jenseits von Schrift und Sprache; sie schwingt mit dem mit, was ist. Erfahrung ist jenseits von Wissenschaft, und dasselbe trifft auf die Naturtherapie zu, die wie gesagt keine Therapie ist, sondern jenseits von Sprache und Wissenschaft existiert. Nicht einmal die Poesie kann Naturerfahrungen fassen, weil sie an Worten klebt.

Das Kleid der Gottheit

Bist du auf Unendliches bezogen oder nicht?
- C. G. Jungs Urfrage für den Menschen -

Viele haben noch nicht gelernt,
was wir Druiden seit langem wissen:
Daß der eine Gott viele Gesichter hat.
- Keltischer Spruch -

Das Unendliche ist ein ganzes Paket an Geheimnissen; es ist die alleinige Gottheit. So ohne weiteres kann ein Körpermensch sich nicht auf Unendliches beziehen. Außerdem stellt sich die Frage: Was ist unendlich? Unendlich ist die im Stoff ruhende, sich uns offenbarende Geistnatur in Gestalt aller stofflichen Eigenschaften, des Tons, des Klanges, der Farbe, der Form und hundert anderer Qualitäten, für die wir noch keine Worte gefunden haben – kurzum: Sie ist recht endlich.

Unsere Stoff-Natur ist ein Übungsfeld für Seelen, sich zu offenbaren sowie konkret zu werden, und umgekehrt ist sie der Zugang zur Übernatur, zum Plasma- und Geistfeld. Auch die Naturwissenschaft ist ein Weg dorthin, wird dabei aber nie erfolgreich sein, weil sie mit Instrumenten – also mit beliebigen Naturmaterialien – Natur ergründen will. Ich kann die Seele der Naturgeschöpfe jedoch nur mit meiner Seele und niemals durch Geräte wirklichkeitsnah erfahren. Hier ist mitfühlen angesagt, also das zu fühlen, was die anderen Wesen spüren. Der Forscher muß sich selbst auf die anderen einstellen und nicht sein Gerät auf Objekte fokussieren. Die Naturwissenschaft versucht, Naturvorgänge durch Messen einzeln zu erfahren. Das ist möglich, bleibt aber immer nur ein listiger Ersatz für wirkliche Erfahrung. Doch die Naturwissenschaft ermöglicht keine hautnahe Erfahrung der Natur, denn ihre Maschinen und Theorien übersetzen diese lediglich mit naturfernen Mitteln, so daß sich die Naturen zur Maschinennatur oder zur eingeschränkten Naturtheorie verballhornen. Das Ergebnis fällt immer nur so aus, wie wir an die anderen Wesen herantreten. Alle naturphilosophischen Gedanken sind überflüssig, wenn wir keine unmittelbare Naturoffenbarung erlebt haben. Wie ergötzlich begeistert und religiös sich auch einige Naturwissenschaftler gebärden, es bleiben halbgare, hoffende Phantasien darüber, wie die Wirklichkeit der Naturwesen gestrickt sein könnte. Wie heroisch gewagt auch die Worte ihrer Besten in unseren Ohren klingen, es bleiben blasse Schemen unerfahrener Geister, die mit gewieftem Verstand und fürstlicher Logik an die Weite der Welterscheinungen herangehen wollen. Die wahre Natur ist jedoch nur auf gleicher Ebene, von Seele zu Seele erlebbar. Deshalb sind Naturwissenschaft und deren angebliche Naturgesetze – wie erhaben auch immer – nur eine Verirrung unreifer Geister, die weder ihre eigene Seele jemals erfahren haben, noch jene der anderen, die sie erforschen wollen. Es ist ein riesiger Unterschied, ob ich einen Regentropfen aufprallen höre oder seine Oberflächenspannung messe. Dabei handelt es sich nicht, wie häufig von Naturphilosophen und philosophisch denkenden Naturwissenschaftlern hervorgehoben, um zwei verschiedene, einander gleichwertige Anschauungsweisen, denn die naturwissenschaftlich messende bleibt stets eine ausgefuchste Pseudologik. Es gibt also nichts zu messen, weil das zu Messende immer im eigenen Bezugrahmen hängen bleibt, sich also immer im Kreise dreht und dem eigenen Schwanz nachjagt. Ich messe nur, was ich mit meinen Mitteln messen kann und denke nur mit der beschränkten Reichweite meines Wortdenkens logisch. Auf diese Weise komme ich innerhalb meines Bezugsrahmens zu unumstößlichen Beweisen, die jedoch keine übergreifende, sondern lediglich eine systemimmanente Wahrheit sind. Die Naturwissenschaft darf sich nur für ihr glorreiches Können feiern, Halluzinationen in die Welt zu setzen und sie so mit neuen Pseudowundern zu bereichern.

Tiefstes Naturverständnis weiß: Es gibt keinen obersten Gesetzeshüter, keinen Gott, keine letzte Meßlatte. Dafür gibt es jedoch die Möglichkeit, alles zu tun, alles zu lassen, alles zu glauben, alles wahr zu machen und jeden Beweis anzutreten. Der Gott ist ein Schelm, der alles und gerade das sich Widersprechende erlaubt; das Sein ist eine plasmatische Masse, aus der jeder formen darf, was er will, und deshalb ist die Wissenschaft ein anerkannter Spaß. Dieser Spaßvogel erlaubt jede Theorie und Praxis, jeder Beweis und Gegenbeweis sind ihm willkommen, eine große Freude an der Vielfalt schwingt in ihm, ein wollüstiges Treiben, das alle Kopfgeburten gestattet. Er sagt niemals nein, wenn jemand ernsthaft glaubt. Als einziger Maßstab gilt der Nachdruck, mit dem man etwas will; dann ist alles erreichbar – auch das Unerreichbare, Unwahre, Unwirkliche, Nicht-Bestehende und Unendliche. Wer annimmt, das Sein gehorche festgelegten Gesetzen und sei dem beschränkten Menschenleben vergleichbar, der irrt, denn die Menschheit lebt zwar beschränkt, aber ihre versteckten Anlagen sind Universalanlagen und zu allem fähig, es fehlt nur oft an Kraft und Mut. Die Gottheit ist eine Alles-in-Allem-Ursubstanz, die alles gestattet und jedes für richtig erklärt – oder auch für falsch, je nachdem, wie man es will. Und das bereitet ihr Lust. Deshalb ist das Dasein nicht, wie uns die Wissenschaft vorspiegelt, ein festgelegter Kanon aus Naturgesetzen, sondern ein vollkommen offenes Feld, in dem all das möglich wird, was Lebewesen hineinprojizieren. Wenn also ein neues Naturgesetz entdeckt wird, kann man es so erforschen, daß es praktisch genutzt werden kann; aber das ist nicht der letzte und eigentliche Sinn dieses Gesetzes, denn es gibt unendlich viele Möglichkeiten, es zu nutzen oder nicht zu nutzen. Die moderne Vermutung, man hätte eine Wahrheit entdeckt, ist ebenfalls ein Teil des Plans des großen Spaßvogels, der sich freut, wenn man etwas felsenfest glaubt und wieder ein Lebewesen eine neue Seinsschnitte von seinem großen Kuchen herausgeschnitten hat. Das bereichert die Gottheit und läßt sie immer göttlicher werden. Letztendlich hängt nicht nur alles mit allem zusammen, sondern ist, viel unvorstellbarer noch, *miteinander deckungsgleich und identisch.* Wer sich das annähernd vorstellt, spürt tief, daß alles auch alles andere sein und werden darf; kein Gesetz kann das verbieten. Wir unterhalten uns hier an der Urwurzel des Seins; hier können alle Weltwidersprüche lässig gelöst werden. Wir irren uns also, wenn wir glauben, auf wirkliche Naturgesetze gestoßen zu sein, denn wir haben nur innerhalb unseres Meß- und Glaubensrahmens ein neues Gesetz entdeckt. Andere Meßsysteme erlauben andere Ergebnisse. *Bei der Suche nach dem wahren Sein geht es nicht darum, Wahrheiten zu finden, sondern die Vielzahl der Wahrheiten zu erspüren, um dem Unikum Gott näher und so selbst universeller zu sein.*

Die Gottheit offenbart sich in Gestalt aller Gestalten! Sie selbst als Einzelindividuum gibt es nicht. Da all ihre Gestalten unterschiedlich sind, ist die Gottheit die Gesamtsumme alles Seienden und erlaubt alles Gegensätzliche. Die Gottheit ist eine glorreiche Masse des Mitgefühls und Mitverstehens, eben der Gott, das Gute. Es gibt im Sein kein evolutives Ziel, sondern lediglich ein Mitschwingen mit dieser oder jener oder eben doch dieser Möglichkeit. Während der eindimensionale Mensch auf seiner kurzen, aber als unendlich gedachten Meßlatte balanciert, um das von ihm auserwählte Ziel zu erreichen, lacht sich die Gottheit ins Fäustchen, denn Unendlichkeit und Ziel sind nur weitere Taschenspielertricks in ihrer weiten Schürze. Evolution und Ziele sind ihre köstlichsten wahren Irrungen, die sie großzügig gestattet. Zieldenken geht immer davon aus, daß etwas noch nicht verwirklicht sei, doch die Gottheit ist immer bereits verwirklicht, denn sie verknüpft alles mit jedem zu immer Neuem und schafft so einen Ozean an Möglichkeiten. Dieses Möglichkeitsfeld ist immer da und deshalb zeitlos. Die Gottheit gestattet den Entwurf einer Zeit, denn diese ist nichts anderes als eine Verkürzung der Ewigkeit zu einem beschränkten Ausschnitt. Dabei hat sie großen Spaß daran, Nichtzeit zu Zeit zu formen.

Was also bleibt uns da an Lebenssinn, wenn alles möglich und damit willkürlich und egal ist? Nun, die Gottheit genießt jede in sich manifeste Form in vollen Zügen, oder genauer gesagt: *Sie ist ganz jede Form, aber nicht unter Ausschluß der vielen anderen Formen, sondern jede einzelne Form ist alle Formen in einer. Damit ist die Gottheit überall und will als jedes Detail gewürdigt werden.* Doch sie freut sich ebenso, wenn wir das nicht tun, denn sie ist ja auch alles Negative, und sich selbst zu beschränken ist eines ihrer lustigsten Spiele. Der Mensch aber braucht Ziele und Wahrheiten und fragt deshalb, was hier das Ziel sei. Es besteht im Genuß, zu leben, in der Vielgestaltigkeit der Gottheit mit ihren tausend Armen, darin, an dem Tanz teilzunehmen, den sie auf den sich vereinenden Leibern von Mann und Frau tanzt, die sie dabei zu Tode quetscht. Wildes Leben, heroisches Dasein, Urinstinkt und Lebenskraft feiern ein Fest, bei dem es hoch hergeht und an dem jeder teilnimmt – ganz gleich, ob am Tischanfang oder am Tischende, denn gespeist wird allemal!

Die Unendlichkeitserfahrung hat nichts mit unendlichem Raum zu tun, sondern ist eine Durchdringungserfahrung, ein wirkliches Werden und Sein aller Naturwesen. Im Wunder, den Baum zu spüren, Strauch zu sein, wie die Nachtigall zu hören, sperlingshaft zu singen und Morgentau auf verwunschener Wildwiese oder der Geruch dampfenden Morgennebels zu sein, beginnt auf Unendlichkeit hin ausgerichtete Naturforschung. Was geschieht, wenn es nicht darum geht, Ferngläser herzustellen, sondern die Mondwelt selbst zu sein, ist – so unglaublich abgehoben und gespensterhaft das dem naturwissenschaftlich verbildeten Geist auch erscheint – tiefstes Natureindringen und Naturmitschwingen. Darum geht es im Leben – und nicht um neueste Naturtechnik.

Bei tiefen Seinserfahrungen wird mein Ich hinweggeschwemmt. Im Meer der Seinserfahrungen kann es kein Ich geben, denn es schwimmt nur als kurzfristige Erscheinung darin. Mit einem Ich im Hintergrund läßt sich die Natur nicht erfahren. *Die Natur erfährt, wer Natur wird; das Ich als verindividualisiertes Echo des weiten Plasma-Ichs löst sich dabei auf.*

Die zeitgenössische Welt unterliegt einer degenerativen Krankheit, nämlich dem Glauben, ein Ich aufzubauen zu müssen. In der Naturpsychologie besitzt das Ich keine Bedeutung; ganz im Gegenteil geht es darum, es von seinem Thron zu stoßen. Das Ich dürfte eigentlich nur gelegentlich hervortreten, sonst sollte es schweigen. In der Hierarchie (Hierarchie = heilige Ordnung) der Seinszustände besitzt es eine untergeordnete Bedeutung, auch wenn es die Haupttriebfeder im stofflichen Dasein ist. Das Ich ist ein Gefängnis, das uns einschließt und gegenüber der Plasma- und Geistwelt abkapselt; um diese zu erfahren, bedarf es zumindest vorübergehend der Ichauflösung.

WÜHLEN IM GEDÄCHTNIS DER ERDE

Allein ein Geist,
der nicht glaubt noch weiß,
ist wirklich frei.

All-ein unter Bäumen

Wenn lange Grashalme mich zart umschmeicheln, mich trockenes Unterholz aus abgefallenen Häuten der Wurzelriesen trägt, wenn ich also in Gemeinschaft meinesgleichen sitze und spüre, daß ich daheim bin, dann tritt mein dreigestaltiges Wesen hervor: Bin Körper, ja, bin eine Seelenkraft, aha, und dann noch mehr, bin Geist des Weltalls. Nennt das billige Naturmystik, ich nenn´ es Fingerspitzengefühl, denn wenn lange Grashalme mich zart umschmeicheln ...

Die Ur-Triade

„Alles Seiende ist triadisch geordnet", sagt Proclus Diadochus in seinem Werk „Existenz des Bösen". *Geist, Seele, Körper, das ist die Triade.* Alle drei sind dasselbe in jeweils anderer Gestalt. Das ist das Urgeheimnis des Daseins. Wer dagegen eine Rangordnung vom Körper über die Seele zum Geist entwirft, verstrickt sich in unhaltbare Widersprüche und entwirft ein der Bürokratie ähnelndes Stufenweltbild. Er erzeugt den ewigen Irrtum der Menschheit, den Urirrtum des Seins, daß es drei unterschiedliche Dimension gäbe, nämlich Stoff, Seele und Geist. Die Grashalme hingegen haben mir dieses zugeflüstert:

Dein Körper ist Geist, dein Geist Körper.

Deine Seele ist Geist, dein Geist Seele.

Dein Körper ist Seele, deine Seele Körper.

Natur ist reiner Geist, geistentfaltete Natur. Der Geist kann sich als seelische Energie oder als windbewegte Grasähre äußern, aber er bleibt immer Geist. Daher gibt es nichts Höheres oder Niederes. *Die Welt ist Geist, ob als fließende Energie oder als geronnene Form.* Das zu erleben ist der erste und letzte, nämlich höchste Schritt der Seinserfahrung.

Körper und Seele sind geronnener, zu Energie, zu Form gewordener Geist, denn Geist kann sowohl als Energie als auch als Stoff existieren.

Nur halbgare Denker sind darüber enttäuscht, daß die seelische und die stoffliche Welt ein greifbares Illusionsspiel des Geistes sind. Der Weise, der darum weiß, benutzt die Illusion, um ein Kunstwerk und nicht etwa Wirklichkeit daraus zu gestalten. Was uns also bleibt, ist die Kunst, die Wirklichkeit als Kunst zu betreiben und das Leben ohne objektiven Gehalt, allein um der Schönheit und Kraft willen zum Kunstwerk zu gestalten. Da der Geist sich als unendlich üppig entpuppt, wenn er zu Seelenenergie zerfließt oder sich zu Materie kristallisiert, bleibt uns nur, diese Üppigkeit fortzusetzen, also die Form um die Illusionsnatur wissend dennoch und gerade deshalb inflationär zu gestalten, denn der Geist will geformt werden und sich vermehren. Dem widerspricht nicht, die entworfene Vielfalt alle halbe Stunde ins große Nichts des eigenen Geistes zurückfallen zu lassen, um sich von der erschöpfenden Vielfalt der Geisttrugbilder zu erholen. Das mag man dann Erleuchtung nennen; in dieser wird man universell. Man ist dann für Augenblicke freie Potentialität, aber das ist nur die andere Seite der Natur. *Das Sein hat zwei Gesichter: Natur und Geist.*

Jede gebogene Ähre sehnt sich im streichelnden Wind nach Geisteinheit. Sie tut es auf ihre Weise und wiegt sich in der sanften Sommerbrise. So unter meinesgleichen liegend spüre ich, was das Ährenmeer wirklich will. So gewinne ich Freunde in der Geisteinheit und weiß um das Geheimnis aller Dinge, und zwar auch dann, wenn es nicht in teure Worte einzuschließen ist.

Es ist ein alter Irrtum, den Geist als ein Nichts zu beschreiben. *Der Geist ist ein Nichts, weil er alles ist. Geist ist Ordnung durch das Gleichgewicht aller Formen*; man könnte auch sagen, daß er Symmetrie, das Nichts, die Leere ist. Dabei handelt es sich aber nicht, wie häufig mißverstanden, um eine Leere *von* etwas, sondern um das genaue Gegenteil, nämlich das Zusammenfallen aller Formen und Energien zu einer einzigen Form und Energie.

Wer im Naturrahmen lebt und fühlt, sich also höherem Denken widmet, dem zerstört sich der gelobte Zivilisationssatz: *„Der Mensch ist der Sinn der Schöpfung!"* Der Mensch ist dem Menschen dann eine Form unter vielen. Er sieht sich im Gletscherstrom als Gleicher unter eisigen Gleichen schwimmen. Dann ist der humane Größenwahn verschwunden, und statt dessen gebärt sich die Freiheit, endlich mit allem vereint draufgängerische Naturwildheit zu sein. Wer sich wie der eitle Modernist von der wilden Meerschaumgischt abhebt, wird entweder ihr Opfer oder dämmt sie ein, was auf dasselbe hinausläuft.

Das Sein – „Gott" sagen die Europäer dazu – erfahre ich in der Sonnenwiese liegend nicht mehr als außerhalb, denn ich bade mich in allem und bin Mikrogott in allem. Daher spüre ich Erhabenheit, Lebenssinn und Wunder. Kurzum: *Das Größte und Schönste ist nie weit weg, sondern es steht immer neben mir, in mir.*

Die Mikrobe als unser aller Urmutter

Wenn ich die Erde aufkratze, wenn ich unter Steinen wühle, wenn Erdkrumen im Sonnenschein zu immer Kleinerem zerfallen, wenn ich ins Sandkorn der Geest eindringend mich durch es zur anderen Seite hindurchtunnele, tun sich Milchstraßen und Plasmaschaum auf, die mir das wahre Gesicht der gelben Körner zeigen. Dann schauert es mich, Mensch geworden Leben zu sein, Kraft und Sinn zu haben und über Erdkrumen nachzusinnen.

Durch den Soffwechsel der Mikroben entstand die Biosphäre; kleinste Lebewesen bilden also den Urgrund der Formenschöpfung. Auf den sogenannten niedrigsten Lebensformen bauen alle anderen auf. Demnach wäre also die Mikrobe unser aller Mutter. Sind damit alle Lebewesen letztendlich Mikroben in immer raffinierterer Form? Gibt es im Grunde nur Mikroben, wie vielgestaltig auch immer die Form sein mag? Und wenn wir alle von einer Mikrobenmutter abstammen, sind wir dann ein Ganzes, das sich nur in immer neuen Formen wiederholt? Also: *„Wie alles sich zum Ganzen webt, eins aus dem andern wirkt und lebt..."* (Goethe). Ist das Leben also die Symbiose *eines* Lebewesens, das sich zahlen- *und* gestaltmäßig vervielfältigt hat?

Das Sein ist wertlos

Es gibt keine aus sich selbst heraus bestehenden Werte, sondern nur solche, die sich *auf* etwas beziehen, wie zum Beispiel auf geistige oder praktische Ziele. Ich rufe: Es gibt keine Stufenleiter der Werte. *Das Sein ist wertlos*! Es ist unmöglich, der Weltnatur irgendwelche Ziele und Werte zuzuschreiben. *Als Buddha nach seiner Lehre gefragt wurde, hielt er eine Blume empor, sprach aber kein Wort.* Das Ewige kann im Vergänglichen gesehen werden, über Erscheinungsformen bis hin zu Urformen ...

Mutter von allem ist das Nichts

Es ist unheimlich, in einem Universum ohne Bedeutungen zu leben. Es gibt keine letztendliche Wirklichkeit, aus der die Werte wie Lava aus Vulkanen hervorströmen. Das letzte Sein, das Sein schlechthin ist ohne Wert und damit auch das, was sich aus ihm entfaltet. Aus diesem Grund erfahren wir beim Tiefgang oder Himmelsflug des Geistes die universale Vernetzung aller Erscheinungen. *Alle Erscheinungen gründen sich auf eine Erscheinung!* In dieser einen fassen sich sämtliche Erscheinungen zusammen, und diese ist – wie könnte es anders sein – eine Leerheit. Bei so viel lebenden Tatsachen kann der gemeinsame Nenner nur ein Nichts sein, nie ein Etwas. Daher gilt: *Die Mutter von allem ist das Nichts!*

Wissen und Weisheit

Wissen versucht, alle Teile zu überblicken, zusammenzufassen und auf diese Weise die Verbindung von allem mit allem zu ergründen. Dabei wird wissenschaftlich vorgegangen, worunter man das Studium des Details versteht.

Im Gegensatz zum Wissen bezieht sich die Weisheit ebenfalls auf das Detail, erblickt aber durch die Beobachtungsmethode der Seinsschau im Einzelnen das Allgemeine, also *ein* Gesetz, das für *alle* Teile verantwortlich ist. Daher braucht der Weise nicht notwendigerweise noch andere Teile zu erschauen, und selbst, wenn er dies tut, erblickt er doch nur das immer Gleiche. Im Gegensatz zum Wissenden, der auf dem dünnen Balancestab des Verstandes mit Tatsachen jongliert, erfährt er dieses Gesetz am eigenen Körper und an der eigenen Seele. Er erlebt sich selbst als ein solches Einzelteil im Weltganzen, als Teil und Ganzes zugleich.

Ein Trostwort für den Verstand: *Der Verstand ist ein Echo der Schau!*

Ein Mahnwort an die Weisheit: *Die Weisheit ist nicht allwissend*, sondern die verkleinerte Manifestation des Ganzen unter der Knute von Raum, Zeit und Individualität.

Die menschliche Weisheit kann nicht *alle* Weisheit erfahren, doch *ein Echo der universalen Weisheit* mag sie aufschnappen.

Die Schöpfung des Vergänglichen führt zur Ewigkeit

Wir erschaffen uns unsere Vergänglichkeit selbst, weil wir um Abgelebtes trauern. Weil wir nicht wissen, daß nichts vergänglich ist. Weil wir nicht erahnen, daß alles wiederzuerschaffen ist, wenn auch nicht genau so, aber doch grundsätzlich das Gleiche. Deshalb lohnt es sich nicht, um die Vergänglichkeit unserer Schöpfungen zu trauern, denn es gibt unendlich viele Schöpfungen, und jederzeit dürfen neue hervorgebracht werden. *Warum um Tote trauern, wenn es unendlich viele Neugeborene gibt?* Das Universum ist voller Ideen; warum also Ideen für sich behalten oder sie patentieren lassen, wenn flutende Flüsse neuer Gedanken nachströmen? Ideen gibt es wie Sand am Meer. Warum klammert sich jeder an seine Privateinfälle? Die Natur ist verschwenderisch; entkrampft die Hände! Oder habt ihr durch falsche Erwartungen Furcht vor dem Tod? Nur der Unschöpferische klammert sich an einmal Gewordenes. Wer losläßt, wird alsbald mehr Neues sein und Neues schaffen. Wer viel schafft, besitzt aber auch den Mut zur Zerstörung. Wer dauernd Neues erträumt, spürt die Ewigkeit in seinem Herzen pochen. Die Schöpfung von Vergänglichem führt uns zum Ewigkeitsgeflüster. Ich bin endlich, damit ich Ewiges spüren darf. Ihr glaubt, es gibt wenig und träumt im Angesicht der Fülle von Sparsamkeit? Doch die Wahrheit ist: Wir können nie mit dem Schöpfungsdrang gleichziehen. Der Mensch ist vielgestaltig angelegt, ist ein Abbild des schöpferischen Daseins und selbst Schöpfer. Warum wollt ihr euch verkleinern oder andere bestehlen, wo ihr doch alles habt und bekommt? Habt ihr etwa vor dem Vielen Angst und versteift euch deshalb auf weniges? Es gibt keinen rechten Glauben und kein wahres Gesetz; der Wert bleibt ein ungeschriebenes Wort. Daher gilt: *Wer sich einengt, tötet sich und damit andere.*

SCHWARZLICHT – RITUAL DER NACHT

„Fast immer wird dann auch klar und deutlich, daß alles ... was man im kulturellen Bereich tut, schlußendlich nur dazu dient, sich zu zerstreuen und sich den Anschein und Vorwand eines ‚Zieles' zu schaffen, um ja irgend etwas zu haben, was einem gestattet, nicht tief nachdenken zu müssen, und auch einen genügend großen Schleier verschafft, um vor sich selbst das zentrale innere Dunkel zu verbergen und der existentiellen Angst zu entkommen."

„Im Leben einzelner Menschen gibt es Momente, in denen sie spüren, wie plötzlich alles, was ihnen sicher schien, zu schwanken beginnt, ihre Erkenntnisfähigkeit wie gelähmt ist und auch die Lockrufe ihrer Leidenschaften, Gefühle und was sonst noch ihr Leben antreibt und bewegt, verstummen. Auf seinen eigenen Wesensmittelpunkt zurückgeführt, steigt dann vor dem Menschen ganz nackt das Problem aller Probleme auf: Wer bin ich?"

- Julius Evola -

All unsere Heilweisen finden am Tag statt. Das ist eine abendländische Besessenheit. Alte Kulturen benutzten auch die Nacht als Mittel zur Seinsfindung, und so gibt es ein Ritual der Nacht. Die Nacht gehört zur Naturtherapie, weil das Dunkel ein entscheidendes Naturphänomen ist. Die von mir entworfene Dunkeltherapie ist eine archaische tibetische Methode, die Vision des inneren Lichts zu erfahren. *Wer lange im Dunkeln lebt, dem wird sein Dunkelalltag zum Ritual*, denn er erlebt, daß ein Ritual *mit ihm* durchgeführt wird. Er durchläuft Schritt für Schritt den wahren Aufbau seines Bewußtseins. Das ist das wahre Ritual – wenn ich selbst nichts mehr tue, sondern vom Seinsfluß getragen werde. Dabei ist ein dunkler, unsichtbarer Schatten der gestrenge Ritualmeister.

Tibetische Yangtik

1968, die Hippizeit blühte gerade, besuchte ich erstmals Nepal und gelangte auf verschlungenen Wegen nach Mustang, einer buddhistischen Enklave an der tibetischen Grenze. Dort lernte ich einen Mönch kennen, über den ich dazu kam, sieben Wochen allein in völliger Dunkelheit zu bleiben. Später führte ich eine weitere Dunkeltherapie, tibetisch Yangtik genannt, in der Nähe des tibetischen Klosters Tabo durch. Yangtik wird bei einigen buddhistischen Schulen als Abschluß der Mönchsausbildung durchgeführt, dann allerdings mit spezifischen Übungen verbunden.

Ich habe nach dieser Erfahrung die Dunkeltherapie entworfen (siehe mein Buch *Dunkeltherapie, die Vision des inneren Lichts*, Koha 2004), in der man in einem Appartment allein zwischen einer und sieben Wochen in völliger Dunkelheit bleibt. Seit einigen Jahren führe ich in diesem Rahmen Dunkelretreats durch. Hier die Erfahrung eines Mannes, der eine Woche bei mir in der Dunkelheit saß.

Eine Woche Schwarzlicht

Ich (männlich, 51) habe mich entschieden, eine Woche ins Dunkle zu gehen.
Tag eins: Die Dunkelheit als Mutter, als Mantel, beschützend, weich, warm. Am Anfang die lange Zeit, die Zähflüssigkeit der Zeit.

Tag zwei: Ich erkenne, daß alles hängt von meinem Standpunkt abhängt und durch meinen Standpunkt mit mir verbunden ist. Dieses Wechselspiel ist heilig.

Tag drei: Die Natur ist der Geist. Natur als Hüterin.

Tag vier: In den kleinen Dingen ist alles! Zurück zum Einfachen.

Tag fünf: Alles fließt!

Licht und Dunkelheit

Tag sechs: Das plötzliche Versacken in Müdigkeit, wenn es dunkel ist, was aber von Helligkeit übertüncht wird.

Wenn ich in der Frühe im Bett liege, ist alles hell. Das ist am schönsten, aber dann kommt mit dem Aufstehen die Wirklichkeit.

Ich lag im Bett, dämmerte vor mich hin und dachte: Hier ist es gleißend hell, das muß ich Holger mitteilen, irgendetwas stimmt mit der Sicherung nicht. Ich wollte runtergehen, stand dann auf und stellte fest, daß dem nicht so ist. Ich lag also die ganze Zeit in Helligkeit.

Ich meine, ich sitze auf einem Thron und schaue ins Universum. Eine Raumverwandlung. Ich sitze in einer Höhle, in einem Dom, im Universum, in einem Schacht, der nach oben hell wird. Wolken, Lichter, helle Würmer, Lichtpunkte.

Das Licht kommt blitzartig von der Seite und nicht von der Mitte, was mich wundert. Lichtmauern stehen im Raum, Dome und andere Räume, wodurch es schwer ist, sich im Zimmer zu orientieren. Ich muß scharf zwischen wirklichen und visionären Wänden unterscheiden, letztere treten jedoch stärker hervor, während die echten durch die Dunkelheit verschluckt werden. Ich weiß dadurch nie, in welchem Zimmer ich bin, ob es der Flur, das Bad oder das Trainingszimmer ist.

Ich hatte eine starke Vision. Die Schlange hat auch in der Dunkelheit eine große Bedeutung, das kam mir bei einer Körperübung. Ich sah dabei meine Wirbelsäule ganz transparent, und die einzelnen Knochen traten leuchtend hervor.

Farben

Es ist, als seien alle Farben in einem Topf.

Wenn wir reden, höre ich nicht nur, was Holger sagt, sondern seine Worte werden gleich in Farbstrukturen aller Art umgesetzt. Wenn Holger heftig wird, entsteht um ihn sofort ein Feuerkranz, und wenn er erhaben spricht, ranken sich lichte Farben und Wolken um ihn herum. Auch der Sinn eines Gesprächs wird sofort in analoge Bilder umgesetzt, die nun das Gehörte auf ihre eigene Weise unterstreichen.

Gold. Gold steht zwischen Licht und Dunkelheit! Den ganzen Tag schwelge ich im Goldenen, es entspricht meinem Gemütszustand. Licht kommt strahlenartig von überall her, aus allen Richtungen.

Ich sah alles in Gold. Ich ging ins Bad, und da standen zwei dunkle Gestalten. Ich fragte, was sie wollten, und sie antworteten: Wir wollen das Gold. Ich wußte, jetzt mußte ich schnell reagieren. Die Gestalten waren mir zwar als Vorstellung bewußt, dennoch schienen sie realistisch in der Dunkelheit zu stehen. Ich sagte: Hier gibt es in der Tat viel Gold. Und ihr könnt alles haben, denn es gehört nicht mir. Ich will es nicht besitzen – nehmt es mit, hier gibt es immer Nachschub. Das erstaunte sie. Dann drängte ich sie mit meinem Bewußtsein weg.

Ende
Als ich nach einer Woche rausging, kam mir „Der junge Tag erhob sich ...“ von Goethe in den Sinn.

Das Erlöschen der Reizwelt

Die Abwesenheit von äußeren Reizen führt zunächst zum Lauterwerden seelischer Vorgänge; später erlöschen diese jedoch, und wir laufen leer. Aus dieser Leere tauchen nun wie Delphine aus dem Meer intuitive Bilder, Archetypen, abstrakte Muster und Farben auf. Unsere Psyche wird heller. Aus Fühlen wird Hellfühlen, aus Sehen Hellsehen, aus Hören Hellhören. Zum Schluß kommt es zu einem Zustand, in dem es keinerlei Denken und Fühlen mehr gibt und man von einem unpersönlichen Gegenwartsbewußtsein und der Erfahrung mentaler Vorgänge als Energieprozesse getragen wird.

Die Dunkeltherapie bedient sich der Dunkelheit, Stille und Klausur. Das geschieht zum einen, um die Bewegung der Psyche genauer zu beobachten und unbewußte Prozesse zu verstärken, zum anderen aber auch, um zunächst die Wankelmütigkeit und Künstlichkeit des Fühlens und Denkens zu erfahren, dann aber, wenn beides schließlich erlischt, im eigenen wahren Wesen Frieden zu finden, das sich als Licht und innere Leere kundtut. Die Dunkeltherapie wurde bzw. wird in allen alten Kulturen und Stämmen verwendet. Ich habe diese Methode wiederbelebt und setze sie in meiner psychologischen Praxis ein. Dabei hält man sich ein bis sieben Wochen in einem absolut dunklen Raum auf, steht während dessen aber mit dem Betreuer in Kontakt. Dieser ist unabdinglich, denn alleine im Dunkeln bricht man die Übung schnell ab, weil Langeweile, Desorientierung, unheimliche Visionen, abartige Körperempfindungen und Raum-Zeit-Störungen nicht durch Gespräche mit jemanden, der dies selbst erfahren hat, aufgelöst werden können. Die Stärke der Dunkelheit wird leicht unterschätzt, aber sie ist gewaltiger als jede erkünstelte, verkrampfte Meditation, die die meisten im Angesicht der Schwärze ohnehin als aufgesetzt empfinden: *Denn die Nacht ist stärker als jede spirituelle Technik!*

Die Dunkeltherapie bringt recht ungewöhnliche Phänomene hervor. So kommt es häufig zu einem Versiegen des Denk- und Gefühlsflusses, einem Zustand innerer Leere und Klartraumbewußtsein, zu Lichterfahrungen, dem Auftauchen imaginärer Gestalten, der Erfahrung der Welt als Energieozean sowie zu Hellsichtigkeit und zur Reduktion auf unsere Urnatur, also zur Erfahrung einer göttlichen Alleinheit. Die Dunkeltherapie ist eine Globaltherapie, die nicht einzelne Probleme behandelt, sondern uns unser dreifaches Wesen – (physische) Natur, (psychische) Energie, (geistige) Essenz – auch ohne Theorie und spirituelle Praxis erkennen läßt.

Wie verläuft eine Dunkeltherapie?

Die Dunkeltherapie wird in einem völlig verdunkelten Appartment oder in der Natur in Höhlen durchgeführt. Auf Wunsch findet täglich ein einstündiges Gespräch statt, in dem die auftretenden Visionen, Klarträume usw. reflektiert werden. Der Betreuer muß über ausreichende Eigenerfahrungen mit dieser Behandlungsform verfügen, also selbst mehrere siebenwöchige Dunkelretreats durchgeführt haben und sich sehr gut in Bewußtseinsfragen auskennen, denn sonst degeneriert der Retreat in den Händen normaler Therapeuten zur üblichen Psychotherapie oder zu psychologischen Beratungsgesprächen. Die Dunkelheit offenbart schrittweise die wahre Natur unseres Bewußtseins, und dazu bedarf es keiner weithergeholten Theorien oder sagenhafter spiritueller Meister, denn die Dunkelheit selbst ist der Lehrer. In der Nacht entfalten sich nacheinander die drei Schichten unseres Wesens: Im allgemeinen dominieren uns zunächst Erinnerungen aus unserem Alltagsleben. Weil jedoch keine neuen Reize hinzukommen und das Denken sowie Fühlen weder an- noch aufgeregt werden, zerfallen all die Alltagsmuster, die uns im Griff halten. Schließlich fällt das ganze Kartenhaus des Egos, das dauernde ich bin, ich will, ich habe, in sich zusammen. Zunächst dauern die Momente der Egoauslöschung nur einige blitzartige Augenblicke lang an, doch bald weiten sie sich aus und nehmen schließlich immer größere Zeiträume ein. In diesen Leerheitszuständen bin ich nicht mehr da. Aber in diesen Momenten gibt es nichts Heiliges, Göttliches oder Geistiges; die Leere kennt keine Götter und heiligen Namen.

Die Dunkelheit schluckt alle spirituellen Übungen und alle hochgeistigen Theorien. Spiritualität besteht vor allem aus Denkkonzepten und entsprechenden Übungen. Der Mensch soll etwas tun und einem Weg folgen, um etwas zu erreichen. In der Dunkeltherapie gibt es jedoch keine Theorien und werden keine Gurus zitiert. Das Nachtbewußtsein will keine spirituellen Übungen angeboten bekommen.

Viele Menschen, die zu mir kommen, wollen die Dunkelheit zur Meditation oder zu sonstigen Übungen nutzen. Sie wollen etwas tun. Aber spätestens am zweiten Tag, nachdem sie in die Nacht gekommen sind, hören alle zu üben oder zu meditieren auf. Die Nacht frißt all unsere Hoffnungen, Erwartungen und hehren Ziele auf. Es ist einfach nur dunkel, und es gibt nichts zu tun; selbst die Meditation stellt sich als nichts weiter als eine kultivierte Form der Ablenkung heraus. Einfach nur im Dunkeln dazusitzen entpuppt sich dagegen als die wahre Meditation. Doch nun gibt es keinen Lehrer und keine Übungsanleitung mehr.

Ist Reizentzug schädlich?

Wenn man ohne äußere Hilfe und ohne handeln zu können in der Dunkelheit eingesperrt wird, kann diese wie zum Beispiel im Rahmen eines Gefängnisaufenthalts in einen „bad trip" ausarten, wie auch die wissenschaftliche Forschung weiß, welche die Auswirkungen des Reizentzugs an Freiwilligen untersucht hat. Der damit einhergehende Verlust der Sinnesklarheit wurde als Störung kategorisiert und mit Begriffen wie „Psychose" belegt. Daraus schloß man, daß es sich bei sensorischer Deprivation um eine Qual handelt, der man sich niemals aus eigenem Willen unterziehen sollte. Durch den negativen sozialen und psychischen Rahmen und die mangelnde psychologische Vorbereitung kam es während dieser Untersuchungen in der Tat zu „bad trips". In die Dunkeltherapie begibt man sich jedoch freiwillig, um zu seinem inneren Wesen vorzudringen und von jener Unzahl von Scheinrealitäten frei zu werden, mit denen man verkrustet ist. Durch die damit einhergehende willentliche Vorbereitungs- und Einstimmungsphase kommt es zu keinen Negativerfahrungen, sondern es treten nur anfangs Einsamkeitsgefühle und Bedenken bezüglich des Sinnes eines solchen Aufenthaltes sowie Langeweile auf. Einige Menschen haben Angst, daß sie ohne Licht gewissermaßen verdursten oder dadurch krank werden, denn es gibt eine Unmenge von angeblichen Beweisen dafür, daß der Mensch unbedingt Licht braucht, und besonders in spirituellen Kreise wird diese Ansicht oft vertreten. Tatsächlich aber kann man wie die indianischen Kogi-Schamanen jahrzehntelang im Dunkeln leben, ohne dadurch negativen Konsequenzen ausgesetzt zu sein.

Das Ritual der Seele

Erste Erfahrungen

Oft werde ich danach gefragt, wie die Dunkeltherapie den nun genau wirke. Zunächst geschieht nichts Dramatisches. Man schläft und wacht, denkt und döst, Gedanken jagen durch den Kopf, und man durchlebt eingeschliffene Denkmuster. Manchmal ist man (ohne es groß zu bemerken) eine Zeitlang „weg". Mal fühlt man sich in der Dunkelheit geborgen, dann wieder allein und gelangweilt; traumartige Gedanken oder symbolische Bilder gleiten vorbei, und dabei wird das eigene Leben in einigen Aspekten klarer. So kommt es von selbst zu tiefer Selbsterkenntnis, denn hinter unserem Rücken arbeitet unbemerkt der Entleerungsprozess. Während wir subjektiv immer noch glauben, voller Gedanken zu sein, haben sich diese objektiv bereits verringert.

Die Dunkeltherapie bewirkt keine spezifischen Verbesserungen oder spektakulären Ereignisse, sondern ist eher einem Breitbandantibiotikum vergleichbar, das uns unbemerkt mit Leere auffüllt, die paradoxerweise den Nährboden für die Lösung der durch unruhige und aufgeblähte Gedanken und Gefühle geschaffenen Probleme bereitet. Ruhe und Leere sind die Heilkräfte der Dunkelheit.

Leerlaufen

Unser mentaler Haushalt wird ruhiger, weil die geringere auf uns einwirkende Reizmenge immer weniger Anlaß zu ausschweifenden Assoziationsketten gibt. Ein besonderes Phänomen ist das der Pausen. Die moderne Psychophysiologie hat herausgefunden, daß bei jedem Menschen nach einer gewissen Aufmerksamkeitsspanne spontan eine Denk-, Gefühls- oder Empfindungspause eintritt; für den Bruchteil einer Sekunde leben wir in einem Nichts, und kurz darauf erleiden wir den nächsten „Stromzusammenbruch", der unser Ichbewußtsein ausfallen läßt. Unser Organismus benötigt diese Pausen, um sich zu sammeln und zu erholen. Ohne, daß wir es bemerken, entstehen zwischen den einzelnen Denkpaketen Pausen, die sich zunehmend ausdehnen. Doch weil wir diese Pausen nicht bemerken können, meinen wir subjektiv nach wie vor, in einer unablässigen Kette der Denkassoziationen zu stehen. Je länger wir in der Dunkelheit sind, umso länger werden die denkfreien Intervalle.

Der Verfall der Zeit

Wenn keinerlei äußere Zeitgeber wie das Tageslicht, regelmäßige Mahlzeiten usw. vorhanden sind, tritt eine rapide Verlangsamung ein, die subjektiv nicht bemerkt wird; vielmehr scheint die Zeit ganz normal weiter zu fließen. Wo immer Zeitdilatation auftritt, ist sie ein Anzeichen für psychische Regeneration und für die Beruhigung des mentalen Flusses. Schließlich kommt man an einen Punkt, an dem man subjektiv meint, nach wie vor normal zu denken und mental zu handeln; tatsächlich aber haben sich die besagten Lücken zwischen den Denkhügeln mittlerweile enorm ausgedehnt. Zeitverlangsamung entsteht also durch die Leerstellen in unserem Fühlen und Denken!

Visionen

Im Rahmen der Dunkeltherapie treten bei offenen wie auch geschlossenen Augen Visionen auf. Nach einiger Zeit stabilisieren sie sich und changieren nicht mehr, was dazu führen kann, daß sich zum Beispiel eine visionäre Gestalt tagelang mit einem im Zimmer aufhält – zunächst in Form eines Gedankens, dann als Schemen und schließlich realer als real. Wenn man mit den auftretenden Visionen spricht, kann man ihnen enorme Weisheiten entlocken.

Bewußtseinsklarheit

Das zentrale Geschehen bei allen geistigen Übungen ist die Zunahme der Bewußtseinsklarheit. Im allgemeinen ist unser Bewußtsein verdunkelt und mit mentalen Handlungen überlastet. Wenn es leerläuft, kommt es jedoch zu einer verschärften Erlebnisfähigkeit für Dinge, die sonst nicht wahrgenommen werden. In Tibet sagt man, in der Dunkeltherapie werde das Bewußtsein siebenmal so scharf wie im Normalzustand.

Die Dunkeltherapie ist eine Universaltherapie, die Leere und Klarheit bewirkt. Leere bedeutet die Abwesenheit von Gedanken und Gefühlen, was sich im fortgeschrittenen Stadium als Lichterfahrung ausdrückt, weshalb Licht und Leere zwei Worte für dieselbe Sache sind. In diesem Zustand erfahren wir die Welt als belebt und als Einheit, als wahr und schön und gut. Die Klarheit bezieht sich auf die Wahrnehmungsart der Transparenz, auf die Hellsichtigkeit und darauf, daß der Geist nicht mehr von Denkkonzepten getrübt wird.

Der Klartraum – Wenn Wachen und Schlafen eins werden

In der Dunkelklausur verliert man das Gefühl für Tag und Nacht. Wachen und Schlafen wechseln einander in kurzen Abständen ab. Die Grenze zwischen Tag und Nacht, Wachen und Schlafen sowie Traum und Wirklichkeit verwischt sich. Wenn der Körper jetzt einschläft, bleibt der Geist wach. Dadurch entwickelt sich sowohl im Wachen als auch im Traum eine große geistige Präsenz, denn die Klarheit des Wachzustandes wird mit in den Traum hinein genommen, was diesen zu einer Art Tagtraum werden läßt. Daher ist die Dunkeltherapie zumindest in den ersten Stadien eine Tagtraumtherapie. Hier kann die Traumanalyse ein ganz neues Niveau erreichen, denn nun ist es uns möglich, unsere Träume bewußt zu erleben, womit der Klartraum beginnt. Das Schlafen wird von Wachheit unterwandert, und die Wachheit verliert das Schlafhafte.

Nicht-humane und imaginäre Wesenheiten

Nach ein bis zwei Wochen treten Wesen auf, die unserer Imagination entspringen und zunächst nur mit geschlossenen, später aber auch mit offenen Augen klar zu sehen sind. Ihre Stabilität läßt jedoch zu wünschen übrig; sie changieren, bewegen sich wie Wellen oder flattern wie Tücher und transformieren sich schnell in andere Wesen und Szenen. Mir scheint, daß in der dritten und vierten Woche eine Stabilisierung der Imagination einsetzt, so daß wir ein inneres Bild länger halten können, ohne daß es sich verändert.

Hellsichtigkeit

Nach zwei Wochen treten erste hellseherische Wahrnehmungen auf. Man kann zum Beispiel sehen, was draußen vor sich geht. Plötzlich tritt ein Bild in einen ein, eine Szene oder ein Gedanke stehen ohne Grund vor einem oder man hört andere Menschen außerhalb des Dunkelraums sprechen. Ich sah meinen Betreuer stets aus großer Entfernung kommen oder beobachtete ihn in seiner Zelle. Weil ich eine größere Bewußtseinsklarheit besaß, spürte ich sein Wesen in aller Deutlichkeit. Allgemein gesprochen bewirkt die Dunkeltherapie einfach eine größere Bewußtseinsklarheit, was sich in Form von Hellsichtigkeit äußert.

Das Licht der Nacht

Eigenartigerweise bewirkt ein Aufenthalt in Dunkelheit das Heraufdämmern von innerem Licht. Das Sein stellt sich als mentale Helligkeit dar, wobei zwar gelegentlich tatsächlich Licht und Helle erfahren werden, doch hier meine ich zunächst einmal Phänomene wie Hellsichtigkeit, Hellhörigkeit, Hellfühlen, Helltasten und Hellschmecken sowie Hellriechen. Auch eine Hellzeit und ein Hellraum tun sich auf, nämlich Nichtzeit und Nichtraum.

Äußeres und inneres Licht

Nach längerer Dunkeltherapie meint man, wieder sehen zu können. Das Licht ist zunächst neblig-hell wie die Dämmerung; gelegentlich tritt auch ein bläulicher Lichtschimmer auf, oder es werden blaue Lichterscheinungen gesehen. Manchmal werden Regenbögen wahrgenommen, was nach tibetischer Ansicht recht typisch ist. In den Regenbogenfarben stellt sich die universale Energie, das Prana, dar. Dieses Licht ist vielleicht die Natur des Prana.

Unsere Wahrnehmung hat sich verfeinert und nimmt nun pure Energie wahr. Davon ist das innere klare Licht zu unterscheiden, das mit fortschreitender Dunkeltherapie an die Stelle der Denkbewegungen tritt.

Seinszustand gegen Ichzustand

Westliche Psychotherapien beschäftigen sich zwar mit der Psyche, aber meist nur mit der des Einzelnen. Die Dunkeltherapie führt jedoch vom Ichzustand weg und läßt einen *Seins*zustand heraufdämmern. Seinszustand heißt, das Sein selbst zu sein und es nicht wie im Ichzustand durch die Brille von Kultur und Individualität von außen zu betrachten. Im Seinszstand ist die Individualität bis zu einem gewissen Grad erloschen.

Während einer Dunkeltherapie steht die Zeit relativ still, und der Raum selbst ist nur innerlich in einer imaginierten Form gegeben, die mit der tatsächlichen nicht übereinstimmt. So wird die Decke meist durch einen weiten Himmel oder einen verschiedenfarbigen Baldachin ersetzt. Unsere an die Wirklichkeit angelehnte Raumkonzeption öffnet sich am ehesten nach oben hin. Das Dasein ist eine besondere, eigenständige und real existierende Seinsqualität, die wir im Alltag nur bruchstückhaft oder blitzartig in Gestalt der Augenblicke zwischen den strukturierten, realistischen Beschäftigungen mit den Ereignissen und Gefühlen dieser Welt erfahren. Obwohl unter all den täglichen Erlebnissen und Beschäftigungen das Meer der reinen Seinserfahrung liegt, klammert man sich an die Reizabwechslung wie an den flimmernden Fernsehschirm. Die Ursache dafür ist die Angst, nicht mehr ich zu sein. Die Dunkelheit zeigt uns jedoch, daß ich hier zwar kein Ich mehr habe, dafür aber ein großes, allumfassendes Selbst. Jeder, der kurz von seinen Dauerbeschäftigungen ablassen kann (sei es innerlich oder äußerlich), macht eine Betroffenheitserfahrung; das reine Sein macht betroffen, weil wir sofort spüren, daß wir hier die eigentliche Wahrheit verdrängen. Mit anderen Worten: Wir beschäftigen uns deshalb dauernd mit Dingen und Ideen, weil wir befürchten, sonst ins Meer des reinen Seins zu fallen. Im Dunkeln geschieht das jedoch viel schneller und müheloser.

Seinsblitze

Andererseits kann ein Lebewesen nur leben, wenn es alle paar Sekunden einen Blick auf den reinen Seinszustand erhascht. Seinszustände sind daher im Alltagsleben des Menschen auf Seins*blitze* heruntergekommen, die unbemerkt zwischen zwei Augenblicken auftauchen und dann wieder absinken. So, wie wir den Tiefschlaf benötigen, um uns zu erholen, brauchen wir Seinsblitze, um uns vom Dauerkampf des Alltags zu regenerieren.

Der Ichtod

In der Dunkeltherapie dämmert bei den meisten Menschen der Seinszustand herauf. Das geschieht bei manchen stärker als bei anderen, was davon abhängt, wie sehr man es wagt, sich von der Dunkelheit und entsprechenden Gesprächen unterstützt in einen leeren Raum, eine leere Zeit und ein leeres Ich hineingleiten zu lassen. Das mag einem Tod, einem Aufgeben gleichkommen, und davor hat unser Ich Angst. Als Gegenkraft versucht man, den dauernd gegenwärtigen Seinszustand zu spüren, auf dem sich mein Ichzustand wie ein Tänzer auf dem Tanzboden bewegt. Das bedarf erhellender Gespräche, weshalb das richtige Gespräch zum richtigen Zeitpunkt in der Dunkeltherapie so wichtig ist und vom Therapeuten große Sensibilität erfordert, denn es bedarf ebenfalls des Seinszustandes. Eine mechanische Diskussion bleibt in der Dunkelheit wirkungslos und verhindert das Heraufdämmern des Seinszustandes eher. Deshalb ist die therapeutische Haltung hier hinderlich; der Therapeut muß weit mehr als nur das *sein*.

Die wirkliche Welt ist in der Dunkelheit

Wer sich im Seinszustand befindet, erkennt die äußere Welt als Trug und die eigenen Handlungen in der äußeren Welt als sinnlose Selbstbeschäftigung. Er entscheidet sich, vieles zu verändern, auch wenn im Alltag viele der guten Vorsätze und Erkenntnisse im Rausch der Ereignisse schnell wieder zusammenbrechen. Während einer Dunkeltherapie sagen viele Menschen jedoch, die wirkliche Welt sei in ihrem Inneren und die äußere nur ein Schein. Die Seinserfahrung bleibt allerdings nicht bestehen, sondern bricht mit dem ersten Schimmer des wiederkehrenden Lichts in sich zusammen. Doch dann hat man sie einmal über einen längeren Zeitraum hinweg erfahren und weiß nun, wo das wirkliche Leben ruht. Damit verfügt man über einen Orientierungspunkt, von dem aus man das Vielerlei und Allerlei des Daseinsalltags richtig einzuschätzen vermag – auch dann, wenn man ihm nicht entfliehen kann. Nun weiß ich, wo mein eigentliches Zentrum ist – nämlich außerhalb des offenbar selbständig fließenden Stroms der Ereignisse und Zustände. Und davon kann mich nichts mehr abbringen.

Amokläufer Ich

Der Amoklauf des Denkens

In der Dunkelheit geht es zunächst um die Beobachtung der Fata Morganas, die unser Denken hervorbringt. Kaum sind wir in der Dunkelheit, so stehen wir auch schon vor einem Feuerwerk ungezügelter Denk- und Spekulationslust. Das erschreckt jeden zunächst, aber die Unbezwingbarkeit des Wiederholungszwanges, Gedankenketten selbst dann endlos miteinander verknüpfen zu müssen, wenn gar kein Interesse mehr an ihnen besteht, fasziniert auch. Das Denken hat sich verselbständigt, es ist vom Alltag bzw. Lichttag her gewohnt, gewissermaßen als Überlebensreflex dauernd aktiv zu sein. Obwohl der Denker gar nicht das Bedürfnis danach hat, sondern sich viel mehr nach dem Gegenteil – nämlich Ruhe – sehnt, denkt es in uns ungezügelt in alle Richtungen weiter, verbindet sich auf unmögliche Weise, reimt sich zusammen oder stagniert und dreht sich wie ein Strudel auf einem Fleck um immer denselben Gedanken. Dabei vergehen die Stunden im Fluge. Schließlich ist der Denker restlos erschöpft und will schlafen, aber es denkt ungefragt in ihm weiter. Manche reagieren darauf mit Zornausbrüchen; andere versuchen, sich abzulenken, indem sie ein Bad nehmen, und wieder andere machen Körperübungen, schreien oder versuchen, den zwangartigen Lauf des Denkflusses gewaltsam zu unterbrechen – jedoch selten mit Erfolg.

Wie kommt es dazu? Die Beobachtung dieses Vorganges ist erstaunlich und eschreckend. Erstaunlich, weil man nicht damit gerechnet hat, daß der Denkstrom eine solche Kraft haben könnte und weil man sich nicht darüber im Klaren war, daß sich das eigene Denken, das man zu beherrschen glaubte, so verselbständigt und automatisch gegen einen selbst durchsetzt – indem es auch dann noch weiterdenkt, wenn der Denker längst damit aufgehört hat, mitzudenken.

In der Dunkeltherapie tauchen viele Menchen in diesen Strom von Visionen und inneren Bildern, ja ganzen Filmen ein, die sich nicht mehr auf Befehl und Wunsch abschalten lassen. Wie soll man schlafen, wenn im eigenen Gehirn ein Fernseher läuft? Man kann die Augen schließen, aber der Film geht weiter. Die einzige Möglichkeit bestünde darin, die Tür des Dunkelraums zu öffnen, was man jedoch nicht tut, weil man weiß, daß der Prozess dann blitzartig beendet wäre, denn mit der Öffnung zum Licht hin wird die innere Welt sofort zerstört.

Also kann man nur weiterbeobachten und ist zur Beobachtung gezwungen. Aber in dieser liegt ein Heil in Form des Samens zur Auflösung des Denkstroms. Nüchterne, ichlose Beobachtung, die kühl analysiert – wenn sie sich überhaupt in eine Analyse verstricken läßt – ist unsere einzige Möglichkeit, die inneren Vorgänge auszuschalten. Unser Denken läuft ununterbrochen weiter, weil wir uns mit den Überlegungen identifizieren. Unbeteiligte, gefühllose Beobachtung ist hier der Rettungsanker. Ich sage mir: Ich bin weder das Gedachte noch der Denker! Dann finden die Überlegungen in der tiefsten Schicht unseres Wesens keinen Halt mehr. Die Gedanken wollen uns immer suggerieren, sie wären unser Ich, und ohne sie seien wir verloren. Wir haben sie jedoch mittlerweile durch die nüchterne, distanzierte Beobachtung von uns und damit von unserem höheren, tieferen, wahren Ich abgetrennt. Nun kämpfen sie unermüdlich darum, sich wieder mit uns zu verbinden und zu versöhnen. Sie strecken ihre langen Tentakel nach uns aus, werfen Lassos, halten Klebstoff bereit, hypnotisieren uns, machen sich unentbehrlich, werben und machen Liebesangebote, betören uns und schmeicheln sich ein. Und wenn das alles nichts nützt, ängstigen sie uns, indem sie erschreckende Visionen herbeizaubern, dunkle, prophetische Andeutungen machen, uns magisch beschwören oder uns einen gezielten Schock versetzen. Sie schwanken zwischen Gott und Teufel, haben dabei aber nur ein einziges Ziel: zu leben. Doch wenn der nüchterne Beobachter ungerührt bleibt, greifen ihre Schattenfinger in die Luft bzw. durch ihn hindurch, denn sein kleines, stolzes, aufgeblähtes Ich ist nun nicht mehr vorhanden, sondern steht abgespalten dort draußen und tanzt in der Denkparty seinen spukhaften Geistertanz. Es stellt sich heraus: *Ich bin nicht der Denker!*

In einer fortgeschrittenen Phase, wenn das Denken zwar noch da ist, aber nur periodisch wieder auftaucht, treten Bildströme an die Stelle des Dauerdenkens. Wir sind jetzt ein kleines Stück tiefer in die inneren Verarbeitungsmechanismen des Ichs eingetaucht – gewissermaßen in den Keller des Ich-Hochhauses. Ganz oben befinden sich die Chefetagen, in denen die großen Denker und Planer sitzen, die sich als Bosse fühlen und den Apparat in der Hand zu haben meinen, die stolzen Manager mit dem ganz dicken Ich. Wenn sie so beobachtet werden, tun sie zunächst ganz großartig, plustern sich wie Pfaue auf und krähen, schreien oder gestikulieren. Doch nun haben wir sie entmachtet, die sie alles dauernd kontrollieren zu müssen meinen, und zwar indem wir sie ohne Subalternenverhalten, ohne Duckmäusertum und ohne Angst davor, entlassen zu werden, wie eine nicht sehr interessante Theatergruppe einfach nur beobachtet haben.

Der Amoklauf der Bilder

Unter dem Denken befindet sich eine weitere Etage unseres Ichs, nämlich das Fotoalbum der gespeicherten Erinnerungen unserer Geschichte.

Der Bilderstrom ist etwas unlogischer und archaischer als der Denkstrom. Verrückte Bilder, nie gesehene Szenen, unerwartete Filme, deren Ablauf und Form wir nicht selbst erfinden könnten, tauchen auf und überraschen uns mit ihrem Einfalls- und Formenreichtum. Das kann nicht aus mir kommen, sagen wir uns, und doch entstammt es uns selbst. Nur hat kein logischer Denkablauf die Bilder programmiert und dann nach reiflicher kreativer Arbeit ausgestoßen, sondern sie lagen bereits immateriell übereinandergelegt in unserem Ichtresor und warteten auf Abruf. Durch die alltäglichen Denkvorgänge sind sie blockiert worden, doch jetzt, wo diese teilweise zum Erliegen kommen, entfalten sie sich ungeniert.

Der Amoklauf der Archetypen

Noch eine Etage tiefer warten kollektive, archetypische Bilder der Menschheit auf ihren Auftritt: Viele Menschen sind nun von aus dem Nichts aufsteigenden gigantischen Szenen grundlegender menschlicher Lebenssituationen in symbolischer Verschlüsselung fasziniert. Selbst dem spartanischen Materialisten dämmern wieder verschlungene Urmotive des Seins ins Bewußtsein, die ihn erschrecken lassen. So fragt er sich, ob das wirklich aus ihm kommen kann und ob er dergleichen je zuvor bereits gedacht oder gefühlt hat. Schließlich gelangt er zu der Überzeugung, das müsse von außen stammen. Damit beginnt der Glaube, es handele sich dabei um spirituelle, geistige oder göttliche Kräfte, die mir als Auserwähltem heilbringend zufließen. Wer im Spirituellen verankert ist, wird dort unabhängig von der Art der Religion oder des Geheimwissens, auf das er sich bezieht, die Quelle vermuten. Seine Religion bestätigt sich ihm nun selbst, doch er hat nicht bemerkt, daß ihm der Beobachterstatus abhanden gekommen ist. Er hat sich erneut in das Pandämonium hineinziehen lassen und ist wieder der Sklave verführerischer Weisheiten geworden. Die Archetypen sind von solch strahlender Schönheit und tiefer, nie erlebter Symbolik, daß er sich erschöpft, verwundert, be-geistert, erleuchtet und vergöttlicht diesen großen Mysterienbildern zu Füßen legt, sich ihnen opfert, sie als seine Götter anerkennt, sich liebend gern zu ihren Sklaven macht und sich so selbst fesselt. Aber es sind nicht die Bilder, die von ihm ein Opfer wollen, sondern die aus ihm herausströmenden Wohlgefühle, die er in diese Bilder hineinlegt und zu denen er dann eine Bindung, eine Liebe fühlt, bei der es sich wohlgemerkt um eine überpersönliche, nichtindividuelle Form der Liebe und Hochachtung handelt. Das hebt ihn aus seinem persönlichen Ich heraus, weil es einfach schön ist, mit den eigenen dort befindlichen erhabenen und überirdischen Urgefühlen Kontakt aufzunehmen. Nun fühlt er sich erhaben, weil er die kleine Blechbüchse seines individuellen Stolzes mit dem Dosenöffener der Beobachtung geöffnet hat und schließlich am höchsten Ziel angekommen zu sein meint.

Die Löcher des Nichts

Im Leerlauf treten zwischen den geistigen Aktivitäten immer mehr Löcher auf, und bald sind wir wie ein Sieb. Für uns sind diese Löcher jedoch schlichtweg nicht da. Wir nehmen sie nicht wahr und bemerken sie nicht, weil wir nicht mehr in unserer Funktion als Denker, Fühler oder Macher vorhanden sind. Das einzige, was wir noch wahrnehmen können, sind die geistigen

Aktivitäten, die sich zwischen den Löchern abspielen. Das ist wie im übrigen Leben, denn auch da gibt es weitaus mehr Löcher, als wir denken. Der Tiefschlaf zum Beispiel ist ein großes Loch, in dem es keine Zeit mehr gibt. Dann sind da noch die Denkausfälle, die Momente des inneren Abschaltens und die Erfahrung, nicht ganz da zu sein. Es gibt mehr Löcher im Alltag, als wir wahrhaben wollen; vielleicht übertrifft ihre Zahl sogar die der Ich-Erfahrungen.

Dann gibt es Zwitterzustände zwischen Wachsein und Nichts – dumpfe, hohle Abwesenheitszustände, in denen wir unkonzentriert, schwach, labil und haltlos sind. Diese Zustände sind die ersten Anzeichen des sich nähernden schwarzen Lochs. Auch vor dem Einschlafen haben wir mehrere solcher Blackouts, bis wir schließlich aus einem davon nicht mehr auftauchen, sondern statt dessen in den Schlaf sinken. Schwere Krankheiten, die mit durch Fieber oder Schwäche verursachten Gedächtnisverlusten einhergehen, können ebenfalls zu solchen Nullpunkten führen, in denen dann einfach keinerlei geistige Regung mehr vorhanden ist.

Das schwarze Nichts ist eine Erholung, denn hier regenerieren wir uns. Es ist jedoch nicht genau dasselbe wie das Gegenwartsbewußtsein, in dem wir einfach nur da sind, ohne von Inhalten, vorüberziehenden Bildern, einströmenden Gedanken, Bewegungen im Außen oder ähnlichem mitgerissen zu werden.

Schwarzlicht

Die uns im Alltag begegnenden Symbole, Bilder, Filme und Archteypen landen alle in unserem Gedächtnisspeicher, seien sie nun gekünstelt, erfunden, gemacht, neu, alt oder überarbeitet. Da erhebt sich natürlich die Frage, worum es sich bei diesem Speicher genau handelt. Was bleibt übrig, wenn man all diese Daten streicht, wie es in der *Blackout-* oder *Schwarzlicht-Erfahrung* geschieht? Befindet sich hinter dem Gedächtnis überhaupt noch etwas? Wir wissen, daß kulturelle Inhalte und individuelle Erfahrungen künstlich sind. Sie müssen nicht sein, und man kann sie sich leicht wegdenken – offensichtlich gehören sie also nicht zu unserer Existenz. Zumindest nicht in dem Sinne, daß man ohne sie nicht leben kann, wie oft gemeint wird. Auf den Alltag mag das ja zutreffen, aber in den Blackouts brauchen wir sie nicht. Ist der Blackout also nur eine Gehirnstörung, die keine Information mehr aus dem Gehirn ins Wachbewußtsein übertreten läßt? Ist das spezifische Blackout-Erlebnis die Quintessenz all dieser kleinen Blackouts? Ich weiß es nicht.

BIN ECHO DES URSEINS

Wer mit Blumen und Bäumen tiefste Rituale durchgeführt hat, erfährt das Urgeheimnis des Lebens: *Ich bin ein Echo des Urseins, bin das ganze Ursein. Diese Erfahrung dämmert durch die Sympathie für die Naturformen, durch Symmetrie und schließlich Synarchie – sprich: Ureinheit – herauf.* Das ist ein unbeschreibbarer Vorgang, weshalb ich mich hier aller Worte enthalte. Jeder Mensch muß das Ritual, das ihm helfen soll, sich dieser Erfahrung anzunähern, entsprechend seines Geisteszustands selbst ersinnen, denn es ist das große Ritual, das letzte Ritual. Diese Zeremonie bedarf langer Vorbereitung im Geiste, großer Vorerfahrungen sowie ausgiebiger Meditationen in der Wildnis und ist nur Einzelnen vorbehalten.

SICH IN ANDERE LEBENSFORMEN EINFÜHLEN

Die wichtigste Übung ist die Einfühlung. *Das ganze Leben ist eine Übung darin, sich in alles einzufühlen und alles zu sein.* Ich setze mich an den Weiher und beobachte den Frosch. Ich sitze am Ameisenhaufen, lasse die Ameisen über meinen Arm krabbeln und werde selbst Ameise. Ich lehne am Baum und beobachte das Sperberpaar – Sperber sind Menschen, und Sperbermenschen fühlen genau wie ich, denn auch sie haben einen individuellen Charakter. Ich sitze im Wald und betrachte meinen Hund, werde Hund, während er Mensch wird, denn er fühlt genau wie ich und spricht nur anders. Weil er nicht schreibt, hört er besser, und weil er schläft, wenn er müde ist, weiß er Dinge im voraus. *Ich beobachte also Wesen der höheren Art und lerne von Naturweisen.*

Solange ich nicht die Pinie sein und das Leben in ihr spüren kann, solange ich nicht der hakenschlagende Hase werden kann, bin ich nicht Mensch geworden. *Der Mensch vollendet sich in der Erfahrung, alle Naturen in sich zu spüren. Der Mensch ist umso weniger menschlich, je mehr er nur Mensch ist.* Deshalb besteht eine der Grundübungen der Naturtherapie darin, sich in andere Lebensformen einzufühlen. Das setzt langes, ruhiges Beobachten voraus; dann erkenne ich die verschiedenen Gemütsarten der Vogelmenschen und ihre ganz persönlichen Eigenarten. Ein Eichhörnchen fühlt und denkt nicht anders als ich, und ich denke nicht besser oder bin nicht geschickter als die Eidechse. Wenn man diese Barriere einmal überwunden und seinen Hochmut aufgegeben hat – sprich: wenn man bei vielen Spezies abgeblitzt ist – kann man von der bloßen Beobachtung zur Einfühlung und Einheitsschau übergehen. Dann dämmert eine tiefe Vereinigung mit dem Rebhuhn herauf, das nun zu dir flattern und dich anschauen wird. Die Tierwelt bemerkt, wenn du wahrhaft menschlich und still wie ein Waldteich geworden bist. Dann tauchen die Forellen auf.

Wie also gewinnst du Nashörner und Nilpferde zu Freunden? Indem du sie tief drinnen als deinesgleichen erkennst. Dann gibt es keine ekligen Spinnen, gefährlichen Hunde, eisigen Winde oder unheimlichen Nächte mehr, sondern überall nur noch Menschenwesen mit Hörnern und Schwänzen. Eine neue Welt entsteht, in der du nur eine Randrolle spielst. Der Naturtherapeut muß alle Naturwesen und Naturerscheinungen aus tiefster Tiefe heraus als Lebewesen, gewissermaßen als Wiedergeburten seiner selbst erfahren!

Lehren ohne Lehre

Man kann lehren oder einfach sein, und letzteres nennt sich *lehren ohne Lehre*. Alles andere ist unerwähnenswert, weil es in Wirklichkeit gar nicht existiert. Es gibt nur das Sein; alles andere ist nur ein verwehtes Echos des Seins. *Die höchste Form des Lehrens und Lernens besteht darin, einfach nur zu sein.* Die Welt, in der wir leben, ist nichts als das letzte Echo des ursprünglichen Rufs des Ursprungs. Wenn wir uns zu den letzten und vorletzten Echos zurückbewegen, erkennen wir, daß sich auch vor uns eine sich ins Unendliche erstreckende Echokette befindet, die das Ursein aus sich herausschreit. Dann begreifen wir, daß wir auf Wellen von Weltgeburten reiten, von denen jede wiederum eine weitere Welle hervorbringt.

Der Mensch ist ein Räuber

Seins-Räuber zu sein ist das letzte,
trübe ans materielle Sein schwappende Echo
des großen Liebeslieds der Schöpfung.

Der Mensch ist ein Räuber, wie alle anderen Tiere auch. Jedes Tier lebt von anderen Tieren, und wenn es Pflanzentiere sind. Die Existenz im Stofflichen erlaubt scheinbar keine andere Lösung, denn jede Spezies bedarf stofflicher Zutaten, um zu überleben. Andere stoffliche Zutaten sind aber im allgemeinen nur andere stoffliche Lebewesen, ob andere Tiere, andere Pflanzen oder letztendlich die Elemente. Wir wissen, daß Wasser lebt, und diese Erkenntnis läßt sich wohl auch auf Erde, Luft und Feuer übertragen – auch wenn das jenen, die nicht gelernt haben, sich radikal in die Elemente einzufühlen, zu glauben schwerfällt. Ich habe lange mit mir gerungen, bis ich Elemente als Lebewesen spürte.

Wir mögen den Raubtierinstinkt in uns und anderen nicht. Hier ruht ein großes Geheimnis. Gehört es vielleicht zum stofflichen Leben, daß man vom Leben anderer zehrt? Bedarf es im Stoff des Todes, um das Sein zu begreifen?

Die Instinkt-Hierarchie

Die tiefste Sehnsucht und das höchste Ziel aller Lebewesen besteht darin, zu sein. Jede Ameise möchte da sein. Warum? Wozu? „Das ist völlig gleich, es geht einfach nur ums da sein", antwortet die Schöpfung. Warum will alle Schöpfung ins Licht der Welt treten? *Weil das physische Dasein ein Echo des reinen Seinszustandes des Geistes ist. Alles Formen des Lebensegoismus und „ich vor allen anderen"-Raubtierinstinkts sind also nichts anderes als das ferne Echo des Urzustandes in seiner spezifisch stofflichen Ausprägung.*

Aber über allem Raub-Instinkt thront weise und jenseitig ein noch höherer Instinkt, nämlich der, *sein* zu wollen. Ich meine damit nicht, leben und überleben zu wollen – das gehört in den Bereich des Raub-Instinkts. Der Seins-Instinkt will jedoch einfach Sein spüren.

Die unterste Schublade dieses Seins-Instinkts stellt sich als der Raub-Instinkt, als Drang nach physischem Überleben dar. Darüber liegt die Schublade des Seelen-Instinkts, der sich dem seelischen Wohlgefühl, dem Ichseinwollen usw widmet. Über diesem befindet sich der reine Seins- oder Geist-Instinkt, der keinen konkreten stofflichen oder seelischen Bedürfnissen mehr folgt, sondern nur im Sein Genuß findet. Im Stofflichen kann sich der Seins-Instinkt jedoch nur über seine untergeordneten Echos des Seelen- und Raub-Instinkts äußern, die ja Abkömmlinge, Wiederklänge oder Schatten von ihm sind. Demzufolge äußert sich der Seins-Instinkt auf der halbdichten Ebene des Seelischen als Seelen-Instinkt bzw. Egomanie und auf körperlicher Ebene als Raub-Instinkt. Der Seins-Instinkt kann die „evolutive" Stufenleiter hinunterfallen und verändert sich dann dementsprechend. Reiner Seinsgenuß ist den beiden unteren Instinkten unbegreiflich, weshalb nur eine Elite an Wesen das zu begreifen vermag. Natürlich schreit man hier auf, weil man sich in seinem Raub- und Seelen-Instinkt gekränkt füht, was sich nach Art des Seelen-Instinkts als seelischer Aufschrei, Beleidigtsein, Haß und pseudologische sowie seelisch korrumpierte Gegenargumente äußert und in der Raub-Instinktebene die Form des direkten Kriegs, der Feindschaft oder kläffender Aggression annimmt. Denn kein Instinkt will sich einem anderen unterordnen, sondern sieht sich selbst als der jeweils höchste an. Wir stehen somit vor einem Stufenphänomen, nämlich der *Existenzpyramide*, die wie folgt aussieht:

Seins-Instinkt
Seelen-Instinkt
Körper-Instinkt

Die Existenzpyramide

Das Seinsgefühl dämmert in Körper und Seele unerwacht vor sich hin; erst mit dem Tod und der Entkleidung vom Körper entfaltet es sich auf seelischer Ebene, denn nun benötigt die Seele den körperlichen Ichbezug, auf den sie in der Gefangenschaft durch den Körper beschränkt war, nicht mehr. Er fällt von uns ab, so daß ein Seelensein ohne Ich, eben reine Seele entsteht. Im Körper sind wir immer Seelensein, das sich jedoch durch die dreidimensionalen Raumzeitstrukturen gefiltert zum sogenannten Ich zurückbildet. *Das Ich ist ein Produkt der Stoffgebundenheit der Seele. Eine Seele im Körper fühlt sich als Ich.* Wir können im Körper und als Ich kaum Sein sein, aber dennoch besteht das eigentliche Bedürfnis des Körpers wie auch der Seele genau darin – jenen reinen Seinsgenuß zu erfahren, der im Stofflichen nur beschränkt erreichbar ist. Oder gibt es doch die Möglichkeit dazu? Alle Kulturen haben sich darum bemüht, seelischen wie auch körperlichen Seinsgenuß zu erlangen. Der Körper spürt diesen im Handlungsdrang wie in der Ruhe, im Wohlgefühl, in Gesundheit und Leid. Das Ich erfährt das Seinsgefühl, wenn es ganz Ich und von allem anderen unbeschwert ist. Die Seele erfährt Seinsgenuß, wenn sie sich vom Körperlichen befreit, und entsprechende Verfahren, die dazu führen sollen, sind zum Beispiel Kasteiung, Fasten oder der Entzug aller seelischen Reize. Diesem Ziel dienen auch Meditationen, die sich auf den körperlichen Tod fokussieren oder in denen die Seele aller stofflich gebundenen Inhalte entleert wird. Dauereinsamkeit, der Rückzug in die Natur und die Flucht aus der Menschenwelt stellen weitere Möglichkeiten dar.

Im reinen Seinszustand entsteht erstmals all das, was in Körper- und Seelenzuständen nur beschränkt möglich war: Verbundenheit mit anderen Lebensformen, Einfühlung in sie, die Fähigkeit, sie sein zu können und ein Gespür für das Andere. In den niederen Zuständen der Existenzpyramide bin ich auf mich selbst zurückgeworfen, ein einsamer Streiter nur für die eigenen Rechte, ein trauriger Ritter sozusagen – zwar ohne Furcht, aber mit tausend Tadeln.

4. RITUALVORBEREITUNG: ALLEIN IN DER NATUR

Bali: Naturverehrung durch Körperbewegung

Der Mensch ist ein Teil des Ganzen, das wir Universum nennen,
ein in Raum und Zeit begrenzter Teil. Er erfährt sich selbst,
seine Gedanken und Gefühle als abgetrennt von allem anderen –
eine Art optische Täuschung des Bewußtseins.
Diese Täuschung ist für uns eine Art Gefängnis ...
Unser Ziel muß es sein, uns aus diesem Gefängnis zu befreien,
indem wir den Horizont unseres Mitgefühls erweitern,
bis er alle lebenden Wesen und die gesamte Natur
in all ihrer Schönheit umfaßt.

- Albert Einstein -

Die Schwingungen der Lebensformen spüren

... LIEGE SONNENDURCHGLÜHT IRGENDWO IM UNTERHOLZ DES BÖHMERWALDS

Je länger ich mit den Waldbäumen mitschwinge, umso kräftiger dämmert in mir eine ganz eigene Überzeugungskraft herauf, die rohe Kraft, das Dasein zu bewältigen und nach meinem inneren Sein zu gestalten, indem ich das Ganze werde. Im Naturfluß aufgehoben, lerne ich zu schwimmen, erfahre die Stromschnellen als meine eigenen und höre hinter allem Gezwitscher und Baumknarrren die weisen Worte der Ewigkeit. Auf diese Weise werde ich mich hingebend, mich auf dem Altar des Waldbodens opfernd selbst zur Ewigkeit, zum fernen Dröhnen des Urtons der Schöpfung, den keine Worte zu beschreiben vermögen. Das kann ich spüren; jeder kann das spüren, sofern er sich unbeschwert hingibt.

Gedanken fließen durch mich hindurch. Ich kann sie nicht abwehren, aber ich kann sie genau betrachten und dann auflösen. Was bleibt übrig, wenn ich ihren Inhalt, ihre Form zurücktreten lasse und ihnen die Worte, die Sprache nehmen? Nun, es bleibt eine rohe Kraft übrig, die wir im modernen Sprachgebrauch als Energie oder Information bezeichnen. (Information besteht aus kodierter Energie, also aus gepulster elektromagnetischer Schwingung bzw. aus Kraftüberträgern wie den Quanten, die auf einen Rezeptor treffen. Die Energie erhält sich selbst und kann weder erzeugt, noch vernichtet werden.) Doch diese Worte sind leblos und besagen gar nichts. Ein Gedanke ist reine seelisch-energetische Bewegung, eingefangen in eine Sprachform, denn kaum ist die seelische Bewegung da, wird sie auch schon in der Sprache eingeschlossen und so eingeengt. An der Wurzel des Seins befindet sich jedoch weder kodierte Information, noch Inhalt oder Form, sondern ausschließlich reine, unzerstörbare Energie, die spürbar und unzerstörbar ist. Nur die Art, in der sie sich formt, kann wieder aufgelöst werden. Wie alles in der Natur sind auch wir ein in Form gegossener Quantenstrom. Darin liegt das Geheimnis des Lebens.

Ich leide darunter, daß man immer nur über die Urenergie spricht, aber niemand mit ihr umzugehen weiß. Wir leben in einer hohlen Redekultur. Den alten Völkern ging es um die Praxis, um die Erfahrung der Seinsschwingung, aber wir wagen nicht mehr, naiv im Seinsfluß zu schwimmen. Der Verstand verbietet es. Diese Energie selbst bleibt immer bestehen, nur ihre Form verändert sich. Unser Gedankenleben entspricht in gewisser Weise der Elektrizität und den Quantenbewegungen, denn es findet ebenfalls in Form von Schwingungen statt. Es ist jedoch unwesentlich, ob wir hier von Urenergie, Plasma, Urbausteinen oder Schwingungen sprechen, denn die Frage, was diese Energie eigentlich ist, bleibt nach wie vor bestehen. Wir können diese Kraft auch als Lebensenergie, als das Psychische oder den Geist bezeichnen, doch Worte helfen hier nicht weiter; man muß es spüren und mitschwingen!

Der leere Stoff

Welttiefe aus sanften Sonnenstrahlen ziehen
... Böhmerwald
Jeder kennt das. Seit zwei Tagen und Nächten schwer auf weichem Waldboden liegend, die Glieder wie tot, bestrichen von Sonnenstrahlen, die sich im Gewirr der Zweige bilden und das Hitzelicht zu langen Strahlen formen, überkommt Welttiefe dich, weil du von allem losgelassen hast. Wer losläßt, erhält alles! Aber dieses Alles ist ökonomisch nicht verwertbar, daher das Desinteresse der Menschen daran.

Man fühle sich da ein: Leblos daliegend übermannt mich jetzt das Gefühl, daß die Welt leer und kein Stoff vorhanden ist, ja, *der Stoff ist leer!* Die Welt besteht aus Raum, so wie auch ich. Daraus folgt die Empfindung, daß der Raum leer ist und dennoch die Voraussetzung des vollen, prallen Lebens darstellt. Die Welt entfaltet sich aus Leere. Diese ungebundene „leere" Urenergie *enthält die Möglichkeit für alle Zustände.* Und nur so kann es sein, denn nur das Nichts kann Schöpfer des Etwas sein. Das geben mir das Sonnenflirren und der brummende Bienenklang ein – wozu da Bücher schreiben?

Und wie ich körperlich erstarrt, nur Geist seiend, gleichsam schwebend im Gras der Lichtung liege, tasten sich Weltgefühle an mich heran: *Wenn sich der Geist bewegt, scheint etwas zu entstehen.* Geist ist Ursein; die Geistbewegung nennen wir dann Energie und Kraft, und diese wirkt. Solange sie wirkt, entsteht Leben. Sobald der Geist sich nicht mehr rührt, vermögen sich die Energien nicht mehr zu halten und ihre Kinder, die materiellen Formen, lösen sich in Wohlgefallen auf. Wenn sich der Geist zurückzieht, wird er ruhig und verändert seine Bewegung. Dann kann die erstarrte Formenwelt nicht mehr durchhalten; sie zerfällt und stirbt. Den Umgestaltungen des Geistes kann der Stoff nicht beliebig folgen, weil er fester Stoff geworden ist und nicht mehr Geist. Genau daraus resultiert der Tod. Durch die Blätterwelt schauend scheint es mir jedoch, als erhalte sich der Geist selbst nur durch dauernde Verwandlung, indem er heute Bäume und morgen bunte Steine ist. Aber er wechselt nicht wirklich sein Kleid, sondern er erträumt, erdenkt sich Welten, so wir wir Gefühle in die Welt entlassen und sie dann glauben. *Der Weltgeist ist eine Phantasiemaschine.*

Ist es nicht aberwitzig, anzunehmen, die Welt sei Stoff allein? Wenn ich tief hinein spüre, weiß ich, daß sie gar nicht aus sich selbst heraus bestehen kann. Sobald die Weltmaterie in ihren tausend Formen nicht mehr durch den Weltgeist, nämlich den dauernden Wechsel von Geburt und Tod bewegt wird, höhlt sie sich aus und bricht in sich zusammen. *Daher bedeutet Leben Geistbewegung.* Das scheinbar Starre der Formen ist nur eine Bewegung in Zeitlupe. Ich altere dauernd und sterbe somit langsam. Unser Auge ist für die rasche Geschwindigkeit blind, die hinter den festen Formen tobt. Mir scheinen die Dinge im ewigen Jetzt zu schweben, doch wenn ich tiefer in die strömenden Sonnenlinien hineinblicke und die Zeitlupenbewegung meines Lebens zum Stillstand kommt, hört all mein Dasein auf. *Das ist das Paradox des Seins: Nur dauernde Verwandlung ermöglicht das Feste!* Die millionenfache Quantenbewegung in den Dingen erzeugt als Abglanz den Stoff und läßt ihn als Schein ebenso leicht in sich zusammenfallen wie ein Feuer ohne Nahrung. *Denn die Bewegungen des Allerkleinsten sind die Gedanken des Geistes,* und wenn der Urgeist einschläft, erlischt die Welt.

Als erstarrter Körper auf böhmischen Tannennadeln liegend, nehme ich mir vor, ehrlich zu sein und fortan zu sagen: Dein Versuch, sich die Welt als reinen Stoff vorzustellen, ist keinem ehrlichen Gemüt denkbar.

Die Urenergie hält alles wie in einem Korsett zusammen. Das bezeichnen wir als Gravitation. Wo Gravitation ist, ist Raumzeit, und wo es diese gibt, gibt es Masse. Diese Urenergie ist die Psyche selbst. Die Psyche ist jedoch nicht mit meinem persönlichen Ego zu verwechseln, sondern stellt vielmehr das universale Feld des Bewußtseins dar. Das Bewußtsein wiederum ist ein Wachsein, eine Bewegung, eine erste Bewegung. *Die Worte Energie und Bewußtsein sind bedeutungsgleich.* Die sprachliche Unterscheidung, die wir hier machen, ist der Grund für alle Mißverständnisse. Bewußtsein ist Plasma! Da sich unsere Materie aus dem Plasma formt, ist sie im Ursprung reines Bewußtsein, aber das können wir gedanklich und praktisch nicht mehr zurückverfolgen. Energie besteht aus Teilchen und zugleich nur aus einem einzigen Stück; das ist daran erkennbar, daß sich alle Teilchen auf gleiche Weise bewegen, wenn ich eines davon beeinflusse. Die Energie läßt sich nicht unterteilen, sondern reagiert als ein Wesen. Wer lange und einsam die Naturbewegungen genießt und sich von Grashalmen streicheln läßt, dringt tief in die Natur der Urenergie ein. Wenn ich über eine Blattform meditierend in ihren „Strahlun gshintergrund"eintauche, spüre ich unmißverständlich, wie mich ein Strom zu allen Blättern, allen Bäumen, allen Wäldern, allen Erden weiter zieht. Es gibt für mich nur ein großes Sein, ein gigantisches Wesen, das sich in allen Formen verliert. Dieses Wesen ist ein Lustkörper, ein weiblicher Gebärkörper, der nur eines will: erschaffen, tanzen ... Mir dämmert, daß ich, in die Urform eingedrungen, den Schlüssel zum Geheimnis der auf der selbstherrlichen Verwandelbarkeit aller Elemente und Erscheinungen beruhenden Schöpferkraft in der Hand halte.

Bewusstsein und stoffliches Umfeld sind eins

Elektronen sind Schwingungsformen. Aus diesen energetischen Urbausteinen besteht das ganze Weltall: Natur, Düfte, Stoff, Lebewesen. Wie ist das möglich? Elektrische Ladung entsteht nur dort, wo Masse ist. Die Gravitation ist also mit der Raumzeit gleichzusetzen. Masse wiederum entsteht durch Gravitation. Die Gravitation weiß immer, wieviel Energie ein Objekt enthält, weil sie eins damit ist. Die Worte Gravitation, Raumzeit und Stoff meinen also alle dasselbe. In der Urenergie treffen alle Energien zusammen; alle Urkräfte sammeln sich im Urfeld, und meine luftige Psyche (griech. Luft, Atem, Hauch) ist nichts anderes als eine energetische Schwingung. Aus dieser Anschauung ergibt sich das Paradoxon, daß meine Psyche sowie mein Bewußtsein dasselbe wie mein stoffliches Umfeld sind.

Die energetischen Teilchen haben jedoch eine besondere Eigenart: Alles, was einem davon geschieht, beeinflußt auch alle anderen Teilchen, weshalb sich alle gleich verhalten! Die Energie ist ein Feld, in dem alles von jedem beeinflußt wird. Meine Psyche und die Welt sind also eins und durchdringen sich gegenseitig. Nun ist es nicht mehr möglich, Umwelt und Seele voneinander getrennt zu beschreiben. Je näher man der Quelle oder dem Zentrum der Energie kommt, umso mehr nimmt die Energie zu und umso stärker werden wir reines Bewußtsein

Das Dasein ist nicht objektiv vorhanden. Das Universum ist offen und nicht etwa festgelegt, weil alles möglich ist. Allein der Mensch legt – gefangen im Stoff – Regeln fest. Doch was ich in die Welt hineingebe, erhalte ich auch wieder zurück, denn Gleiches erzeugt Gleiches! Widerhall – auf diese Weise ist das Dasein erschaffen worden. Das ist eine unheimliche Vorstellung.

Ohne Zeit ruht alles nahe beieinander

... im Duftfeld der Dünengräser, Ostsee

Ich liege lange im Duftfeld der Halme, im leichten Dünenwind der Geest, für immer allein, aber mit Gräsern vereint, die aus weißem Sand emporragen. Von irgendwo her ertönt entferntes Meeresrauschen. Mein Geist erwacht als einheitliches, allumfassendes Feld in mir, und das Nacheinander in der Zeit verwandelt sich zu einem Nebeneinander. Jetzt dröhnt das Sein in meinen nicht vorhandenen Ohren, und selbst das zeitliche Nebeneinander zieht sich nun zu einem vollkommenen Ineinander aller Formen und Erscheinungen zusammen. Wer kennt dieses Dröhnen, das erklingt, wenn man in die wahre Welt eindringt? Der Ursamen ist erreicht. Ein Mensch liegt in der Geest. Nichts ist passiert, nur der Westwind hat mich auf seinen sanften Armen in seine Heimat entführt. Was will ich mehr ...

Ja, in die Urform kann ich eintauchen, aber wer glaubt mir schon, wenn ich mich vom Westwind forttragen lasse? Das ist das Geheimnis: sich abwartend hinzugeben. Der Ursamen enthält alle Möglichkeiten, und ich spüre, wie die Erfahrung dessen mir zur ersten und letzten Heilung wird.

Aus dem Ursamen lassen sich unendlich viele Materien wie ein Faden herausziehen. Man sich daran erfreuen oder sich davon erschüttern lassen. Das Sein grollt in tausend Tönen, und der Tod ist vergessen, denn ich spüre, daß tausend neue Materien aus meiner Energieform geboren werden.

Jeder ist Schöpfer seiner selbst

... im Blütenstaub der Ulme sitzend

Wenn ich etwas erschaue, erschaffe ich es. Ich erschaffe es auf meine spezifische Weise, indem ich es sehe. Wenn ich nicht hinschaue, ist es auf diese Weise auch nicht da. Die Ameise sieht es auf eine andere Art, und so erschaffen die Ameise und ich verschiedene Welten. Während ich Wolken sehe, sieht meine Kollegin ... Während ich Bäume sehe, sieht meine Kollegin ... Sobald ich also zufasse und gar noch wiege oder messe, entsteht sofort Natur, denn sie läßt sich auf jede Weise wiegen und messen – ob mit Ameisenwaagen oder Menschenzollstöcken, sie gibt anschmiegsam jedem das seine. Wo ist da eigentlich das Ding selbst? Wenn es heute dies und morgen das, menschlich gesehen dieses und ameisisch betrachtet jenes ist? Das ist nur möglich, weil das Ding an sich eigentlich gar nicht existiert. Nur so kann es alles sein. Das Sein ist also gar nicht da. Es gibt kein Sein, sondern nur ein Wahrgenommenwerden.

Sein und Nichtsein

... die gesamte Bemühung im Leben des Menschen war darauf gerichtet, sein Leben in Verbindung zu bringen mit dem elementaren Leben des Kosmos, dem Leben der Berge, der Wolken, des Donners, der Luft, der Erde und der Sonne, um Energie, Macht und eine Art geheimnisvoller Freude zu gewinnen. Diese Bemühungen um reinen, unverhüllten Kontakt, ohne Vermittler oder Mittler, ist der Ursinn von Religionen.

- D. H. Lawrence -

Daher läßt sich – so unbegründet das auf den ersten Blick auch scheinen mag – zusammenfassen:

All meine Handlungen werden von meiner Seele gelenkt.

Meine Seele lenkt all meine Körperbewegungen.

Mein Heil liegt in meinem Vertrauen.

Mein Trachten nach innerem Wohlbefinden wird zur Heilung.

Wenn ich selbst im leisesten Winkel meines Seins etwas denke und spüre, nimmt es sogleich Gestalt an und erzeugt eine reale Form. Wenn ich jedoch das Interesse daran verliere und es vergesse, bricht es wie ein Kartenhaus in sich zusammen. Also ist es die Seelenenergie, die bindende Seelenkraft, die alles erzeugt und zusammenleimt.

Das Gesagte bezieht sich zunächst nicht auf die materielle, sondern die seelische Welt. In der Stoffwelt bleiben die Dinge auch bestehen, wenn ich nicht mehr an sie denke. Das Geheimnis ist jedoch folgendes: Wenn ich sie auch auf tiefster seelischer Ebene nicht mehr denke, sind sie für meine Seelenenergie auch nicht mehr da. Also: *Wer nicht an Türen denkt, läuft durch sie hindurch!*

Wenn wir etwas glauben, ist das, als ob wir es wüßten. Genau das läßt den Körper so sein, wie wir glauben. Aufgesetztes intellektuelles Wissen dagegen wirkt nicht so – es sei denn, wir glauben es auch. Wenn ich glaube, daß etwas nicht funktionieren wird, dann funktioniert es auch nicht.

Das Bewußtsein ist eine Energieform, wie jeder in der tiefen Einsamkeit der weiten Dünen erfährt. Und im Alleinsein spürt man, daß der Geist die Lebenskraft ist. Von meinem Glauben und Wollen angeregt, verwandelt sich meine Lebenskraft, und ich werde, was ich seelisch fühle. *Letztendlich gibt es keinen Gegensatz zwischen Geist und Materie. Mehr noch: Es gibt keinen Gott außerhalb von mir selbst – ich, alles, das All ist die Gottheit.*

Die Reise durch die Verkörperungen

Stoff und Seele basieren auf derselben Energie. Wenn ich meine seelische Energie auf ein Objekt – und damit auf dieselbe Energie wie mich selbst – ausrichte, dann addieren sich beide Energien, und meine reichert die des Objekts an. Darf man daraus schließen, daß es materielle Dinge gibt, die von menschlicher Energie geschwängert sind? Und wenn ja, strahlen diese Dinge dann ebenfalls menschliche Energie ab?

Verwandlung und Veränderung ist das Gesetz des ewig gleichen Geistes. Geistiges Leben bedeutet vor allem inneres Wahrnehmen und Erleben, ohne zu denken. Gedanken wiederum sind auf dieselbe Weise Energieabbilder des Geistes, wie auch mein Körper ein materielles Abbild des Geistplasmas ist. Gedanken sind bereits recht faßbar, aber dennoch spiegeln sie den Geist auf der Energieebene wider.

Was ist Bewußtsein? Wie jeder weiß, der sich ein bißchen auf einer Blütenwiese erholt hat, sitzt das Bewußtsein nicht im Gehirn, sondern ist eine selbständige und vom Körper unabhängige Wesenheit, die nur vorübergehend in diesem wohnt. Weder im Tiefschlaf noch unmittelbar vor oder nach dem Tod befindet es sich im Körper. Das Bewußtsein kann verschiedene Formen annehmen: Solange es in einem Körper gefangen ist, stellt es ein persönliches Bewußtsein dar. Außerhalb des Körpers nimmt es umfassender wahr, obwohl es sich noch in der physischen Welt aufhält. In der Plasmawelt jedoch wird es noch allumfassender, und in der Geistzone jenseits des Plasmas erweitert es sich nochmals auf gravierende Weise.

Unser Körper ist das Ergebnis des Lebens einer Bewußtseinsperson, die gelegentlich körperliche Gestalt annimmt bzw. in einen Körper schlüpft. Solch ein Bewußtsein hat bereits mehrere körperliche Leben hinter sich, in denen es im Stofflichen etwas erfahren und gelernt hat; diese Erfahrungen addieren sich nun zum Bewußtsein hinzu. Das mit den körperlichen Inkarnationen hinzukommende Wissen hält die Bewußtseinsperson jedoch in Gestalt des Individuums gefangen. Erfahrungen sind gut, aber sie erzeugen auch die Sucht danach, ein Individuum bleiben und wieder werden zu wollen.

Mein persönlicher Körper ist ein Ausdruck meines Bewußtseins. Menschen unterscheiden sich, weil ihr Bewußtsein unterschiedlich ist. Deshalb kann man von der Körperform auf das Bewußtsein schließen.

Leben in einer Ausschnittswelt

... unter Föhren in Sanddünen, Ahlhorner Heide

Ich beschwere mich oft darüber, daß meine Wahrnehmung so ausschnitthaft ist und ich nicht mit allen Sinnen aller Tiere erfahren kann. Auf Menschenwahrnehmung festgenagelt zu sein, ist schwer zu verkaften. Jedes Wesen lebt in einer künstlichen Lebensrolle, einer aufgrund seine Wa hrnehmungseinschränkung künstlichen Lebensordnung. Warum bin ich nur ich und nicht auch andere? Im allgemeinen würden sich nur wenige wünschen, Storch, Star und Stern zur gleichen Zeit zu sein. Doch ich bin neidisch und traurig, weil ich nicht wie die Föhre in Sanddünen stehen oder wie lange Felsen aus dem Untergrund ragen darf. Wie mögen die Gefühle des Mondes und die fliegender Meteore sein? Mein Schicksal hat sich nicht multidimensional entwickelt, sondern ich bin eingesargt und schaue durch einen Riß hinaus ins Licht.

Jetzt, wo ich dünenbreit und hitzeschwer daliege, überkommen mich die Enge des Denkens und die Isoliertheit meines Fühlens. Doch plötzlich kehrt sich alles um, und ich trete ins Universalfeld des Seins ein, erhasche einen Schimmer der Gemeinsamkeit und Einheit aller Lebensformen, und die Urenergie, der Geist des Seins beugt seinen Schatten über mich.

Ritual der Steine

... allein in der Steinwüste beim Kloster She, Ladakh, Himalaya

Habe im Kloster übernachtet und bin nun in die große Welt des Gerölls umgezogen. In dieser Menschenleere herrscht der Stein. Ein Geröllfeld, so weit das Auge reicht – Steine, die seit Ewigkeiten der Hitze und Kälte ausgesetzt sind. Seit Tagen bin ich hier im Nichts alleine, nur mein kleines Zelt gibt mir Heimat und Sonnenschutz. Durch die Steinwüste spricht die Ewigkeit. Da dämmert reines Sein herauf – was immer das auch sein mag.

Nachdem ich um mich herum aus Steinen eine Art Stern aufgebaut habe, beginne ich mit dem Ritual. Die Zacken des Sterns sollen mich mit allen anderen Steinen der Steinwüste verbinden – ein magischer Kreis. Ich beginne mit einem Satz Buddhas: „Die Welt ist das, was uns als Welt zu Bewußtsein kommt." Die weite Steinebene hat mich entleert und ausgelaugt, jetzt bin ich nur noch Stein und Horizont und empfinde tiefste Reinigung. Wie als Anrufung rufe ich Buddhas Satz hundert Mal in die Weite der flimmernden Hitze.

Später dämmert das tiefe Gefühl herauf: Was wir als Welt erleben, ist das Ergebnis unserer Erfahrung, unseres Denkens, Fühlens und Handelns. Es ist eine ganz subjektive Welt, ein Fenster, ein Nadelöhr zum universalen Geist. Ich bin in der windigen Endlosigkeit alleine, aber ich weiß auch, daß diese Steinwüste die Haut der Erdmutter ist, eines ebenfalls einsam im All treibenden Weibs. Alleine unter Steinen wird man leicht romantisch.

Ich weiß, daß das Leben stillsteht, wenn ich meine eigene Persönlichkeit erkünstelt zum Mittelpunkt des Lebens erhebe, statt meinen Mittelpunkt auf das ganze Sein zu richten. Doch wo ist dieses? Ich überblicke die Steinwüste – sie ist Sinnbild des ganzen Seins.

Nach manchem Schwächeanfall und Versagen in der gnadenlosen Mittagshitze erinnere ich mich wieder daran, daß die Welt nicht von mir getrennt ist. Das Einzelne und das Ganze sind zwei

Seiten der Medaille. So finde ich einen ersten Stein aus dem Stern zum Freund. Bald schon schare ich Steinfreunde um mich herum, und sie bekommen individuelle Züge. Man darf nicht von „Steinen" sprechen, denn tatsächlich liegt da ein Meer von Einzelseelen vor mir. So beginne ich meine Gespräche mit grauen, roten oder gelben Steinen, die jedoch so intim sind, daß sie geheim bleiben müssen.

Zum Abschluß rufe ich zwei folgenschwere Sätze ins Steinmeer:

„Nur ich kleines Ich erfahre das Alles.

Nur das Alles bringt kleine Ichs hervor."

(„Nur Individualität kann Universalität erfahren.

Nur Universalität kann Individualität hervorbringen.")

Satz 1: Das Universelle, die Gottheit – niemand kennt sie ganz – kann sich nicht selbst sehen, denn sie ist. Folglich kann nur ein Individuum wie ich das Ganze erfahren, was mir jedoch nur in Form des Sinnbilds und niemals tatsächlich gelingt, denn dafür müßte ich das Ganze sein. Zudem erfährt sich das Ganze nicht selbst, sondern durch seine Teile. Deshalb gibt es die tausend Gestalten des Seins. Die Seinsgottheit erfährt sich offenbar nur im Auseinanderfallen ihrer selbst ins Vielfache. Wie wir sehen, ist das eine vertrackte Angelegenheit, ein echtes Paradoxon. Das Ganze ist ein Teil und das Teil ein Ganzes ... Aber ich habe einen Steinfreund gewonnen, der mir einen Augenblick lang das Geheimnis zeigte, und wieder muß ich darüber schweigen.

Satz 2: Dieser Satz ist eindeutig. Das Universelle bringt viele Individualitäten in Form verkleinerter Universen hervor. Jedes Teil ist das Ganze im Kleinformat. Offenbar ist das so, damit sich die Göttin selbst erfahren kann, denn alle Teile wirken aufeinander und bilden ihr kosmisches Kleid.

Natur verlangt dauernde Einweihung

Initiation scheint ein Zauberwort zu sein, und man diskutiert oft darüber, worum es sich dabei eigentlich handelt. Einweihung geschieht, wenn ich, der individualisierte Geist, mich an den Großen Geist des ganzen Daseins wende und dann ins Ganze aufgelöst werde. Daher vollzieht sich die Einweihung in den Nachtwachen am tosenden Fluß oder während man ruhig an einem Kratersee sitzt. Das Ritual ist hier denkbar einfach, weil die Natur es selbst mit ihren tausend Formen und Farben vorgibt. Dann wird der Fluß zum Ritualgrund und der Kratersee zum Tanzplatz. Wenn du lernst, die Natur als dauernd ablaufendes Ritualgeschehen zu erfahren, erhebst du dich über das künstlich erstellte Ritual hinaus. Jeder Gang in die Natur ist ein Versuch der Einweihung seitens der Natur.

Jedes Wesen erschafft sich sein Dasein entsprechend des ihm zur Verfügung stehenden biologischen und seelischen Ausmaßes. Wenn ich über ein ausgeprägtes Denkvermögen verfüge, dann denke ich, und wenn ich gute Ohren habe, höre ich gut. Ohne Ohren höre ich nichts. Meine biologische Ausstattung ist mein Wesen und Sein. Ich entscheide jedoch nicht selbst darüber, wie ich ausgestattet werde, sondern erwerbe im Verlauf der Wiedergeburten ein für mich maßgeschneidertes Körper- und Seelenkleid. Hier und jetzt kann ich tatsächlich nichts an meiner Wahrnehmungsausstattung ändern, weshalb es scheint, als sei ich nicht dafür verantwortlich. Und so muß ich einen langen Weg gehen, bis ich ganz tief erfahren kann, warum ich Mensch und nicht Schleiereule geworden bin, denn darüber ist nichts bekannt.

Also:
Ich erschaffe den Kosmos und dieser mich.
Ich erschaffe die Wirklichkeit und diese mich.
Ich erschaffe das Bewußtsein und dieses mich.
Fazit:
Ich bin selbstverantwortlich.

Ich beklage mich über meine Vergänglichkeit. Ich beklage mich über mich selbst. Es ist schwer, das Unvergängliche im Vergänglichen zu erfahren; zwar bietet mir die Natur alle dazu benötigten Hilfen an, doch ich übersehe sie meist. Ich spreche von der Evolution vom Niederen zum Höheren, als ob ich nicht wüßte, daß sich nichts bewegt, daß alles feststeht und es nichts Höheres und Niederes gibt! Ich entsteige dieser Falle nur, indem ich mich ebenso meiner Vergänglichkeit erfreue, wie ich mich auch auf eine Reise freue. Will ich denn nicht Weltenwanderer durch die Formenvielfalt sein, will ich nicht einmal Grashalm, einmal Schnecke sein? Wie sonst will ich im nassen Fels und trockenem Sand Freunde gewinnen? Ich muß sie alle selbst gewesen sein, um alle verherrlichen zu können.

Klosterinschrift

Achte auf deine Gedanken,
denn sie werden deine Worte.

Achte auf deine Worte,
denn sie werden deine Handlungen.

Achte auf deine Handlungen,
denn sie werden deine Gewohnheiten.

Achte auf deine Gewohnheiten,
denn sie werden dein Charakter.

Achte auf deinen Charakter,
denn er wird dein Schicksal.

Was, bitte, sind Gedanken? Man versuche einmal, seine Gedanken einzufangen – sie zerrinnen zwischen den Fingern. Es bleibt nur eine Bewegung, die sich beim genaueren Hinsehen als ewige und universale Bewegung erweist, die sich lediglich zur Tarnung mit Worten und Gefühlen schmückt – roh betrachtet strömt sie wie ein Quellfluß. Demzufolge haben Gedanken keinen Inhalt, sondern die Inhalte sind lediglich Kleider, die sich die Plasmabewegung überzieht. Also ist dieser Energiefluß, der zu Worten, Handlungen, Gewohnheiten, Charakter und Schicksal führt, die Grundlage von allem. Man muß an der Wurzel zupacken.

All meine seelischen und körperlichen Funktionen werden also von der plasmatisch-energetischen Bewegung gesteuert! Der Universalgeist hat sich zu dieser Plasmakraft verdichtet, die sich ihrerseits dann weiter zu meinem Körper verdichtet hat. Demzufolge ist mein Körper der Weltgeist höchst persönlich – das überfordert mich.

„*Nur ein Geist, der nichts glaubt, nichts weiss, ist wahrhaft frei*"

... hilflos am großen Schlammfluß, der nach Indien treibt, Ladakh
Nachdenken über den obigen Satz von T. Suzuki

Jedes Wissen des Menschen kann immer nur ein Glauben sein. Warum? Weil wir nichts mit Sicherheit wissen, sondern nur glauben, vermuten und hoffen können. Die Welt ist nur so offen, daß sie uns das zu sehen erlaubt, was wir glauben. Die Welt erlaubt Menschen mit unendlich vielen verschiedenen Glaubenssätzen, sie so zu sehen, wie man sie sehen will. Ist das nicht großartig? Ja, das ist der Geist des Alls: alles und nichts zugleich zu sein. Und weil der Geist im Grunde ein Nichts ist, wird er zum Alles! So löst sich das Rätsel.

Um die Welt politisch und wirtschaftlich zu verwandeln, muß der Mensch seinen Sinn ändern. Es gibt keine rein politischen oder wirtschaftlichen Lösungen. Kurzum: Alles hängt vom Glauben ab. Das ist das große Geheimnis des letzten Seins, das keinen einzigen Sinn oder einzigen Glauben und keine einzige Wahrheit besitzt, sondern alle Wahrheiten, Glaubenssysteme und Sinne zusammen ist. Das letzte Sein ist umfassend, allgewaltig, weil es gar nicht ist und nur deshalb alles sein kann. Ein schönes Paradoxon, nicht wahr...?

Plasmaseele

Leben heißt, über den Raum hinaus denken und fühlen zu lernen, und dazu dient uns der Raum selbst. Wir bekommen im Kleinformat, was wir brauchen, damit wir daran wachsen.

Nach dem Urknall verzweigte sich das Urfeld in verschiedene Energien, und dasselbe geschieht, wenn sich die Plasmaseele ein Doppel schafft. Ein Plasmawesen lebt zunächst in der Plasmadimension; wenn es sich verkörpern will, nähert es sich einem Menschenpaar. Diese Annäherung ist nicht räumlicher Art, weil Raum im Plasma nicht existiert, sondern erfolgt über seelische Anziehungskräfte, Sympathie, Synchronizität, Synergie und alte verwandtschaftliche Bande. Zudem muß zwischen den zukünftigen Eltern und der Plasmaseele eine ungeheuerliche Ähnlichkeit bestehen. Die seelischen Eigenschaften des nach Geburt strebenden Wesens werden sich in analoge körperliche Formen umsetzen, die jedoch darüber hinaus auch Ähnlichkeit zu den Körperformen der Eltern aufweisen muß. Man kann sich gar nicht vorstellen, wie viele Faktoren hier unter einen Hut gebracht werden können, doch dafür müssen die Seelenszustände des Plasmawesens mit jenen der zukünftigen Eltern fast übereinstimmen. Ein Plasmawesen kann sich nicht bei x-beliebigen Eltern verkörpern. Über die hier wirksamen Gesetze wissen wir so gut wie nichts.

Alles ist erlaubt

... Über dem Walensee, Schweiz
Kontemplation über Nietzsches Satz:

„Die starke Hoffnung ist ein viel größeres Stimulans des Lebens als irgendein einzelnes, wirklich eintretendes Glück."

Leben, Natur, Dasein erlauben mir unendlich viele Arten der Hoffnung. Aber scheinbar ist keine Hoffnung besser als die andere, alle werden gleichermaßen erlaubt. Das Sein kennt offenbar kein Ziel, keine Moral, keinen Sinn, sondern nur den Satz „alles ist erlaubt". Der Beweis dafür ist, daß es alles Mögliche gibt. Wer eine Hoffnung hegt, wird in der Tat glücklich, und wer keine hegt, wird unglücklich. Die Art der Hoffnung ist der Gottheit gleich. Das Sein verwirklicht sich als das große Alles und hüllt Gegensätze oder Widersprüche in sein unendliches Kleid ein. Der kleine Mensch will unmißverständliche Wahrheit; der große Mensch erkennt jedoch vieles an, und ein Übermensch vielleicht alles.

Die Einsamkeit selbst ist Meditation

Herbsteinbruch, Neuschnee in den Alpen
Einstein: „Materie ist eingefrorene Energie!"

Newton: „Wäre es nicht denkbar, daß die Stoffe und das Licht sich ineinander verwandeln?"

Die Gedanken fließen nicht kontinuierlich; zwischen ihnen kommt es immer wieder zu Leerstellen. Wenn ich nicht mehr auf meine Gedanken eingehe, bleibt nur noch Leere übrig, und ich erfahre die reine Seinsnatur. Dann entsteht aus der Leere eine Freiheit, in der alle Spannungen erlöschen. Konzentration bedeutet, die unruhigen seelischen Plasmafelder zu beruhigen, indem man sie an einem Punkt sammelt und so zur Urform, zum reinen Geist zurückführt. Ruhiges Plasma wäre somit Geist.

Betrachte die Symmetie einer ersten Schneeflocke. Sie besitzt ein sechseckiges Muster, das sich durch die geometrische Anordnung der Moleküle wiederholt. Die Moleküle unterliegen der Ordnung der Elektronenhülle, und diese wird von der nächst kleineren Einheit – der Drehsymmetrie der Quanten – bestimmt, die schlußendlich wohl eine Schwingungsform des Plasmas und des Geistes ist. So, wie sich mir die Schneeflocke darstellt, unterliegen auch meine Gedanken diesem Fluß vom Ur zum Jetzt. Gedanken sind geronnene Energie. Alle Materie ist das Ergebnis eines Verdichtungsprozesses des Geistes, der also einerseits Leere und andererseits Stoff ist. Der Geist ist nicht einfach nur leer oder eben geistig, sondern stellt auch das volle und satte Leben dar. Die schmelzende Schneeflocke auf meiner Hand ist also ein Zeichen, daß sich mir aus dem Geist zugesandt auf meine warme Geisterhand legt.

Das Immergleiche

Können wir uns logisch überhaupt ein von der Natur unabhängiges Selbstbewußtsein vorstellen?

\- Max Planck -

Wenn ich lange Nachtwachen und noch längere Tagwachen in der Einsamkeit halte, dann dämmert eine große Wahrheit herauf – nämlich die allergrößte.

Wir Menschen gehen davon aus, daß wir ein von der Natur unabhängiges Bewußtsein besitzen, doch wenn wir zum *Immergleichen* zurückgehen, ist dem nicht so. Natur und Ich sind von *einem* Geist. Im Menschen entfalten sich die Naturgesetze auf ihre Weise, doch das trifft auf den Wal ebenso zu. Alles besitzt ein Bewußtsein seiner Selbst. Die Natur besteht jedoch aus Materie, also kann es hier nur um Materie gehen. Dennoch ist es nur *ein* Geist, der die Welt regiert. Damit kommen wir zu den alten Überlieferungen zurück.

Als moderner Mensch unterliege ich der Gefahr, nur noch unter meinesgleichen zu sein. Ich kenne die Baum- und Tiermenschen nicht mehr und vereinsame so in meinem Menschsein. Gräser und Grashüpfer stellen der menschlichen parallele Ur-Energien dar, und nur durch sie, durch den Schein des Anderen, kann ich lernen, das *Immergleiche* in allem wiederzuentdecken. Die Vielfalt der stofflichen Lebewesen ermöglicht mir, mich in ihnen wiederzufinden, also die Formenvielfalt des stofflichen Daseins als Übungsfeld zu nutzen, auf dem ich lernen kann, mich selbst in tausend Gestalten zu erkennen. Ich weiß, das ist ein übermenschliches Vorhaben, aber zugleich ist es auch das einzige, das wirklich zählt.

5. RITUALPRAXIS UND GEISTSCHAU

Opferung in Bali für die Meeresgöttin

VEREHRUNGSRITUALE FÜR ALLE LEBEWESEN

Wir sind nicht allein:
Es existiert eine große Gemeinschaft der Lebewesen.

In den alten Mythen der Stammesvölker wird davon ausgegangen, daß der Mensch nicht alleine da steht, sondern von anderen Wesen geschaffen worden ist, die wiederum von anderen geschaffen wurden. Die Evolution wird als ein stufenförmiger Schöpfungsprozeß von Wesen dargestellt. Im hier beschriebenen Evolutionsritual verkörpern die Teilnehmer verschiedene Wesen – Elemente, Steine, Bäume, Pflanzen, die Toten, Menschen, dann die verschiedenen Klassen von Dämonen sowie die Götter. All diese Wesen gibt es tatsächlich, und der Mensch muß lernen, daß sie existieren und ebenso wertvoll sind wie er. Er muß lernen, ihnen zu opfern – sprich: an sie zu denken. Der Ritus der alten Kulturen bestand vor allem im Verehrungsopfer für die Anderen. Eichen sind Eichenmenschen und Lilien sind Lilienmenschen; sie haben nur ein anderes Bewußtsein als wir. Es gibt nur Lebewesen! Das Universum ist *ein* Lebewesen, die Erde ist *ein* Lebewesen. Das ist die Philosophie der alten Kulturen, die Philosophie des Rituals.

Der erste Tag des Evolutionsrituals beginnt mit einer Darstellung der Schöpfungsmythen der Völker und mit einer Diskussion über das alternative Evolutionsschema unserer Vorfahren im Gegensatz zum modernen Darwinismus. Dann werden die Rollen verteilt und die Ritualgewänder erarbeitet. Am Abend beginnt dann das eigentliche Ritual.

Woher aber bekommen die Teilnehmer ihre Ritualkleidung? Woher nehmen Baummenschen ihre Zweige? Na, sie holen all das aus dem Wald! Rituale finden also in der Natur statt und niemals in Räumen – das überläßt man den Kirchen.

Der Ritualleiter spricht mit den Teilnehmern ab, wer welche Rolle übernehmen möchte. Das kann zum Beispiel so klingen: „Ich fände es schön, wenn du, Christine, das materielle Universum darstellen könntest und du, Helmut, den Vogelschwarm. Martin, willst du die Lichtphänomene sein? Wer ist die Sonne? Wer der Mond? Gibt es jemanden, der gerne der Sternennebel sein will? Gut! Aber da gibt es noch das Wasser – aha, du wirst das Feuer sein, gut, und du die Luft – was, die Menschheit willst du sein? Na, dann viel Glück." Zudem wird vorgeführt, wie Sternenwesen – sprich: ET's – oder Dämonen Tiere und Menschenrassen erschaffen, und wie die Götter zuvor die Dämonenrassen kreiert haben. Jeder Teilnehmer muß sich für eine Rolle entscheiden, die seinen Träumen bzw. seinem Charakter entspricht. Der grobe Ablauf besteht darin, daß jede Gruppe von Wesen sich in ihrer Eigenart vorstellt, wozu sie einen Vorbereitungstext über die Eigenart und die zu diesen Wesen gehörenden Stammesüberlieferungen erhält.

1. Zuerst stellen alle Gruppen in einem Ritus ihre jeweilige Eigenart vor.

2. Möglich ist, daß sich einige Wesen gegenseitig verehren, was zu einer spontanen Choreographie führen kann. Das hängt jedoch von der Kreativität der Gruppen ab, denn da kann nichts vorgegeben werden. Die Gruppen besprechen jedoch zuvor, wie sie sich darstellen wollen.

3. Das gipfelt schlußendlich in einem Geistverehrungsritual, das alle Gruppen gemeinsam ausführen. Dieses Ritual kann entweder zuvor abgesprochen werden oder sich spontan entwickeln. Jede Gruppe kann dann auf eine andere eingehen und mit ihr in Austausch treten; all das hängt von den Gefühlen der einzelnen Teilnehmer ab und davon, in wieweit sie sich zu ungewöhnlichen Aktionen entschließen. Das Ganze gipfelt in einem universalen Lebenstanz der Wesen, einem Universumstanz.

Opferritual, Mongolei. Der Schamane (mit Trommel) schickt die Seele des Tieres zum Himmelsgott

VEREHRUNGSRITUAL FÜR DIE ERDMUTTER

In diesem Ritual besinnen wir uns auf das Grundgesetz des Daseins, auf Tod und Wiedergeburt. Die Wesen der Erdmutter sterben, werden verwandelt und mit anderen Gesichtern wiedergeboren. Dasein bedeutet Verwandlung. Da wir das nicht wünschen, weil wir auf unser gegenwärtiges Wesen fixiert sind, widersetzen wir uns dem Lauf der Dinge und damit der Metamorphose, die durch den Tod herbeigeführt wird. Doch sie geschieht, ob wir es wollen oder nicht. Leben heißt, der Verwandlung ins Auge zu schauen.

Wer die Zukunft erforschen will, muß zu unserem Ursprung, dem seelischen Feinstoff oder dem Plasma (wie ich es nenne) abtauchen. Die Geschichte des Feinstoffs, also der Plasmadimension bzw. des Toten- oder Lebensreichs ist nur noch den letzten alten Kulturen und Stämmen bekannt. Ich halte es daher persönlich für praktischer, sich auf unsere Vorfahren wie etwa die Kelten und ihre Weltsicht zu beziehen, weil uns diese näher ist als Konzepte aus nicht-europäischen Kulturen.

Ist die Rückkehr zur Tradition ein Anachronismus? Nun, ich frage umgekehrt: Hat es seit der Zeit der Kelten hinsichtlich der Plasmadimension überhaupt einen Fortschritt gegeben? Im Gegenteil! Das Wissen verfiel und war um die Jahrhundertwende fast gänzlich erloschen; nur einige wenige Forscher wußten noch davon, ehe es mit der Atomphysik und Lord Kelvin in Gestalt der Ätherthese wieder auftauchte. Diese wurde dann jedoch von Einstein zerschmettert, wodurch die gesamte Physik erneut in eine falsche Richtung geschleudert wurde. Die Evolution des geheimen Plasmawissens wurde unterbrochen. Aber das ist in der Menschheitsgeschichte nicht neu – immer, wenn wir kurz vor der Enträtselung des Plasmas, des Totenreichs und der Seele stehen, zerstört eine Katastrophe alles Wissen. Und wie es aussieht, wird das auch so bleiben. Wir berühren hier ein zentrales Geheimnis der Menschheitsgeschichte, denn schon die Kelten wußten, daß die Götter keine Konkurrenz mögen. Ihr Geheimnis darf man nicht entschlüsseln. Daher verstanden sich die Kelten als das „Vieh der Götter".

Die Gesetze der Erdmutter sind zum einen jene der Erde, des materiellen Lebens und zum anderen die feinstofflichen Gesetze des Plasmas, des Totenreichs. Es geht also um tiefe Weltschau: Die Naturgesetze des Stoffs leiten sich von immateriellen Plasmagesetzen ab. Die Erdmutter hat zwei Gesichter – Leben und Tod, Stoff und Plasma.

Wer meint, der Begriff „Erdmutter" sowie die Vorstellung von einer feinstofflichen Grundlage der Erde seien Metaphern oder folkloristische Phantasien, der irrt, denn die Erde ist ein großes Lebewesen und verfügt wie wir über einen Körper und eine Seele. Wir sind die Mücken auf ihrer Haut. Die Erdmutter ist eine reale Erscheinung. Jeder Planet ist ein seelisches Lebewesen mit einem irdischen Körper. Die Erdmutter des Mars und die Erdmutter des Pluto unterscheiden sich voneinander. Das Weltall wimmelt von Erdmüttern. Man muß wieder lernen, daß die Grundlage des Stoffs der Feinstoff, also Seele und in diesem Fall die Erdmutterseele ist. Kurzum: Ich nenne den Feinstoff eines Planeten Erdmutter, um den alten Völkern und ihrem Wissen auf der Spur zu bleiben.

Erdmutterrituale werden selbstredend nur in der Natur abgehalten; dabei steht das Weibliche im Mittelpunkt. Hier ein Beispiel zur Durchführung von Erdmutterritualen.

Drei nackte Frauen stellen die Erdmutter dar und werden von anderen Frauen mit Naturmaterialien geschmückt. Zuvor versenkt sich jede und erbittet, erschauen zu dürfen, welcher Aspekt der Erdmutter zu ihr paßt und wie sie sich kleiden soll. Der Rest der Gruppe teilt sich in Untergruppen auf und bespricht, wie man die Erdmütter verehren könnte – mit welchem Schauspiel oder Ritual, mit welcher Zeremonie, in welcher Kleidung, was man ihr darbringen und wie man sie verehren will. Wenn sich die drei Erdmütter an einem für sie bedeutsamen Ort aufgestellt und dort vielleicht einen Naturaltar errichtet oder sich um einen schönen Baum gruppiert haben, tritt eine Gruppe nach der anderen vor und führt die Verehrungshandlung durch, zu der sie sich entschlossen hat, während die anderen zuschauen. Die Frage ist also: Wie verehre ich die Erdmutter, deren Kind ich bin? Wie kann ich mir durch diese Verehrung der Erdmutter bewußt werden? Es handelt sich letztendlich um ein Bewußtwerdungsritual für die Große Erdgöttin.

KELTISCHES VEREHRUNGSRITUAL FÜR DIE GROSSE GÖTTIN

Ablauf

1. Kurzvortrag: Warum brauchen wir wieder Rituale?
2. Kurzvortrag: Moderne Todesforschung
3. Kurzvortrag: Gesetze der Erdmutter und des keltischen Todesreichs
4. Verkleidung
5. Das Ritual: Verehrung der Göttin des Seins
6. Die Themen

Die Gesetze der Erdmutter

In der modernen abendländischen Welt leben wir im *Materialismus*. Die Existenz einer Welt, aus der die materielle Welt hervorgeht, ist unbekannt. Die Erdmutter verkörpert in faßbarer Gestalt die Nachbardimension, den Urgrund, aus dem alles Stoffliche hervorgeht, in das es mit dem Tod aber auch wieder zurückfällt. In diesem Ritual geht es um die *Wiedergewinnung des Urgefühls für den Urgrund*. Die Erd-, Ur- oder Große Mutter war der Fokus, auf den sich die Weltschau der keltischen Völker richtete; unsere Vorfahren lebten aus einem Gefühl für die *Anderswelt* heraus. *Sie sahen die stoffliche Welt aus der unstofflichen herausströmen* und betrachteten sich selbst als Seelenkraft in geronnener Gestalt.

Unsere keltischen Vorfahren kannten verschiedene Inkarnationen der Erdmutter. Wer sich genauer darüber informieren möchte, findet in meinem Werk *Das Totenbuch der Kelten* (AT-Verlag 2002) eine ausführliche Darstellung.

Verkleidung

Wir haben drei nackte Erdmütter, die verschiedene Aspekte der Großen Göttin darstellen. Die erste verkörpert den Geist und ist die weiße Federfrau, die zweite steht für die Seele und ist die rote Seelenfrau. Die dritte schließlich symbolisiert die Erde bzw. den Stoff und ist die braun-schwarze Erdfrau. Jede der drei Frauen wird entsprechend ihrer Rolle bemalt; zugleich verkleidet sich jede Gruppe entsprechend ihres Verehrungsthemas, und zwar im wesentlichen mit den Erfindungen der Erdmütter selbst, nämlich mit Naturmaterialien, weshalb das Ritual nur in der Natur stattfinden kann. Dann begeben sich die nackten und bemalten Erdmütter in die Mitte des Ritualplatzes, damit um sie herum das Verehrungsritual vollzogen werden kann.

Das Verehrungsritual

Es besteht im wesentlichen aus der Diskussion der Themen und der Vorbereitung.

Es bilden sich gleichgroße Gruppen, von denen jede einen Text über einen oder mehrere keltische Themenbereiche erhält, der die Anderswelt behandelt, also das Totenreich bzw. das Reich, aus dem die materielle Welt entsteht und in die sie wieder zurückfällt. Obwohl die

Sätze recht hermetisch klingen, versucht die Gruppe, das Thema als Drama und Theater zu entwerfen und dann der gesamten Gruppe bzw. den drei Erdmuttergrazien vorzustellen (in diesem Fall schauen die anderen zu). Es handelt sich dabei also um ein Verehrungsritual für die Göttinnen, die darauf ganz individuell und freizügig reagieren dürfen. Hier besteht viel Spielraum für Äußerungen und Begegnungen. Alles ist wild und deftig, es geht darum, aus sich herausgehen, als Spiel und Spaß und Freude, nicht als heilig, denn nur das ist heilig.

Die Themen

Thema: der Kessel der unendlichen Fülle, der um so voller wird, je mehr man daraus schöpft

Erklärung: Der Kessel der Fülle ist das Hauptysymbol der Kelten für Annwn, das Jenseits und Totenreich. Wie aus dem Kessel, in dem das Mittagessen kocht, geht alles daraus hervor. Der Kessel steht für die Seele. Unser Seelengefühl ist unerschöpflich – je mehr wir fühlen, um so mehr gibt es zu fühlen!

Thema: die Lichtlanze des Gottes Lugh, das Land des Lichts

Erklärung: Lugh ist das Licht der Sonne und des Jenseits. Das Jenseitslicht, die Lichtlanze, ist ein Seelenlicht, weil die Seele selbst ebenfalls aus Licht besteht. Aber auch Liebe und Leben sind Licht – alle drei Begriffe bedeuten letztendlich dasselbe. Licht ist eben noch viel mehr, nämlich Liebe und Leben. In Licht, Liebe und Leben drückt sich die Qualität des Urstoffs aus.

Thema: das Land des Überflusses

Erklärung: Im Seelenland Annwn, dem Jenseits und Totenreich, sind wir nur Seele. Da die Seele sich sofort alles vorstellen kann, und da diese Vorstellungen sogleich im Feinstoff Wirklichkeit werden, galt den Kelten Annwn als Land des Überflusses, denn Wünsche haben wir im Überfluß.

Thema: das Land der Mädchen bzw. Frauen, in dem Morgane herrscht, die alle Lust befriedigt und jeden freundlich empfängt

Erklärung: Für keltische Männer war das Jenseits Annwn selbstredend auch ein Reich ihrer Träume und Seelenzustände – sprich: das Land der schönen Mädchen. Als Inkarnation aller Schönen galt Morgane, eine Art erotische Erdmutter, die alle männlichen Phantasien befriedigte. Es gibt viele Geschichten, in denen sich Männergruppen aufmachen, um zu Fuß, zu Pferd oder mit dem Schiff zum Land der Schönen zu gelangen. Doch wenn sie von ihrem erotischen Ausflug zurückgekehrt wieder den Erdboden betreten, zerfallen sie zu Staub. Sie sind tot, weil ihre Reise sie ins Totenreich geführt hat – dorthin, wo alle Seelenwünsche sofort Wirklichkeit werden und die Mädchen alle schön sind, weil Seelen aus Licht bestehen und deshalb immer große Schönheit besitzen.

Thema: das Land des fruchttragenden Lebensbaumes

Erklärung: Der Lebensbaum ist Annwn, das Jenseits selbst, aus dem die stoffliche Existenz entsteht. Er trägt Früchte, weil er der Ursprung aller Fruchtbarkeit ist. Wir müssen uns klar machen, daß alles Gedeihen dem Seelenreich entspringt. Die Seele erschafft Materie, die wiederum ein Spiegelbild seelischer Zustände ist. Die seelische Erdmutter erschafft die stoffliche Erdmutter. Meine Seele erschafft einen ihr gemäßen Körper. Ich habe mir mit meinen Gefühlen und Gedanken meinen Körper geschaffen.

Thema: das Land der Helden, Flathion Flaith Innis

Erklärung: Das Wort „Helden" leitet sich von dem germanischen Begriff „Hel" ab, der „helles Land" bedeutet und von den Christen zur Hölle verballhornt wurde. Helden sind Menschen, die es geschafft haben, in das helle Land Hel zu gelangen. Das Jenseits ist hell strahlend, und in dieses Land der Helden wollte jedermann eintreten. Dummerweise gelangt jedoch nur die Seele dorthin, und der Körper muß zuvor sterben. Alle echten Helden waren also schon mindestens einmal gestorben.

Thema: das Reich der Feen oder Sidhe (Sidhe = Frieden); die Feenfestung Caer Siddi, das „schöne Volk" Tylwyth Teg

Erklärung: Im Totenland, im Jenseits, in Annwn, in der Anderswelt sind wir als Tote oder als Seelen nicht allein. Im Gegensatz zu Darwins These ist der Mensch nicht die höchste Spezies, sondern die Feen stehen weit über ihm. Diese auch als Tylwyth Teg oder Sidhe („Schie" gesprochen) bezeichneten Wesen erschufen den Menschen. Von der „Feenfestung" aus beobachten und leiten sie die Menschheit unbemerkt, die wiederum dem Plan der Feen unterliegt. Entsprechend verstanden die Kelten sich als das Vieh der Feen. Feen sind keine Naturgeister; in modernen Begriffen ausgedrückt handelt es sich dabei um feinstoffliche, nicht-irdische Wesen, die jedoch in der Lage sind, sich auch stofflich zu manifestieren.

Thema: Mag Mell, die Ebene der Wonne und Glückseligkeit

Erklärung: Mag Mell ist Annwn, das Jenseits, das Totenreich und Seelenland. Dieses Reich, dieser Zustand ist dann von Wonne gekennzeichnet, wenn auch wir seelische Wonne empfinden. Es ist kein Reich, das aus sich selbst Wonne und Glückseligkeit produziert; was wir dort vorfinden, hängt ganz von uns selbst ab.

Thema: die Insel der Apfelbäume, die Toteninsel Tech nDuinn

Erklärung: Die Insel der Apfelbäume ist zugleich auch das Totenreich. Sowohl die Insel als auch der Apfel stehen für das Seelenreich bzw. die Nachbardimension. Der Apfel galt als gutschmeckende Frucht und verwies darauf, daß alles Gutschmeckende aus Annwn, aus dem Jenseits kommt. Damit steht der Apfel für die Seele, den Tod, den Feinstoff und die Fruchtbarkeit, denn all das drückt die Nachbarwelt aus. Das Leben kommt aus dem feinstofflichen Weltall, doch dieses befindet sich nicht auf einer Insel, sondern in unserer Seele.

Thema: das Land unter der Woge, Tir fá thuinn

Erklärung: Das Land unter der Woge ist das Seelenland, welches vom Wasser symbolisiert wird. Das Wort Seele kommt von „See" und damit vom Wasser, das eine Analogie für das Fein- und Nichtstoffliche darstellt. Wasser ist heilig, weil wir im Stofflichen davon abhängig sind, darüber hinaus aber steht es auch für das Feinstofflich-Seelische. Wenn die keltischen Krieger in den Kampf zogen, hofften sie, in dieses Land zu gelangen – sie hofften also, zu sterben und nicht etwa zu überleben, denn sie wurden von der Sehnsucht nach dem reinem Seelenleben angetrieben!

Thema: Hy Breasil, das irische Paradies auf Erden

Erklärung: Die Kelten suchten nach Hy Breasil, von dem sich der Name Brasiliens ableitet. Auch Hy Breasil ist das Seelenland Annwn bzw. die Anderswelt, gleichzeitig stellt es aber auch jenes irdische Land dar, das dem seelischen Paradies am nächsten kommt. Man ging davon aus, daß ein Leben als reine Seele einfach angenehmer ist als eines, in dem die Seele den Gesetzen der Materie ausgeliefert in Stoff und Körper lebt.

Thema: die Quelle aller Gesundheit

Erklärung: Man ist gesund, wenn man keinen Körper mehr hat, denn die im reinen Seelenland lebende Seele ist die Quelle aller Gesundheit. Das Wort „Quelle" bezieht sich auf Wasser – genauer gesagt auf das feinstoffliche Lebenswasser. In allen Kulturen ist Wasser das Sinnbild des Feinstoffs; deshalb waren Quellen auch den Kelten als Ausdruck der Nachbardimension heilig.

Thema: das Land der ewigen Jugend

Erklärung: Zeit gibt es nur im Stofflichen, nicht aber im Seelischen. Bereits lange vor Einstein wußten die Kelten, daß das Jenseits Annwn sowohl raum- also auch zeitlos ist. Wir sind von einem Stoffkörper umgebene Seele. Der Körper altert, weil es im Physischen Zeit gibt, doch die Seele altert nie, weil sie aus einem Stoff besteht, der so fein ist, daß er keine Zeit kennt. Im Jenseits ist man nie ein Greis und nie ein Kind, sondern immer etwa um die dreißig Jahre alt. Auch Nah-Toderfahrungen bestätigen das.

Thema: das vielgestaltige Land

Erklärung: Das Jenseits Annwn ist ebenso vielgestaltig, wie meine Seele fühlt und denkt, denn es besteht allein aus dem, was ich seelisch bin. Daher kannst du dir bereits jetzt vorstellen, wie du im Jenseits leben wirst – deine Gedanken und Gefühle werden dich beherrschen. Es gibt keine Erlösung von außen, sondern nur du selbst kannst dich erlösen, indem du deine beschränkten Gefühle und Gedanken aufgibst. Im Keltentum gibt es keinen Erlöser, dort bist du ganz auf dich selbst angewiesen. Entsetzlich, oder?

Thema: die Äpfel aus dem Morgenland

Erklärung: DieTuirinn-Götter bringen drei Äpfel aus dem Garten des Morgenlandes. Wer davon ißt, hat keine Schmerzen mehr und ist gegen Verwundungen geschützt. Wundersamerweise werden die Äpfel niemals weniger, wie oft man auch davon zu sich nimmt. Äpfel stehen für die

Anderswelt Annwn. Sie zu essen bedeutet, seelisch dorthin zu gelangen – also hat man dann natürlich keine körperlichen Schmerzen und erleidet keine körperlichen Verwundungen mehr. Ihre Unerschöpflichkeit beruht auf dem Umstand, daß sie Seelenäpfel, Seelennahrung, Gedanken und Gefühle sind. Fazit: Der Mensch soll zu den Apfelinseln, also ins Seelische und damit in seine wahre Heimat aufbrechen.

Thema: die Schweinshaut, die alle Wunden und alle Mattigkeit heilt

Erklärung: Das Schwein – die Lieblingsspeise der Kelten – steht einerseits für die Fruchtbarkeit unserer Welt und andererseits für die des Jenseits, aus dem alles Stoffliche hervorquillt. Das Schwein war demnach heilig, wurde aber gegessen. Das Jenseits, die Seele heilt alle Wunden und alle Müdigkeit, denn wer dort eintaucht, ist nur noch Seele und hat keinen Körper mehr. Da es ein zeitloses Reich ist, gibt es dort keine Erschöpfung, und auch Wunden und Mattigkeit kennt nur, wer einen Körper hat. Fazit: Das Ziel des Menschen sollte darin bestehen, seelisch ins Jenseits einzutauchen.

Thema: die unfehlbare Lanze Luin

Erklärung: Die unfehlbare Lanze Luin muß man in Wasser tauchen, damit sie nicht Schaft, Mann und Saal verbrennt. Sie besteht aus Sonnenstrahlen, nämlich aus dem Licht von Annwn. Die Lanze verkörpert die Sonnenstrahlen im Physischen und das Geistlicht im Geistigen. Geist, Leben und Seele werden hier als Licht verstanden, weil all diese Worte dasselbe meinen.

Thema: Wagen und Gespann des Königs der Siobar.

Erklärung: Für den Wagen und das Gespann des Königs der Siobar sind Land und Meer eins. In Annwn erreichen sie eine überaus hohe Geschwindigkeit, weil es dort keine Zeit gibt. Das Pferd war den Kelten heilig; es stand für Annwn, weil es so schnell war und im Jenseits keine Zeit existiert. Man wußte, daß Zeit nur dort existiert, wo es Materie gibt. Einstein war der letzte, der das erkannt hat. Diese Pferde reiten zudem auch über das Meer, denn sie sind Geistpferde, die keines Bodens bedürfen und unsere Seele symbolisieren.

Thema: Die Schweine des Königs Isal.

Erklärung: Die Schweine des Königs Isal kann man zwar schlachten, doch sie erwachen immer wieder zum Leben, und wer von ihnen ißt, wird niemals krank. Für die Kelten stand das Schwein für die Fruchtbarkeit, und man aß sehr gerne Wildschwein. Das Tier symbolisierte das stoffliche wie auch feinstoffliche Leben. Weil es das Leben selbst ist, kann es nicht sterben und verleiht jedem, der von der Lebensessenz ißt – sprich: der sie verkörpert – ewige körperliche Gesundheit.

Thema: die Hündin des norwegischen Königs Fail-Inis

Erklärung: Die Hündin des norwegischen Königs Fail-Inis ist schöner als die Sonne und bewacht den Zugang zum Jenseits Annwn und zum Licht des Jenseits. Dort sind alle Wesen aus Licht, und jede Seele ist eine Lichtinsel. Wie in vielen Überlieferungen bewacht auch bei den Kelten ein Hund den Zugang zum Jenseits der Anderswelt. Auch wenn in modernen Nah-Toderfahrungen keine Hunde vorkommen, muß es auf dem Weg ins Jenseits eine Wächterstation geben, denn dorthin gelangt nur, wer wirklich tot ist. In dieser Überlieferung wird der Hund als Lichtwesen, als die Sonne des Jenseits dargestellt, denn das Jenseits beeindruckt sofort durch sein Licht. Weil jede Seele eine Lichtinsel ist, handelt es sich dabei um ein Seinslicht, um die Basis des Ur- und Feinstoffs und die Quelle des Lebens.

Thema: der Bratspieß aus dem Schatz der Insel von „Caer der Blonden"

Erklärung: Der Bratspieß, also das Essen, dessen der materielle Mensch im Gegensatz zum Seelenmenschen bedarf, ist ein Sinnbild für die Materie, aber auch für das Seelenreich, in dem dauernde Fruchtbarkeit herrscht. Weil es eine Vorstellungswelt ist, gibt es dort alles, was man sich vorstellt. Der Feinstoff ist so subtil, daß er auf Vorstellungen, Wünsche, Gefühle usw. reagiert. Die Anderswelt entspricht also unseren Vorstellungen, Wünschen und Gedanken. Ein Paradies oder eine Hölle – je nachdem, was man denkt!

Thema: die große Tiefe; Tod, Nacht, Finsternis; das den Lebenskeim enthaltende Ei; das Reich der Totenseelen

Erklärung: Die große Tiefe ist eine Redewendung für die andere Welt, die mit Worten nur als tief beschreibbar ist. Sie läßt sich auch als Tod, Nacht oder Finsternis und ebenso als das Ei darstellen, in dem der Keim des Lebens ruht. Immer ist jedoch die Anderswelt des Todes bzw. des wahren Lebens gemeint.

Thema: die Unsterblichkeit der Seele, die sich ewig erneuernde Natur

Erklärung: Die Seele unterliegt nicht der Zeit und ist daher unsterblich, denn Zeit gibt es nur dort, wo auch Stoff ist. Da es im feinstofflichen Reich keine Zeit gibt, regeneriert sich die Natur stets aufs Neue, was sich im Stofflichen – sprich: in der Zeit – als ewige Erneuerung ausdrückt. Das ist ein sehr tiefes Geheimnis!

Thema: Tir nan og, das Land der ewigen Jugend

Erklärung: Weil es im Todes- oder Lebensreich keine Zeit gibt, ist man dort ewig jung und immer etwa dreißig Jahre alt.

Thema: die Insel Avalon oder Emain Ablach

Erklärung: Avalon bzw. Emain Ablach ist raum- und zeitlos, weshalb man dort kein Alter und keine Leiden, aber auch keine Arbeit und keine unterschiedlichen sozialen Klassen kennt. Die Insel dient als Sinnbild des weit Entfernten. Die alten Kelten waren für ihre Seefahrten berühmt, die der Suche nach Avalon dienten. Auf diese Weise haben sie zwar nie das Seelenland, dafür aber viele neue Länder entdeckt.

Thema: die Fahrt zur Insel der Feen

Erklärung: Die Insel der Feen wird auch als das Paradies oder die Seelenfurt bezeichnet und ist jener Warteraum, aus dem die Menschen stammen. Das Streben nach der Entdeckung dieses Reichs ist die einzige, die Große Suche, die stets in die Nachbardimension, in das Totenreich, in die Feinstoffwelt der Seele führt. Hier warten die Seelen auf ihre Wiedergeburt. Weil sie zu diesem Zweck durch den Totenfluß schwimmen müssen, spricht man auch von der Seelenfurt. Da die Seele nun frei vom Körper ist und das erhält, was sie denkt, nennt man die Insel auch das Paradies. Als Feenreich gilt sie, weil die Feen hier in ihrem feinstofflichen Körper leben. Feen sind jedoch keine Naturgeister, sondern Halbgötter.

Thema: die ewige Wiederkehr in dauernd neuen Gestalten

Erklärung: In der keltischen Weltvorstellung gibt es keine Evolution vom Niederen zum Höheren, sondern dasselbe tritt in sich wandelnder Gestalt immer wieder neu hervor. Das Dasein tritt auf der Stelle; es gibt keinen Fortschritt, sondern nur die ewige Wiederkehr des immer Selben!

NACHTRITUAL – SICH KRAFT VON EULEN UND STERNEN HOLEN

Dieses Ritual findet nachts bei klarem Himmel statt, der Vollmond ist willkommen. Durch Naturrituale werden wir uns der Naturobjekte bewußt. Ein Ritual hilft uns also bei der Erweckung unserer Naturkräfte, indem wir sie uns durch Schau und Beobachtung vergegenwärtigen und im Ritual mit ihnen in Kontakt treten. Natur und Ich sind von einem Geist, das ist der Grundsatz. In diesem Ritual wird das Geheimnis der Nacht dafür verwendet, um unsere Introspektion zu stärken und zu erforschen.

1. Phase: An einem gemeinsamen Treffpunkt wird das Vorgehen bei diesem Ritual wird erklärt. Dann ruft jeder laut jene Naturwesen an, die ihm wohl gesonnen sein mögen und die er kennenlernen möchte.
2. Phase: Nun ziehen sich die Teilnehmer zurück, um sich einen Ort zu suchen, an dem sie alleine die Nacht über sitzen wollen. Sie beobachten den Himmel vom stillen Berg oder von einem Baumwipfel, einem Felsen, oder einer Wiese aus. Vielleicht sitzt auch einer vor den Nachtbäumen oder liegt an dunklen Baumwurzeln – je nachdem, mit welchen Nachtwesen er in Kontakt treten möchte.
3. Phase: Jetzt ruft jeder die Nachtwesen an und versucht, sich hinzugeben, hinzuhorchen und ein aufnahmefähiges Gefäß zu sein. Wir schlafen nicht etwa ein, sondern durchwachen lauschend die ganze Nacht.
4. Phase: In der Morgendämmerung gehen alle zum Treffpunkt zurück, wo sie gemeinsam den Sonnenaufgang erwarten und dann ein Sonnenaufgangsritual durchführen. Hierbei opfert jeder etwas von sich in die Sonne – seine Schwäche, seine übertriebene Stärke, seine Angst oder seinen Haß. Danach versucht jeder, sich mit dem Sonnenball eins zu fühlen: „Ich bin die Sonne und gehe auf in der Welt."

Sternenritual: Ich bin alles

Ich bin nicht allein im Kosmos! Das sagt jeder auf seine Weise, wenn die Gruppe auf der mondhellen Wiese unter dem Nachthimmel steht. Jeder teilt mit, warum er bei aller kulturellen Einsamkeit letztendlich nicht im Universum allein ist. Dieses Ritual dient der Bewußtwerdung der universellen Verbundenheit aller Lebewesen in diesem Kosmos. Es geht darum, sich als eines der vielen Teile im Strom der kosmischen Wesen zu fühlen – unabhängig davon, wie gut oder schlecht es einem geht, wie vereinzelt man sich im Kulturgetriebe fühlt oder wie sehr man am Menschsein leidet. Es soll die Erinnerung an unsere wahre kosmische Natur als Kind des Kosmos aufkommen. Ganz gleich, wie verdunkelt und bewußtlos unsere Seele und unser Herz auch sein mögen, das kosmische Leben fließt durch uns hindurch und läßt sich nicht leugnen. Wie klein und unbedeutend wir uns im letzten Winkel des Kosmos auch immer fühlen mögen, wir sind ein Teil des Ganzen – mehr noch, ein unentbehrliches Teil und sogar noch darüber hinaus sind wir der Kosmos im Kleinformat, denn das Ganze spiegelt sich stets hundertprozentig in jedem Kleinen wider. „Ich bin der Kosmos!" kann also jeder getrost von sich behaupten. Das ist der entscheidende Satz zum Erwachen.

Nachts, nachdem die Gruppe sich besprochen und der Leiter Sinn und Ziel des Rituals erklärt hat, gehen alle leise zu ihnen günstig erscheinenden Plätzen, stellen sich nackt hin und beginnen mit der Anrufung des Kosmos. Es ist eine ungeheuerliche Tat, wenn ein kleiner Mensch das Ganze anruft. Ein kleiner Mensch will alles sein, doch das gelingt ihm nur, wenn er sich von der Kultur entkleidet und ganz Natur wird – das ist das Geheimnis. Du stehst auf deiner nachtgrünen Wiese, auf deiner schmalen Felsnase, du hockst im Eichenwipfel oder liegst breitbeinig am Flutstrand. Dort weidest du dich am sternenübersäten Himmelszelt und spürst die Einheit, die der Nachthimmel in dir heraufbeschwört. Du läßt nicht locker, stundenlang nimmst du das Ganze auf, schwelgst in der Nachtgöttin, läßt nie in deiner Hin- und Aufgabe nach, identifizierst dich mit dem Hauch der Äonen, schreibst deinen geheimen Namen in der Nachtschrift tiefster Gefühle in die Milchstraße ein und gibst endlich die harmlose Beschränkung des Menschseins auf. Höre endlich auf, Mensch zu sein, denn das ist ein Gigantenunterfangen! Sei nicht zimperlich, sondern weide dich an kosmischen Größen und Gesetzen, lasse den kulturellen Hampelmann hinter dir, wirf alle Kulturanzüge weg und – opfere dich. Das ist das Sternenopfer! Werde Stern und fange endlich an, aus dem Ganzen zu leben.

Nach dem Ritual trifft sich die Gruppe nochmals, um sich über ihre Empfindungen auszutauschen und eine Zeremonie zur Vereinigung aller Anwesenden, aller Menschen, aller Wesen durchzuführen – unabhängig davon, wie unterschiedlich ihre Leben, Gefühle und Ansichten auch sein mögen, denn wir alle sind der Gottheit vielfarbiges Kleid.

RITUAL HEISST SAMMLUNG IM FEINSTOFFLICHEN

Ritual heißt Sammlung im Feinstofflichen
mittels Gefühlen und Sinnbildern.

Die Natur spricht durch das Schweigen, weshalb nur, wer selbst schweigt,
etwas von den plasmatischen Geheimnissen in ihrer breiten Brust erfährt.

Das Vielweltenprogramm

Einige Rituale und Übungen führen einen in eine Welt, die mit unserem logisch arbeitenden Gehirn nicht mehr erfaßt und auch nicht mehr beschrieben werden kann. Dadurch bleibt diese Erfahrung vorsprachlich; sie sickert nicht in unser Gehirn ein, und wird also nicht ein Teil unserer üblichen menschlichen Wirklichkeit. Weil wir derart sprachorientiert sind und nichtsprachliche Eindrücke nicht übernehmen können, ist die menschliche Wirklichkeit so beschränkt und einseitig. Andererseits sind diese nichtsprachlichen Eindrücke einer anderen oder neuen Ordnung des Seins so überzeugend, daß wir auf einer unbewußten Ebene sehr wohl in ihr zu leben vermögen. Tatsächlich leben Wesen in vielen verschiedenen Weltebenen und Bedeutungswelten gleichzeitig, so daß man keinesfalls von einem eindimensionalen Menschsein sprechen kann; eindimensional ist nur die Vorstellung, wir würden in einer eindimensionalen Welt leben.

Ritual und Rhythmus

Dieser fundamentale Punkt, ein Wissen mittels Rhythmus in die eigene körperliche Gesamtheit absinken zu lassen, bis es dort völlig eingeflossen ist, kann das „Warum" der so zahlreichen, verstandesmäßig sinnlosen Wiederholungen in den Reden des Buddha klarstellen, wie auch jener Wiederholungen, die sich in Gebeten, magischen Invokationen usw. bis hin zur unterstützenden Anwendung von Atemtechniken im Hatha Yoga finden.

\- Julius Evola -

Alle Rituale verwenden instinktiv die Wiederholung, indem sie Töne oder Körperbewegungen rhythmisch einsetzen. Durch rhythmische Wiederholung verlieren wir unsere Zwangsgedanken und Zwangskonzepte, die vom Wellenfluß des Gleichmaßes hinweggeschwemmt werden. Fließend öffnen wir uns und werden Seelenfluß – das heißt, wir nehmen tiefer wahr und kommen der Wurzel des Seins näher als durch strukturierte intellektuelle oder emotionale Programme.

Magische Invokationen, Anrufungen und Atemtechniken dienen demselben Zweck. Wenn man sie anwendet, reduziert sich die Vielzahl der Gedanken auf einen einzigen. Das Denken kommt eigentlich nur zustande, wenn Arhythmie vorherrscht. Durch den sich wiederholenden Rhythmus oder die Wiederholung des Immergleichen versiegt es jedoch und geht darin unter. Dieser Zustand kann im negativen Sinne dazu benutzt werden, um den Menschen bestimmte Inhalte einzuflößen. Das geschieht z.B. im Zuge der Wiederholung von Werbung und beim wiederholten Vorbeten von Gedanken, Gebeten oder Thesen, worauf schließlich jede Form der Propaganda und Volksbeeinflussung beruht – nämlich auf dem ständigen Wiederkäuen desselben Unsinns, bis man ihn selbst wiederholt und dann notgedrungen glaubt. Bei der zur Ichlosigkeit führenden Wiederholung handelt es sich jedoch um etwas anderes, denn sie verwendet ausschließlich den reinen Rhythmus, ohne ihn mit bestimmten Inhalten oder Informationen zu unterlegen. Eine Gefahr besteht nur dann, wenn hinter dem vordringlichen reinen Rhythmus eine Information versteckt wird, damit diese leichter ins Unterbewußtsein eindringen kann. Der Rhythmus hat also sowohl eine helle als auch eine dunkle Seite. Kurzum: Der Intellekt liebt die Arhythmie und die Seele den schaukelnden Takt.

Wahrnehmung mit dem Ohr

Die Wahrnehmung über das Ohr ist – wie man rasch bemerkt, wenn man sich darauf konzentriert – reiner als die mittels anderer Sinne. Die Augen sind recht schnell korrumpiert, die Ohren aber bleiben kindlich unbeeinflußbar. Die Ohren stehen dem Herzen näher, denn Klänge lassen sich nicht so leicht versozialisieren. Das Ritual „Sehen mit dem Ohr“ ist eine wundervolle Übung; wer will, kann sich dabei die Augen verbinden. Die Welt des Hörens ist durchaus eine Alternative zu der des Sehens. Tatsächlich gibt es tausend Sinne tausender von Wesen und damit tausende von Welten. Wie beschränkt lebt der Mensch also? Ritual bedeutet letztendlich, so viele Sinne wie möglich zu aktivieren. Damit enthebt sich der Mensch dem Menschsein, denn die Einschränkung der Sinne auf die Hörwelt ist der einfachste Weg zur Verinnerlichung. Ton ist Seele pur.

Der Urton

Bei diesem Ritual geht es darum, den Urklang der Schöpfung zu hören, oder genauer gesagt den Klang des eigenen Wesens. Es wird alleine ausgeführt und kann mehrere Tage lang dauern. Suche dir einen absolut stillen Ort, verschließe deine Ohren mit Wachs und lausche, lausche, lausche! Hinter dem Alltagsrauschen stehen jene Urklänge, welche die Schöpfer des Stoffs sind. Die Wurzel des materiellen Universums strahlt einen Ton ab und ist letztendlich selbst der Urton. Dabei handelt es sich um einen Astralton, nämlich um die Schwingung des feinstofflichen Plasmas, das die Struktur für die Materie vorgibt. Stoff ist geronnener Plasmaton!

Im Psychischen gibt es keine Zeit, dafür aber Bilder, die nicht in einer Abfolge stehen, sondern jedes für sich selbst. Wer sich also auf die Plasmaebene begibt, wird den Urklang der Schöpfung hören. Plasmabilder können in Form und Materie abstürzen – sprich: ein Leib werden. Daher sind die Körper aller Lebewesen nichts anderes als abgestürzte Bilder bzw. *Astral-Leichen*. Das Leben ist ein *astraler Friedhof*! Alle materiellen Dinge sind ausgeklungene, zum Stillstand gekommene Klänge, verkalkte Töne aus der Plasmawelt, zu materiellen Dingen verzauberte Urklänge. Wir können den wahren Klang der Stofformen nur durch das Auffinden der Urtöne erlösen, die sie ursprünglich ausmachen. Nur der Klang eines Wesens oder Dinges ist dieses wahrhaft selbst, nicht seine geronnene Struktur, die nur sein Abbild darstellt. Nur der Klang kann die Komplexität einer Form zusammenfassen und *sein*. Die Materieform bleibt immer ein Schatten ihrer selbst. Die materielle Welt, wie wir sie sehen, ist ein Symbol, und die Gestalten sind nur Schein.

Das Urritual der Lebensbegierde

Das Leben aller Wesen, ohne Ausnahme, wird aus der Tiefe von einer urtümlichen Kraft aufrechterhalten. Das Wesen dieser Kraft ist Begierde: ein Hunger, der nie Befriedigung erfährt, ein Sich-Abkämpfen ohne Ende, unwiderstehliche Notwendigkeit und blindes, wildes Verlangen ...

Wie von einem Wunder und wie von einem Schrecken sprechen die Weisen, wenn sie von Ihr berichten. Folgende Namen wurden Ihr gegeben: Universales und lebendiges Feuer, Stoff, grüner Drache, Quintessenz, Prima Materia, Großes Magisches Agens.

- Julius Evola -

Die Lebensbegierde ist das Reich des Plasmas bzw. der Seele. Rituale für die Seelenbegierden sollen bewirken, daß wir uns dieser wilden Kraft bewußt werden, um ihr so – zumindest gelegentlich – *nicht* zu unterliegen. Zudem muß sie anerkannt, also rituell geheiligt werden – jedes Ritual anerkennt und heiligt. Heilig ist, was nicht abzuändern ist. Im Ritual geht es darum, sich bewußt zu werden, in welchem Strom wir schwimmen und einen kurzen Überblick über unser begierdenreiches Leben zu erhaschen. Das geschieht zum Beispiel, indem sich jeder Teilnehmer nach einem Vortrag über die Lebensbegierde – sprich: unseren Urinstinkt – auf dessen körperliche Auswirkungen besinnt. Danach stellt entweder jeder einzelne seine persönliche Form der Lebensbegierde dar, oder der Leiter gibt ein Ritual für alle vor. Man kann auch beides miteinander verbinden.

Das Ritual des Ichs

Sei dir bewußt, daß diese Wesenheit, die mit den gefühlsmäßigen und irrationalen Kräften verschmilzt, dann nach unten sinkt, um mit der Kraft einszuwerden, die die tiefen Funktionen deines physischen Lebens aufrechterhält. „Wille", „Denken", „Ich", was vermögen sie im Hinblick auf diese fundamentalen Funktionen? Sie bleiben zu ihnen rein äußerlich. Parasiten ähnlich leben sie davon, ziehen daraus ihre innersten Lebenssäfte, können aber nicht bis zur tiefsten Wurzel hinein- und hinuntersteigen.

- Julius Evola -

In der Tat nähren sich Ich, Denken und Wille allein aus der Begierde: Das Ich ist eine Zusammenfassung aus Begierde, Denken und Wille und besteht aus den ins Wachbewußtsein gehobenen Aspekten dieser drei. Wer sich bewußt werden will, das Wille, Denken und Begierde nur emporgestiegene Echos unserer emotional-plasmatischen Welt sind, muß Rituale durchführen, die uns das Werden und Wesen dieser Tiefenwelt zu Bewußtsein bringen. Das sind wichtige Rituale, die uns mit dem Ursprung der Plasmadimension verbinden. Da im Ritual alles, was eigentlich nichtmateriell ist, materiell dargestellt wird, kann das nur symbolisch, also auf dem Weg der Übersetzung erfolgen. Jeder Initiand kann nun erfahren, wie sich die Tiefenwelt auf materielle Weise zum Ausdruck bringt, indem er sich in den Urgrund hinabfallen läßt; genau darin besteht entsprechend die erste Übung des Rituals. Diese Erfahrung konkretisiert sich dann in Bildern und Themen, die zur Grundlage des Rituals werden. Hier kann man nichts vorgeben. Jedem Ritual geht also eine *Abtauchübung* voraus, da wir neue, spontane Rituale entwerfen müssen und nicht auf alte zurückgreifen können.

Die Unwirklichkeit von Ich und Stammes-Ich

Du, der du dich der „Wissenschaft der Magier" zugewendet hast, sei stark genug für diese Erkenntnis: Du bist nicht das Leben in dir. *Du existierst nicht. „Mein" kannst du überhaupt nichts nennen. Das Leben, das besitzt du nicht – es besitzt vielmehr dich. Du erleidest es. Und du unterliegst einem Wahnbild, wenn du glaubst, daß diese Spiegelung eines „Ichs" bei der Auflösung des Körpers unsterblich weiterbestehen könnte ...*

- Julius Evola -

Ein individuelles Ich ist die erste und größte Täuschung des Menschen. Das Ritual hat zuallererst die Aufgabe, diese billige Illusion durch das Größerwerden des Ichs und durch die Identifikation mit allem, mit der ganzen Natur zu zertrümmern. So vergrößert, erleidet das Ich ein erstes Zerrinnen. Es ist nun Großes Ich geworden, Stammes-Ich, Welt-Ich, aber noch ist es Ich. Erst in einem letzten Schritt mag es wenigen gelingen, auch das Welt-Ich zu zertrümmern und über die materielle Naturwelt hinaus in die Seelen- und Geistwelt zu gehen. Zwar heißt es in den alten Überlieferungen, der Mensch stamme nicht von der Erde, er sei von den Göttern künstlich geschaffen und gehöre also nicht zur Entwicklungslinie der irdischen Spezies; andererseits jedoch wurden offensichtlich Aspekte der irdischen Entwicklung benutzt und mit jener von Außerirdischen kombiniert, so daß der Mensch sich zumindest zur Hälfte irdisch nennen darf. Im Ritual nun verbinden wir uns zuerst mit der Naturwelt unseres Planeten. Wenn das einigermaßen gelungen ist und sich das Ich so zum Natur-Ich ausgeweitet hat, geht es darum, die Welt hinter der Welt, den Plasmaozean der seelischen Urformen zu ergründen, dort einzutauchen und selbst Urmatrix zu werden.

Im Ritual löst sich das individuelle Ich auf. Statt dessen gebärt sich ein Stammes-Ich, das Teil des Kollektiv-Ichs der Menschheit ist. Und vielleicht ist auch das Menschheits- und Stammes-Ich nur ein Übergang, ein Durchgang zum Tier- und schließlich dem Materie- und Natur-Ich, weil sich alles Sein zusammenzieht und wir wieder ganz Natur, alle Natur werden, Keim und Seele von allem. Damit wird die Einheit hergestellt, die Dualität der Organismen aufgelöst und Wahrheit erlangt, denn Mensch und Natur sind nicht zweierlei, sondern ein und dasselbe.

Daß dieses Ritual nur in wilder Natur, an gefährlichen, unzugänglichen oder erhabenen, schönen Orten stattfinden sollte, ist offensichtlich.

Das Ritual des Abwerfens von Kultur und Ich

Im Leben einzelner Menschen gibt es Momente, in denen sie spüren, wie plötzlich alles, was ihnen sicher schien, zu schwanken beginnt, ihre Erkenntnisfähigkeit wie gelähmt ist und auch die Lockrufe ihrer Leidenschaften, Gefühle und was sonst noch ihr Leben antreibt und bewegt, verstummen.

Auf seinen eigenen Wesensmittelpunkt zurückgeführt, steigt dann vor dem Menschen ganz nackt das Problem aller Probleme auf: Wer bin ich?

Fast immer wird dann auch klar und deutlich, daß alles und zwar nicht nur das, was man im täglichen Leben, sondern auch das, was man im kulturellen Bereich tut, schlußendlich nur dazu dient, sich zu zerstreuen, um sich den Anschein und Vorwand eines „Zieles“ zu schaffen, um ja irgend etwas zu haben, was einem gestattet, nicht tief nachdenken zu müssen, und auch einen genügend großen Schleier schafft, um vor sich selbst das zentrale innere Dunkel zu verbergen und der existentiellen Angst zu entkommen.

In einigen Fällen kann eine solche Krise einen katastrophalen Ausgang nehmen. In anderen reagieren die Menschen, rütteln an sich. Die Macht einer tierischen Kraft, die nicht sterben will, behauptet sich aufs neue, verwischt alles, was in solchen Erfahrungen aufleuchtet, und macht glauben, daß es sich nur um einen Alptraum gehandelt habe, um einen Augenblick, getrübt von Gehirnfiber und nervösem Schwindel. Und so macht man sich daran, ein neues Kompromißgebilde zu schaffen, um zur „Wirklichkeit“ zurückzukehren.

Dann gibt es den Menschen, der abspringt. Das existentielle Problem, das er verspürt hat, wird für ihn, der unfähig ist, es in seiner Gesamtheit zu erfassen, zum bloß „philosophischen Problem“, und das Spiel beginnt von neuem. Eine neue „Wahrheit“ und eine neues „System“ werden geboren, man täuscht Licht im Dunkel vor, und da man weitermachen will, gibt man diesem Wunsche neue Köder zum Fraße. Oder eine andere, gleichwertige Lösung: Man liefert sich passiv traditionalistischen Strukturen, dogmatischen Formen und stereotypen Autoritäten aus, die, eines lebenden Inhaltes entleert, sich als blasse dogmatische und Hingebung verlangende Gebilde darbieten.

Andere jedoch bleiben fest. Etwas Neues und Unwiderrufliches ist in ihr Leben eingetreten. Sie wollen den Kreis, der sich fest um sie geschlossen hat, aufbrechen. Sie lösen sich von Glaubensrichtungen, sie lösen sich von Hoffnungen. Sie wollen die Nebel lüften und sich einen Weg bahnen. Die Erkenntnis von sich und an sich, des gewaltigen Seins – das ist es, was sie suchen. Ein Zurückkehren gibt es für sie nicht mehr.

- Julius Evola -

Das Ritual „Bin ichlos"

Die wahre Seinserfahrung ist nur ohne Icherfahrung möglich, was das Abwerfen alles Kulturellen voraussetzt. Das ist ebenso einfach wie unmöglich zugleich. Einfach, weil das reine Sein immer da ist und nur hinter einem Vorhang an Unwissen – sprich: Kulturwissen – schlummert, und schwer, weil das Unwissen so vordergründig dominiert. Es ist einfach, weil man sich nur ruhig hinzusetzen und der Stille sowie dem Augenblick lauschen muß, und schon ist es da, das Nichts, das große Geheimnis, das Alles. Dann fällt die Kultur wie Schuppen von uns ab. Und doch ist das nur der Beginn eines noch tieferen Vorstoßes ins Alles bzw. Nichts. Das setzt Krise und Bewußtseinswandel bzw. geistige Erhöhung voraus. Echte Seinserfahrung ist also der erste Schritt.

Das Ritual „Bin Seele, nicht Körper"

Viele Jahre sind nunmehr vergangen, seit mir zum ersten Mal die Immaterialität, das Freisein von der Stoffgebundenheit ins Bewußtsein drang.

- Julius Evola -

Und auf einmal, während ich sprach und zuhörte, da fühlte ich anders: Das Leben, die Welt, alles; ich erkannte plötzlich meine eigene Unkörperlichkeit und die radikale, selbstverständliche Materielosigkeit des Universums.

- Julius Evola -

Ich spürte, daß ich ein unsagbar abstrakter, dimensionsloser Punkt war; ich spürte, daß sich in diesem Punkt, in seinem Inneren, alles befand, in einer Art, die überhaupt nichts Räumliches an sich hatte. Es war die vollkommene Umkehrung der gewöhnlichen menschlichen Empfindung; nicht nur, daß das Ich den Eindruck verloren hatte, im Körper enthalten oder

zumindest lokalisiert zu sein; nicht nur, daß es die Wahrnehmung der Unkörperlichkeit des eigenen Körpers erwoben hatte, sondern es spürte überdies den eigenen Körper innerhalb seiner selbst, es spürte einfach alles sub specie interioritatis (unter dem Gesichtspunkt der Innerlichkeit). [...] Es ist natürlich ebenso falsch, von einem Bewusstsein zu sprechen, das in einem Körper enthalten ist, wie von einem Körper, der in einem Bewußtsein enthalten ist.
- Julius Evola -

Wir sind unkörperlich, und das gehört zur Seinserfahrung. Eine körperliche Seinserfahrung ist auch möglich, aber sehr beschränkt. Doch auch sie ist spirituell, denn hier wird sich die Seele bewußt, daß sie einen Körper *besitzt*, aber dieser nicht ist. Der Begriff des Rituals läßt sich als die Erfahrung der eigenen Person als Nicht-Ich zusammenfassen, denn ich erlebe mich darin als nichtmaterieller, ausdehnungsloser und doch alles einbeziehender Punkt.

Das Ritual der materiellen Seinserfahrung

Wenn ich als Seele nicht mein Körper bin, kann ich vom seelischen Standpunkt aus meinen Körper und damit auch mein Schicksal lenken. Die Seele lenkt, der Körper schwenkt; sie ist die Herrin. Wenn ich das anerkenne, folgt daraus, daß der Körper ein Spiegelbild meiner Seele und daher heilig und behutsam zu gebrauchen ist. Dieses Ritual besteht aus der Verehrung der Materie, unseres Körpers, der stofflichen Schönheit und der symbolischen Funktionen des Stoffs, denn die Materie ist immer ein Spiegelbild der Seele. Genau darauf basieren die typischen Naturverehrungsrituale. Man nimmt einen Baum in die Mitte, umkreist oder umtanzt ihn, meditiert an seinen Wurzeln, schmückt ihn, umarmt ihn und erfährt ihn so als Lebewesen der anderen Art. Das steht im Zentrum der Naturtherapie; die Anderen als Menschen anderer Art zu erkennen und sich in einer großen Gemeinschaft von Lebewesen aller Formen und Arten zu bewegen ist das Wunder und überschreitet dieses eintönige, engstirnige Nur-Mensch-sein-wollen.

Das Ritual „Erst wenn ich ichlos werde, erwerbe ich ein Ich"

Der erste Schritt, den der Mensch tun muß, sucht er Den Weg, besteht darin, das gewohnte Bild von sich zu zerstören. Er kann erst dann Ich zu sagen beginnen, wenn diesem magischen Wort auch die innere Vorstellung entspricht, die darauf gegründet ist, daß man sich ganz ohne Raum-, Zeit- und Machtschranken spürt. Die Menschen müssen erst die Wirklichkeit ihrer selbst wahrnehmen lernen. Jetzt machen sie nichts anderes, als sich zu beschränken und sich abzublocken, da sie sich anders und kleiner fühlen, als sie sind; jeder ihrer Gedanken, jede ihrer Handlungen ist ein Gitterstab mehr zu ihrem Gefängnis, ein Schleier mehr über ihr Gesicht, eine Verneinung mehr über ihre Macht. Sie schließen sich in die Umgrenzung ihres Körpers ein, sie heften sich an die Erde, die sie trägt; es ist, als ob ein Adler glaubte, Schlange zu sein und am Boden entlang kröche, ohne um seine Schwingen zu wissen. Und der Mensch ist nicht nur ein Ignorant seiner selbst, der sich verunstaltet und verleugnet, sondern er wiederholt auch den antiken Mythos der Medusa und versteinert alles, was ihn umgibt; er beobachtet und berechnet die Natur nur nach Maß und Gewicht; er begrenzt das ihn umgebende Leben in kleinmütigen Gesetzen und schreitet mit dünnen Hypthesen über die Mysterien hinweg; er gefriert das Universum zu einer statischen Einheit und setzt sich an den Rand der Welt, schamvoll, untertänig, wie ein zufälliges Sekret, ohne Macht und ohne Hoffnung.

- Julius Evola -

Das Ritual „Vom Ich zum Universal-Ich"

Der Mensch ist der Mittelpunkt des Universums. Alle eisigen und glühenden Materiemassen in den Myriaden von Welten wiegen in der Waage der Werte weniger als die einfachste Veränderung in seinem Bewußtsein. Die Begrenzungen seines Körpers sind nur Wahnvorstellungen; er stützt sich nicht nur auf die Erde, sondern ragt über die Erde hinaus in die kosmischen Räume. Bewegt er einen Gedanken oder einen seiner Arme, bewegt sich eine ganze Welt mit ihm; tausend geheimnisvolle Kräfte werfen sich ihm mit schöpferischer Einladung entgegen, und doch sind alle seine täglichen Handlungen nur bloße Karikaturen dessen, was ihm göttlicherweise zufließt"

- Julius Evola -

In der Seinserfahrung entfaltet sich unser Ich zum Universal-Ich. Das Ich ist ein Echo des Universal-Ichs und heilig, weil es die Möglichkeit in sich enthält, alles zu sein. Das kleine Ich ist in Wahrheit ein großes Ich. Wenn man jedoch erst einmal entdeckt hat, daß Gott läßt sich nicht verkleinern läßt, sondern nur die Illusion der Kleinheit zuläßt, kann es kein kleines Ich mehr geben. Insbesondere ergänzen und verstärken die Kulturkonzepte den Glauben ans kleine Ich.

Das Ritual der göttlichen Analogien

Und wenn du weiterschreitest, wirst du lernen, Sie tatsächlich auch als Licht zu erkennen: ein elementares Licht, das in der Art von Wirbel-Naturen die „Signaturen" aller Dinge in sich birgt; ununterschieden, gleichzeitig Idee, Substanz und Bewegung, physisch und psychisch; unterschiedslos gegenüber Gut und Böse und gegenüber jedweder Form, mit der plastischen Fähigkeit, sich in sie alle zu verwandeln. Blindes Streben, in dem Idee und Wirklichkeit ein einziges bilden, im Nu; „Magie", wie in jenem Abbild dieses Lichtes, wie in jenem „Wege" zu diesem Licht, der da im Menschen Macht der Imagination heißt.

- Julius Evola -

Jenseits des Natur-Ichs und der Seelenwelt liegt die Welt der Analogien, in denen das ganze Sein gespeichert ist. Dort erkennen wir, daß jedes Teil in sich alles andere enthält, alle Naturen eine Natur sind und das ewig Verschiedene in Wahrheit das Immergleiche ist. Das ist die höchste Ritualerkenntnis. Mit dem Begriff „Analogie“ ist gemeint, daß jeder Tatbestand und jedes Ding der Welt ein Abbild der Ur-Ganzheit ist, wie sehr es sich auch immer als vom Ganzen unabhängige Individualität darstellen mag.

In der Praxis bedeutet das, daß diesem Ritual Grenzen gesetzt sind und es bestenfalls rein materiell-symbolisch durchgeführt werden kann, weil wir Menschen diesen Zusammenhang kaum verstehen und noch weniger erfahren können. Daher bedarf dieses Ritual großer Vorbereitung in Form langer Meditationen und Visialisationen sowie Tiefenreisen. Nach einer solchen Tiefenreise sollte jeder seine Erfahrung in der Hoffnung darstellen, anderen dadurch einen Anreiz zum Erwachen zu bieten, denn viele Menschen vollziehen die Reduktion der Vielfalt auf eine Einheit in Gestalt von Analogien nicht nach, weil ihnen das vollkommen erkünstelt erscheint. Sie lernen und üben sich jedoch, indem sie die Erfahrungen anderer hören. Logische Diskussionen sind hier ebenfalls von großer Bedeutung. Der nächste Schritt besteht darin, ein vages Gefühl für die Ausstrahlung des Göttlichen in Analogien zu erlangen.

Ritual bedeutet nicht, abstrakte Gespräche über das zu führen, was man nicht kennt, wie zum Beispiel über geistige Hierachien und andere Geistwelten – also Gespräche, die rein intellektuell und sprachlich bleiben, aber frei von jeder Erfahrung sind. Das Studium intellektuell erdachter Systeme und Geisthierarchien ist unter den Schwachen, deren Angst sie an blasse Gedankenschemen bindet, immer schon groß in Mode gewesen. Angst bedient sich immer des Denkens, Mut aber der Erfahrung. Da Erfahrung die Mutter allen Denkens und Wollens ist, ist es besser, sich dem mütterlichen Urquell zuzuwenden, statt ihrem degenerierten und ermatteten Kind, dem Intellekt. Die Untersuchung der Welt mittels Denken und Sprache ist eine berechtigte Möglichkeit, die zwar blaß und schwächlich sein mag, aber durchaus ebenfalls zur Mutter der Erfahrung hinführen kann. Das Denken ist ein erster schamvoller Schritt, der jedoch sogleich zur Mutter führt, weil es ja nur deren Echo darstellt. Das Denken ist in Wahrheit eine Rutschbahn hinunter zur Tiefenerfahrung, denn es stellt weitaus mehr dar, als es scheint, weil es sich dabei um eine verfestigte Vorstufe des Gefühls oder umgekehrt in Worte und Konventionen geronnenes Gefühl handelt, das durch die Logik der Sprache strukturiert wird.

Selbstbespiegelung

Hier geht es darum, sich im Spiegel zu betrachten und sich dabei direkt in die Augen zu schauen. Das bin ich. Der Spiegel zeigt mir, was ich wahrhaft bin und spiegelt mich kompromißlos zurück. Es gibt keine Fluchtmöglichkeit und keinen Selbstbetrug mehr – das bin ich. Das tut weh. Wenn ich mir in die Augen schaue und mein Gesicht und meinen Körper betrachte, stelle ich bald fest, daß ich das nicht wahrhaft bin. Ich komme an einen Punkt, wo ich sage: Ich habe einen Körper, bin aber nicht der Körper. Dann scheint das erste Licht des Geistes durch, eine unfaßbare, weite, kosmische Geistpräsenz sowie eine Stille, in der es kein Denken, Wollen, Ich und Fühlen mehr gibt. Die Lebenskraft ist erloschen, stoische Stille herrscht und nichts bewegt sich mehr, nur der Geist ruht in sich selbst. Hier sind wir am Ursprung. Nur so können wir uns mit dem abfinden, was wir sind: unvollkommen, vereinzelt, materiell, voller Sehnsucht nach mehr und noch mehr, was aber ein Trugschluß und Irrlauf ist, denn das Mehr besteht im Garnichts, im leeren Geist, der jedoch alle Möglichkeiten enthält und daher selbstgenügsam in seiner Leere verharrt. Er braucht nichts, weil er potentiell bereits alles besitzt und es daher nicht anzurühren, nicht auszufalten braucht.

Geschichtsrituale

Zeremonien rund um die Geschichte vom Weltanfang, von Weltkatastrophen und Stammesschicksalen sind Erinnerungsrituale an das, was war und dienen dem Zweck, sich der eigenen Existenz im Fluß der Geschichte bewußt zu werden, indem man über den eigenen historischen Standort und seine spezifischen Bedingungen hinausschaut. Diese Rituale können wir im Westen nicht ausführen, da wir eine falsche Geschichtsschreibung besitzen, die völlig auf Spekulationen und erfundenen Wahrheiten statt auf der echten Erfahrung unserer Vorväter basiert, die bei den geschichtlichen Ereignissen dabei waren. Wir haben unser alte Geschichte, die Überlieferungen und Mythen (Mythos stammt aus dem Griechischen und bedeutet „wahre Geschichte") verdrängt und durch Mißdeutungen sowie bewußte Desinformation verballhornt. Der westliche Mensch steht tatsächlich in einem geschichtslosen Raum beziehungsweise in einer phantasierten Geschichte. Schwach und schwankend stehen wir im Angesicht des Verlusts unseres kollektiven Schicksals da. Nicht einmal die jüngste Geschichte ist hinreichend bekannt. Die Deutschen etwa haben nicht die leiseste Ahnung von den wahren Hintergründen der letzten Weltkriege, denn falsche Geschichtsübermittlung, die Propaganda der Allierten und die groß angelegte Umerziehung des Volkes nach dem Krieg haben ein restlos irreales Geschichtsbild geliefert. Deshalb ist dieses Volk völlig wurzellos den verstaatlichenden Suggestionen der Siegermächte und ihren Marionetten- und Hintergrundregierungen ausgeliefert und treibt als schlachtreifes Wählervolk aus blökenden Schafböcken seine eigene Schlachtung voran. Bei anderen Völkern ist das keineswegs anders. Nur die alten Stämme haben am meisten Wissen von ihrer wahren Fahrt durch die Existenz aufbewahrt, wovon ein kleiner Teil von Völkerkundlern aufgezeichnet wurde. Geschichtsrituale versuchen, geschichtliche Ereignisse mittels ihrer physischen Darstellung festzuhalten, was effektiver als eine schriftliche Niederlegung ist, weil diese verloren gehen bzw. umgedeutet werden kann und nicht das ganze Volk seelisch durchdringt. Kulturritus bedeutet die Durchdringung und Sättigung mit eigener Geschichte durch lebensspendende, erinnernde Riten.

Viele Riten der Völker erinnern an die Erschaffung des Menschen, an kosmische Katastrophen, große Kriege, Stammeszusammenschlüsse oder an die Aufsplitterung eines Stammes, an die großen Wanderungen über das Land, an die Lebensbedingungen vor den Katastrophen, an bedeutende Menschen (insbesondere an Kulturbringer und Menschenbeeinflusser) sowie an die nicht-menschlichen Wesen aus dem Weltraum oder dem Plasmareich. Diese Riten sind das Gedächtnis der Völker. Das moderne Abendland hat sein Gedächtnis völlig verloren; die alte Geschichte wird als Mythos und Phantasie primitiver Gehirne gebrandmarkt, tatsächlich aber ist *unser* Gehirn durch diese Ablehnung primitiv geworden. Wir befinden uns am tiefsten Punkt des Vergessens und damit der Geschichte.

Das Ritual „Gedanke ist nicht Geist“

Es handelt sich hier um einen Ritus der Trennung von Geist und Gedanken, bei dem es um die Erkennnis geht, daß der Geist nicht mein Gedanke ist. Ich trenne dabei meinen Gedanken ab, lege ihn gewissemaßen wie ein Objekt beiseite. Dann bleibt nur Geist übrig. Dasselbe tue ich mit meinen Gefühlen. Ich muß also erkennen, was ist, was Gedanke und was Geist ist. Dabei nehme ich wahr, daß der Geist immer als Hintergrundrauschen, als ewige Präsenz da ist, auf der Gedanken, Wille und Ich wie Paddelboote hilflos, einsam und irrend umhertreiben.

Hier geht es um den völligen Rückzug aus der Welt. Von äußeren Reizen abgeschnitten steigen in der Stille zuerst alle seelischen Erscheinungen, Erinnerungen, Gefühle und Gedankenkonzepte, alles Wünschen und Wollen in uns hoch, doch bald sinkt all das erschöpft in sich selbst zusammen, und dann blitzt reiner Geist durch.

Das Ritual der Nacht

Von nichts ist der Mensch so schwer zu überzeugen wie davon, daß er wach sei; dennoch ist er in Wirklichkeit in einem Netz gefangen, das er sich selbst aus Schlaf und Traum gewebt hat. Je dichter dieses Netz, desto mächtiger herrscht der Schlaf; die darin verstrickt sind, das sind die Schlafenden, die durchs Leben gehen wie Herdenvieh zur Schlachtbank, stumpf, gleichgültig und gedankenlos.

- Julius Evola -

Die Nachtübung bzw. die von mir entwickelte Dunkeltherapie ist *das* individuelle Grundritual (siehe dazu mein Buch *Dunkeltherapie*, Koha-Verlag 2004). Die Dunkelheit verschlingt schnell die sogenannte Individualität sowie auch unser kollektives Ichbild und unsere Kultur überhaupt. Es zeigt sich, daß die rationale Welt nur eine hauchdünne Oberfläche ist, die sich über ein Meer des Unbekannten spannt. Die Finsternis relativiert rasch all unsere stolzen Anmaßungen und unser großtuerisches Wissen. So werden wir auf jenes Undefinierbare zurückgeworfen, das wir Ich nennen, das nun aber zu zerfallen beginnt und gar nicht real dazusein scheint. In der Finsternis zu sitzen bewirkt die Auflösung unseres Oberflächen-Ichs, so daß ein tieferes Ich und schließlich die Plasmawelt auftaucht, in der es zur Loslösung des Plasmakörpers von seinem physischen Gegenstück kommt. Dafür reicht die Dunkelheit alleine jedoch nicht aus, sondern es bedarf zusätzlicher Hilfsmittel, um in den Bereich des Plasmas vorzustoßen. Der Genuß der Dunkelheit ist jedoch eine einfache und schöne Erfahrung, die mit allen anderen Ritualen verbunden werden kann.

Das Herzritual

Herzrituale bilden den Anfang des Ritenzyklus. Sie stimmen ein und zeigen uns überhaupt erst einmal, wie man aufs Sein hinzulauschen hat, denn ohne diese Fähigkeit bleiben Rituale reine Körperzeremonien ohne Herz. Für Herzrituale kann man sich einiges einfallen lassen. Ich lasse diese Übungen folgendermaßen beginnen: Man setzt sich allein in die Natur und fühlt sich mit dem Herzen in einen Baum, ein Tier oder eine Wolke ein. Es ist schwer, sich nur mittels der Wahrnehmung und ohne die Hilfe des Verstands auf ein derart fremdes Naturwesen einzustimmen, doch das gelingt am einfachsten mit dem Herz, also ohne kritische Reflexion. Man schaut mit Kinderaugen, ohne sich auf Wissen und den Verstand zu verlassen, sondern nur mit den Augen des Instinkts und mit reinem Seelengefühl. Da die Seele nur durch das Herz mit dem Körper in Verbindung steht – das Gehirn ist lediglich eine Sammelstelle für Informationen – müssen wir uns in einen rein gefühlsmäßigen Zustand versetzen, denn das Wesen der Seele besteht im Gefühl der Liebe – dem Urgefühl der Seele und damit auch des Herzens. Das Herz bildet sich im Körper zuerst aus, und umgekehrt sterben wir erst, wenn das Herz bzw. die Verbindung zwischen Herz und Seele zerbricht. Die zweite Übung könnte darin bestehen, daß einzelne Teilnehmer der Gruppe ihre Herzgefühle vorstellen. Dadurch können die anderen dazu inspiriert werden, sich übers Zuhören ihre eigene Herzkapazität als zentrales Lebensagens vorzustellen. Nach diesen beiden Vorbereitungen kommt es zum eigentlichen Herzritual, das sich jede Gruppe selbst ausdenken muß. Hier geht ausschließlich darum, ein kritik- und gedankenloses Gefühls- und Liebeswesen zu werden. Wie sehr auch im Hintergrund Verstand und Kritik lauern mögen, versucht man dennoch, sie zurückzuhalten und sich vom Herzfluß der Herzliebe und des kritiklosen Annehmens anderer Wesen mitreißen zu lassen. Da es schwer ist, andere Menschen mit Herzliebe zu sehen, weil einem immer etwas an ihnen auffällt, das einem nicht zusagt, kann es einfacher sein, sich von ganzem Herzen der nichtmenschlichen Natur zuzuwenden, was in einer Verehrung oder Würdigung der Naturlebewesen gipfelt. Jemand kann einen Hund oder eine Katze mitbringen, die dann zum Zielobjekt des Herzbluts wird, denn Tiere erwecken beim Menschen am ehesten die Seele und lassen viel schwerer Kritik und Deutung aufkommen, weil sie reine Seelenwesen sind. Also: Gleiches regt Gleiches an.

Das Ritual der Umkehrung

Normalerweise ist unser Ego die Bewußtseinsinstanz und das Gehirn unseres Systems. Haben wir aber erst einmal den Zustand des Herz- und Geistrituals erlangt, dann erkennen wir, daß unser Wesenskern im Herz *und* im Geist liegt. Von nun an erfahren wir das Ego als fremd und aufgesetzt; das bisherige Verhältnis kehrt sich also um. Dann wissen wir, daß es sich beim Ego, mit dem wir äußerlich noch immer durch die Welt wandeln, nur um eine künstliche Hülle und nicht uns selbst handelt. Wir spielen weiterhin mit und stellen uns als Ego vor, weil es das einzige ist, was normale Menschen in uns erkennen können, doch zugleich sind wir selbst ganz entrückt und leben aus dem Hintergrund von Geist und Herz heraus. Um das zu üben, berichtet jeder zunächst, so gut es ihm gelingt, über diese Umkehrung, wodurch andere angeregt werden und ihren Geist sowie ihr Herz deutlicher erfahren. Die Erfahrungen anderer anzuhören läßt uns in Resonanz mit ihnen schwingen und den eigentlichen Vorgang klarer erfassen. Dieser Umkehrung sollte dann rituell mit materiellen Mitteln ein Punkt gesetzt werden: Jeder Teilnehmer überlegt sich, wie er Geist, Herz und Ego darstellt, und vielleicht kommt es auch zu einer Gemeinschaftsaktion. Ich gebe keine Rituale vor, weil das nur in blinder Nachahmung ohne Herz gipfeln würde, und das ist nicht der Sinn eines echten Rituals. Die Gruppe muß sich auf sich selbst einstimmen und in ihrem Rahmen, nach ihren Möglichkeiten handeln. So entstehen tausend neue Rituale, was Lebendigkeit schafft, denn das Urritual ist das Leben selbst. Wer erwartet, hier wie in manchen Kreisen und Büchern Rituale vorgekaut zu bekommen, sollte in die Kirche gehen.

Das Ritual der Reinigung von Fleischeslust, Lebensgier und Gedankensucht

Das Ego identifiziert sich mit Körperempfindungen, mentalen Begierden tausenderlei Art und mit der Sucht danach, andauernd Gedanken auszuströmen. Wenn man dieses Ego als falsch erkennt, dann geschieht das durch das wahre Herz und in noch höherem Maße durch das Geist-Ich. Hierzu lassen sich bunte und einfallsreiche Rituale durchführen. Nachdem sich jeder in einer Besinnungsphase alleine des falschen Egos bewußt geworden ist, stellt er es der Gruppe vor. Danach personifizieren die Teilnehmer ihre Begierden und Süchte und stellen sie auf diese Weise dar. Vielleicht gibt eine ganze Gruppe auch das falsche Ego eines Einzelnen wieder, der ihnen erklärt, wie sie das durchzuführen haben. So entstehen einige Gruppen, die dann nacheinander falsche Egotypen schauspielerisch vorführen. Im nächsten Schritt sollten sie auch zur Darstellung bringen, wie sie bzw. der Initiator dieses Ego abstreifen können. Schließlich nimmt auch der zuschauende Teil der Gruppe an der Installation des wahren Egos teil, sofern dies möglich ist bzw. sich ergibt.

Ritual bedeutet also die Konkretisierung und Materialisierung innerer Zustände in Gestalt physischer Akte. Die Darstellungen sollten nicht zu symbolisch sein, denn sonst müssen die Zuschauer zuviel rätseln und verausgaben dabei ihre Kräfte. Es ist hilfreich, wenn die Darsteller ihre Aktion zuvor kurz erläutern; schließlich soll hier kein Rätselraten veranstaltet werden, sondern es geht darum, den Zuschauenden sowie den Ausübenden über das Ritual die Möglichkeit zu verschaffen, sich in den Prozeß einzufühlen.

Im allgemeinen haben wir gedanklich etwas erkannt, was aber keinesfalls heißt, es auch innerlich erfahren zu haben. Der Verstand überwindet ein Hindernis schneller als die Erfahrung. Erst wenn altbekannte Vorstellungen durch den Verlust des Interesses daran überwunden sind, setzt sich das Neue als Erfahrung durch. Es ist also notwendig, daß ein alter Aspekt geht, um einem neuen Platz einzuräumen.

Das Ritual der Verschiebung von Bewusstsein und Ich ins Herz

In der ersten Phase schaffen wir uns eine angenehme Umgebung, in der wir uns gut konzentrieren können. Dort untersuchen wir intuitiv unser Wachbewußtsein, was uns zu der Feststellung führt, daß es sich bei dieser sogenannten Wachheit um nichts als Dumpfheit, Trunkenheit und Betäubung, um ein Nebel aus Unwirklichkeit handelt.

In der zweiten Phase führen wir unser Wachbewußtsein vom Mittelpunkt des Kopfes ins Herz hinein; dann formt sich aus der Kopfimagination eine Herzerfahrung und damit echtes Bewußtsein. Im Gegensatz zu unserer körperlich orientierten Kopf-Wachheit ist das Herz unser wahres Bewußtsein. Die Übertragung der Ich-Empfindung vom Kopf ins Herz geht den gleichen Weg. Mein Ich sitzt nicht im Kopf, sondern ist mein Herz. Das Herz entsteht bei der Entwicklung zuerst, ist als erstes ausgeformt und stellt den Organisator des Körpers dar. Wenn wir sterben, zieht sich die Seele aus dem Körper ins Herz zurück, von wo aus sie sich abtrennt, um in die ihr eigene reine Seelendimension einzugehen. Das Herz ist die Zollstation zwischen der materiellen und der seelischen Dimension; aus diesem Grund ist es der wichtigste Ort unserer Existenz.

Das Ritual der Magie

Magie bedeutet, Gefühle zu fixieren, statisch zu machen oder an etwas zu binden, damit sie *felsenfest* werden. Das bedarf langer Übung. Im allgemeinen stellen wir fest, daß unsere Gefühle flüchtig sind und sich nicht konzentrieren lassen; sie schweben, kommen und gehen und wandeln sich. Wenn ein Gefühl statisch wird und am selben Fleck bleibt, akkumuliert seine Kraft. Dann nimmt es eine quasiphysische Gestalt an und ist nun im Guten wie im Bösen einsetzbar. In diesem Zustand muß es auf etwas ausgerichtet werden. Da Gefühle keine Ideen sind, sondern plasmatische Formen, können sie andere plasmatische Formen beeinflussen, und zwar um so mehr, je unschärfer die anderen Plasmaformen sind. Ein Plasmagefühl ist nichts anderes als ein Faustschlag oder eine Bombe und kann im Psychischen bei erhöhter Konzentration und Schärfe die gleiche Wirkung aufweisen.

Man wählt also ein Gefühl aus und erwärmt es, läd es auf bzw. emotionalisiert es, bis es deutlich an Stärke, Kraft und Realität gewonnen hat. Dazu lasse man sich alle möglichen äußeren Hilfsmittel einfallen, wie zum Beispiel einen dafür geeigneten Ort, an den man die gleiche Konzentration regelmäßig wiederholt, oder ein Objekt, mit dem man die Gefühle assoziiert und das so zum Träger dieses Gefühls aufgeladen wird.

Das Ritual der feinstofflichen Organe

Der erste Schritt besteht darin, daß man sich ein „inneres Umfeld" bildet, in dem die Organe unseres feinstofflichen Körpers ... zur Bewußtheit erweitert werden können in der gleichen Art, in der die Wahrnehmungsfähigkeit unserer physischen Organe ... geweckt wird.

\- Julius Evola -

Ein Ritual ist nur auf den unteren Stufen eine Art Psychodrama, auf den höheren geht es um die Ausbildung und das Erwachen unseres Seelenleibes. Die Seele (siehe dazu mein Buch *Der Stoff, aus dem die Seelen sind*, Koha-Verlag 2004) ist nichts anderes als in vorstofflicher Form organisiertes Psychoplasma. Die Seele ist ein Feinstoff. Im niederen Ritual werden die psychosozialen Bedingungen harmonisiert, im mittleren geht es um die Struktur der Seele sowie um die Gewahrwerdung dieser Zusammenhänge und auf der dritten Stufe schließlich um die Aussendung des Seelenleibes, mit dem dann psychische Arbeit verrichtet wird. Das Kraftfeld der eigenen Seele verändert das anderer Seelen und auch die feinstoffliche Struktur von materiellen Dingen.

Das Ritual der Entidentifizierung

Im allgemeinen bin ich mit meinen wahrgenommenen Reizen identifiziert. Um mich davon zu trennen, bedarf es der Imaginationskraft: Ich stelle mir vor, außerhalb meines Körpers zu sein, über mir zu schweben, meinen Kopf in den Wolken zu haben oder einfach woanders zu sein. Dadurch kann der normale Strom des Sehens nicht so leicht in mich einfallen und mir vorgaukeln, Wirklichkeit zu sein. Es ist auch hilfreich, sich bewußt zu machen, daß die Seele vom Körper unabhängig ist, denn darin besteht die Grundübung allen Rituals: *Ich bin nicht mein Körper!* Dieses Ritual muß dauernd geübt werden, überall, wo ich mich gerade befinde und zu jeder Zeit.

Das Ritual der Reinigung des Herzens

Das Herz muß völlig von allen Anhaftungen befreit sein und seine Kindlichkeit wiedergewonnen haben. Wir bemerken diesen Zustand nach einiger Zeit. Dann hat das Herz alle sonst wie ein Schleier über ihm liegende Subjektivität verloren und ist dröhnende Urwirklichkeit geworden. Von nun an ist es von einer makellosen Objektivität, die kosmische Züge hat. Das kann durch Meditation erreicht werden, aber auch durch Naturempfinden, denn die Natur prägt sich stark in uns ein, wenn wir ihre Reinheit, Unvoreingenommenheit und ihren zwanglosen Lebensinn übernehmen – ihre in echte Größe wuchernde Martialität, die sich nicht um Tod und Untergang kümmert, sondern hineinwächst, ohne nachzufragen, ob das sinnvoll ist. Lebensausbreitung als Lebensinn. Sein. Unser Herz will reines Sein erfahren, markerschütterndes Sein. Die Natur ist als erste Anregung vielleicht die einzige und beste zugleich.

Das Ritual des magischen Spiegels

Nimm einen Spiegel mit an einen schönen, stillen Ort in der Natur. Setze dich davor, sammle dich und schaue dir solange in die Augen, bis dein Bild verschwindet. Zwinkere nicht und klappere auch nicht mit den Augenlidern, sondern bleibe völlig bewegungslos. Der Spiegel sollte konkav gebogen sein (etwa eine biegbare Metallplatte) so daß kein normales, sondern ein verschwommenes Spiegelbild erscheint. Durch die Fixierung des Blicks auf einen einzigen Punkt wird die gesamte Seele aktiviert, und darum nur geht es.

Manchmal haben wir im Schlaf den Eindruck, ins Nichts zu fallen, was Angst erzeugt und zur Flucht ins plötzliche Aufwachen führt. Dabei handelt es ich um nichts anderes als das Gefühl der Ablösung des Plasmakörpers. Da wir es aber nicht vom Körper aus erfahren, weil dieser ohne Plasmakörper erfahrungslos ist, erscheint es uns, als würden wir fallen oder aufsteigen, denn der vom Körper befreite Plasmaleib fällt, schwebt oder steigt tatsächlich vom Stoffkörper auf. Da wir uns jedoch noch als Körper identifizieren, meinen wir, der materielle Körper falle, schwebe oder steige, und das erschreckt irrtümlicherweise, wodurch wir erwachen.

Das Ritual des Loslassens

Wir definieren uns im Alltag über eine Palette kurioser Stereotypen aus der kulturellen Überlieferung, ohne deren Wirklichkeit jemals hinterfragt zu haben. Jetzt, da wir im Ritual des Loslassens begriffen sind, geben wir dem anachronistischen und heraufdämmernden raumlosen Nichts die Chance, sich in uns festzusetzen und lassen Tradition, Kultur und Ichgewißheit widerstandslos davon hinwegschwemmen. Diese erste, wichtigste rituelle Handlung bedarf sehr wohl eines rituellen Rahmens, um uns nicht ganz ins Nichts entgleiten zu lassen und auch, um einen Rahmen zu setzen, in dem dieses geschehen darf. So können wir für unsere Hauptpersönlichkeitsmerkmale, Lebensbedingungen und Überzeugungen einzelne materielle Symbolobjekte einsetzen, die wir dann nacheinander abgeben. Indem wir sie zerstören, versenken oder verbrennen, verringern wir schrittweise unsere Existenz gen Null, bis unser eigentlicher Wesensmittelpunkt in uns aufleuchtet, das Innereste des Innersten. Die Erfahrung des Innersten gibt uns Kraft und Edelmut und läßt uns wie ein Adler über die unter ihm liegende Landschaft über alle Kleinigkeiten der Problemlebens hinwegschauen. Dieses Grundritual ist gewissermaßen jedem anderen Ritual voranzustellen.

Zur Gefahr des Abgleitens in einen passiven Mediumismus

Kaum sind wir dem rationalen Zwang ein Stück entflohen, entwickelt sich in uns meist der Drang, gänzlich loszulassen und uns passiv in einem Meer treiben zu lassen, das eher als Sumpf der eigenen unbewußten Schaumkronen beschrieben werden kann – einer Zusammensetzung aus Einbildungen, Hoffnungen, Instinkten und halbgarem Übersinnlichem, durch Passivität und Zwielicht miteinander verwoben. Außerdem zerfließt in diesem Zustand unser inneres göttliches Zentrum, so daß wir nicht über die den Körper umgebenden und umschwirrenden psychischen Komplexe hinaus kommen. Kurzum: Wir werden ein Medium und zum Opfer von Projektionen sowie dumpfen, unartikulierten, unbefreiten Strebungen, die versteckt in uns ruhen. Dieses Abtauchen ist häufig erschöpfend und ermüdend, weil es hier keine klare, das ganze Menschsein regierende Geistpräsenz mehr gibt. Es geht vielmehr darum, die Übergeordnetheit des Geistes gegenüber allen dumpfen Ichzuständen emporzuheben. Esoterisch gesprochen muß der Geist den Plasmakörper kontrollieren und beherrschen, damit er nicht in somnambule Zustände absinkt, die durch schiefe Bilder, laue Empfindungen und falsche Projektionen verunreinigt sind. Es geht also um die Wiedergeburt, um das Erswachen des Geistes und nicht um ein Abtauchen in die plasmatische Masse aufgestauter geschichtlicher Emotionen.

Was ist ein Traum?

Was sind Träume? Sie entstehen durch die teilweise Ablösung des Astralleibes, bzw. durch das Müdewerden der Rationalität! Da die Verbindung zum Körper jedoch bestehen bleibt, entsteht eine Mischung aus rationalen Gedanken und Seelengefühlen; wenn sich die Seele vom Körper loslöst, erhält sie eine astrale, seelische Beimischung, die wir als Träume bezeichnen. Ich wiederhole: Gedanken und Gefühle der irdischen Art entstehen, wenn die Seele mit dem Körper verbunden ist, doch wenn sie sich im Schlaf teilweise löst bzw. wenn sich die Körperinformation reduziert, nimmt die Seelenerfahrung ihren eigenen Lauf und wird mit rationalen Resten zum Traum vermischt. Träume sind damit Mischprodukte aus dem seelischem Urzustand und den Körperweltreizen. Jedes Schlafengehen ist im Grunde ein passives Ritual, bei dem sich meine Seele vom Körper löst. Davon können wir für unsere bewußten Rituale lernen. Beobachte also die Einschlafphase, denn das ist der Prozeß, der sich beim bewußten Ritual wiederholen muß. Paradoxerweise haben wir beim Einschlafen das Problem, nicht wach bleiben zu können, während es beim bewußten Ritual gerade darin besteht, wach zu bleiben.

Das Ritual der Bilder und Töne

Versenke dich in die Stille. Versichere dich, daß deine Körperfunktionen und deine Vorstellungskraft deinem Willen unterliegen. Stelle dir vor, sie sind beherrscht von der tiefen Wirklichkeit des Geistes. Aus dem Geist heraus lasse Bilder oder Töne, je nachdem was dir leichter oder lieber ist, gebären, diese Bilder oder Töne werden die Fahrzeuge sein, mit denen du deine Kräfte und Willen transportierst. Der Wille bedarf phantasiereicher Schiffe genannt Bild, Ton, Farbe, Gefühl. Kannst du diese Zustände leicht und bewußt hervorzaubern, gestalte sie zu einem Wesen. Diese konkrete Wesenheit aus Tönen oder Strukturen gestrickt bette nun in den Geist ein, wo sie geläutert und gereinigt wird.

- Julius Evola -

Sitze in der Natur und lasse dich von ihren Formen bezaubern. Das ist das Grundritual der Naturtherapie, denn aus dieser Einstimmung entstehen alle Rituale von selbst. Lasse dich von der Natur führen, anstatt selbst ein abstraktes Ritual zu entwerfen. Ritual bedeutet, mit der Naturwelt zu fließen. Naturwesen inspirieren dich. Ein Naturritual durchzuführen bedeutet nicht, sich selbst aktiv zu verhalten, sondern passiv zuzuhören, was Bäume und Sträucher von dir wollen. Darin besteht eigentlich die große Kunst: zu lauschen und dann spontan den Einflüsterungen der Naturgeister und ihrer physischen Formen zu folgen. Wer lange vor der alten Eiche sitzt, dem wird entweder der Geist der Atmosphäre oder der Baumgeist selbst Handlungsanweisungen geben. Das eigentliche Ritual aber bleibt bewegungslos, ein Ergebnis des Mitgefühls, der Hingabe sowie der Seelenvereinigung von Mensch und Baummensch.

Im psychischen Raum gibt es keine Abfolge der Zeit mehr, sondern nur die Bildform, was aber nur teilweise stimmt. Tatsächlich sind wir immer nur kurz ganz im Psychischen, dann holt uns wieder das Körperliche ein, weil es das Psychische überschattet. Dauer oder Zeit entstehen und drängen die Bilder zurück, die nun vorbewußt und verschwommen bleiben, während die sprachliche Ratio die Führung übernimmt und uns zurück in die Welt der Normalität führt.

Die Ablösung allein ermöglicht tiefes Fühlen

Im Schlaf bleiben die gewöhnlichen Lebenserscheinungen bestehen, d.h ein Teil des Plasmakörpers bleibt hier, während sich ein anderer, aus Fühlen und Denken bestehender Teil heraushebt. Über das Astralband – das im allgemeinen vom Herz ausgeht – wird der Körper weiter belebt. Beim Übergang vom Wachen zum Schlafen findet eine Verdunkelungsphase statt, die es zu überwinden gilt, indem man wach bleibt. Am besten führt man die Ablösungsübung im Bett mit hochgelagertem Kopf und leerem Magen aus. Zuerst verlangsamt sich die Atmung, und dann nimmt der Schlaf überhand. Wenn man sich jetzt in der Übergangsphase vorstellt, sich um die Körperachse zu drehen und gleichzeitig versucht, die ganze Zeit über ein beliebiges Symbol zu imaginieren, gelingt es dem Plasmakörper bald, sich vom Leib zu lösen.

Kein, Gott, keine Wahrheit, keine Religion, keine Begierde

Die folgenden Wahrheiten müssen den Geist vollständig durchdringen: Es gibt kein Ziel des Gehens, es gibt nichts zu erbitten, nichts zu hoffen und nichts zu fürchten. Die Welt ist frei: Zwecke und Ziele, „Evolution", Schicksal oder Vorsehung, alles das ist Nebel, etwas Erfundenes – von Wesen, die noch nicht selbst zu gehen vermochten und Gängelband und Halt benötigen. Die Dinge um dich herum hören auf, Dinge der Begierde für dich zu sein, und werden zu Dingen der Tat. Da sie um Dinge kreisen, die nicht mehr existieren, werden die Triebkräfte des irrationalen Lebens schließlich erlöschen; und damit fällt auch das Gefühl der Anstrengung, der Wahnsinn des Laufens, des Tuns, des Erreichens bei allen Handlungen, der schmerzhafte Ernst und das unbedingte Müssen, das tragische Gefühl und die titanische Fessel; es fällt die große Krankheit als gesamtes – der menschliche Sinn des Lebens. Eine überlegene

Ruhe tritt ein. Und genau aus dieser kann die Tat neu entspringen, die reine und reinigende Tat ... die Tat, freigelöst von der Fessel, freigelöst von der Identifizierung, freigelöst von der Bindung.

- Julius Evola -

Nicht Wahnvorstellungen von Begriffen, Ideen und „Werten" – sondern eine Schau ohne Schranken ...

- Julius Evola -

In der Welt hier unten sind die Wesen allein, ohne Gesetz, ohne Ausweg, ohne Entschuldigung, gekleidet nur in ihre Kraft oder ihre Schwäche ... Überwinde die Seuche der Verbrüderung, die Sucht zu lieben und sich geliebt zu fühlen, sich zusammen zu fühlen, sich gleich und verbunden zu fühlen.

- Julius Evola -

Unser menschliches Leben ist bewußt und unbewußt von hunderten scheinbar selbstverständlicher, ja lebensnotwendiger Gefühle durchdrungen, die weitgehend von Glaubenshaltungen geprägt sind, die wir für unerläßlich, ja essentiell fürs Leben halten. Tatsächlich aber sind sie nichts als Schatten über unserem wahren, reinen, freien Wesen. Wir glauben, alles mögliche brauchen, wissen und tun zu müssen, doch tatsächlich ist nichts von alledem nötig. Der Geist ruht in sich, braucht nichts, will nichts und weiß nichts. Der Geist ist kühl, nichtanhaftend, gefühllos und kritiklos; er ruht nur in sich selbst, ist zu nichts verpflichtet, ist selbst gar nicht da – und ist doch gerade dadurch alles. Das ist das ganze Geheimnis. Wer Anhaftung an irgendwelche Gefühle, Empfindungen oder Denkzustände zeigt, bleibt demzufolge der Welt der Gegensätze verhaftet und hat keine Chance, je die Wirklichkeit zu erfahren. Wenn du also in dich gehst, wirst du dort nichts finden, keine hehres Gefühl, keine Erleuchtung, keine Wahrheit und keine Religion, sondern nur das stoische Dröhnen des Weltgeistes. Dort gibt es kein Ich mehr, sonden nur einen ausdehnungslosen Selbstbewußtseinspunkt, der sich bei näherer Betrachtung ebenfalls nicht mehr als individuell herausstellt - das ist nur ein weiterer Selbstbetrug – sondern als universell.

Der Naturmagier

Auf der Ebene der Magie wirst du eine Welt kennenlernen, die in den freien, starken und essentiellen Zustand zurückgekehrt ist, in einen Zustand, in dem Natur weder Natur noch der Geist „Geist" ist, in dem weder Dinge, noch Menschen, noch zu Dingen gewordene „Götter" existieren – sondern Kräfte – und das Leben ein in jedem Augenblick heroisches Geschehen darstellt, gebildet aus Symbolen, Erleuchtungen, Befehlen, Ritual- und Opferhandlungen.

- Julius Evola -

Unbeweglichkeit und schwindelerregende Langsamkeit werden jede Spannung auflösen, und das genau ist die Schwelle, das die Verklärung: jenseits von ihr – die Welt des Ewigen.
- Julius Evola -

Naturformen sind nur Hilfsmittel auf dem Weg zu ihrer wahren inneren Plasmaform, ihrem Klang, ihrer Idee. Führe dazu immer wieder folgende Übung durch: Stelle dir ein inneres Bild vor und halte es. Das ist die Spiegelübung, denn so wird der Gesichtssinn von der Wirklichkeit abgelöst.

Der Naturmagier liebt nichts, er denkt nicht und will nichts. Er ruht im Zustand der Neutralität. Die einfachste Übung ist diese: Füge dir einen Schmerz zu und beobachte ihn, bis du ihn zum Schweigen bringst. Es gibt keinen Schmerz, sondern nur das Konzept des Schmerzes. Schaue dir die Bäume solange an, bis sich ihre Konturen in der Strahlkraft des Plasmalichts auflösen. Es gibt keine Bäume, sondern nur Konzepte von Bäumen.

Aus der Naturschau erwächst die Reinheit des Geistwillens

Wenn dein Geist irgendwann jenseits jeglicher Gegensatzpaare steht, besteht ein Gleichgewicht der fluidalen Kräfte, und dann ist ein reines Willensgebot gleich seiner Verwirklichung. Der Willen des Naturmagiers hat nichts mit dem landläufigen Willen zu tun, mit dem Spannung und Starrheit gemeint sind. Hier jedoch geht es um den reinen Willen ohne ideologische Beimischungen, um den Geistwillen. Wir ruhen jetzt wie die Natur jenseits aller Bindungen und Gefühle, Meinungen und Wahrheiten. Wir sind das Urlied der Schöpfung selbst geworden. Eigentlich beginnen Ritual und Naturtherapie genau hier, denn dann wird das ganze Leben selbst zum Ritual.

Gespräche mit Schwalben und Schwertlilien

Im Naturritual geht es nicht um Magie und Beeinflussung, sondern um die Erfahrung der Naturwesen. Es geht darum, Bäume und Gräser als gleichberechtigt neben uns stehende Lebewesen zu erkennen. Diese Psychologie hat die moderne Welt ganz vergessen. Kein Werk über Psychologie erwähnt je andere Lebewesen als Menschen. Gespräche mit Füchsen sind ebenso unbekannt wie das vertraute Zusammensein mit einer Linde. Warum wissen die Psychologen davon nichts? Warum gibt es für Menschen nur Menschen? Ich kann die Menschen nicht verstehen. Ist es nicht offensichtlich, daß wir nicht allein sind, sondern eine Gemeinschaft äußerlich ungleicher, aber innerlich gleicher Wesen? Hängt das damit zusammen, daß der Mensch nicht wirklich zur Existenzebene der Erdwesen gehört, weil er, wie alle alten Überlieferungen uns sagen, von nicht-irdischen Spezies geschaffen und hier im „Garten Eden“ abgesetzt wurde? Weil er sich aus diesem Grund fremd fühlt und mit aller Wut und Macht versucht, die anderen Wesen auszurotten? Liegt hier ein Mißverständnis zweier gänzlich verschiedenartiger Entwicklungslinien vor? Es scheint, als verstünden Naturwesen andere Naturwesen, nur der Mensch versteht keines. Und vielleicht verstehen die Pflanzen und

Tiere auch den Menschen nicht, weil er hier fremd und ausgesetzt, weil er ein Gestrandeter ist. In der Tat unterscheidet etwas den Menschen von den Naturwesen. Meist sagt man, es sei sein höherer Evolutionsstatus – oder ist es in Wahrheit nur eine diesem Planeten gänzlich fremde Evolutionslinie, die nicht hierher gehört? Andererseits beherrscht die Menschen eine große Liebe zum Planeten und seinen Erscheinungen. Auch Achtung, Hingabe und Sehnsucht sind ihm nicht fremd. Wir fühlen uns Rehen und Rudelwölfen verbunden, wir lieben Schwalben und Schwertlilien. Ein Leben ohne Naturwesen in unserer Nähe ist für viele undenkbar. Wir müssen uns einfach erinnern, daß wir nicht allein, sondern von Wesen eigenartigster Formen und Erfahrungsweisen umgeben sind. Die Natur bietet uns die Möglichkeit, mit anderen Spezies in Berührung zu kommen. Warum verschweigt man das, warum vergißt man in den Häusermeeren die Lebensformen draußen auf Feld und Wiese? Glaubt man ernsthaft, man sei allein und ein höchstes Lebewesen, das dazu konstruiert worden ist, alle anderen zu beherrschen? Was für ein kranker Unsinn! Kann der Mensch wirklich gar nicht mehr danken, hat er alle Fähigkeit zum Fühlen verloren und erkennt das Offensichtlichste nicht mehr? Ist das unsere Überlegenheit? Naturrituale sind keine magischen Rituale zur Befreieung vom Allzumenschlichen. Das Naturritual vergißt den Menschen und bezieht sich statt dessen auf Lurche und Lachmöwen, auf lange Sanddünen und satte, rollende Seewellen. Ich sage: Solange der Mensch nicht vollständig in die Gemeinschaft der Naturwesen integriert ist, hat er keine Möglichkeit zu geistiger Entwicklung. Die anderen Wesen öffnen unseren Geist, wohl weil sie diesem näher stehen. Da umkreist ein großes Geheimnis die Wälder, Wüsten und Wunder der Natur: Vielleicht sind sie in bizarre Formen geronnener Geist! Vielleicht stehen sie dem Gottgeist näher als jedes menschliche Religionsgetue. Vielleicht sind wir die Schüler von Ochsen und Oasen. Hat man je daran gedacht? Vielleicht bedeutet Erwachen einfach, zu Naturgeist zu werden. Das Ritual in der Natur verbindet mit dieser, läßt uns wacher ins Gestrüpp hineinschauen und ehrfürchtig vor der hoch aufragenden Tanne stehen. Naturrituale fördern das Erkennen des Wunders um uns herum, beleben damit unser Leben und verhindern, daß wir weiterhin im menschengemachten Sumpf von Industrie, Kultur und Menschlichkeit versinken. Wie schlicht sich das Naturritual auch immer gestalten mag, es ist auf jeden Fall ein Schritt in den Geist. Diese übersehene, verdrängte, hochmütig übergangene Wissenschaft, diese einzig echte Psychologie, die uns aus den selbstgebrauten humanen Exzessen, Kränkeleien und Selbstzweifeln herausführt, wollte ich hier darstellen. Warum gibt es eigentlich keine Naturpsychologie, keine Naturseelenkunde? Das habe ich mich als Fremder unter Menschen immer gefragt.

Naturbeobachtung ist bereits Ritual

Für eine stufenweise Entwicklung des Natursinnes ist es von Vorteil, zuallererst zu versuchen, die verschiedenen Stimmen dieser Natur in uns wiederklingen zu lassen ...

- Julius Evola -

Die Empfindung der Schönheit bei der Naturbeobachtung ist die Vorstufe zur Erkenntnis der Einheit allen Seins; daher besteht das allgemeinste und grundlegendste Ritual der Naturtherapie darin, genußvoll dazusitzen, im Blätterrauschen zu schwelgen und in der sonnigen Lagune zu schwitzen. Auf diese Weise wird das Leben in der Natur selbst zum Ritual.

Die Natur spricht durch das Schweigen

Wenn nicht einmal das leiseste Geräusch da ist, kann es auch geschehen, daß man in dieser Stille eine andere Stille fühlt, und dann erbebt das Herz, als ob es auf Grund der Klänge der Luft schlüge. Die aus der Tiefe emporgekommene Stille hat uns einen Moment lang beinahe vom Leben losgelöst. Sind jeglicher äußere Laut und jeder Gedanke verstummt, empfindet man die Einsamkeit, die Freiheit im Mittelpunkt des Universums. Kehren wir dann wieder in uns zurück, zucken wir zusammen, da wir uns des Verinnens der Zeit, des Fließens der Welle des Lebens gewahr werden: Ein Herzschlag des ewigen Lebens war es, den wir spürten zum Unterschied vom Leben der Sterblichen, das wir besitzen.

- Julius Evola -

Die Natur hat tausend Dialekte. Die Bäche plappern, der Regen prasselt, der Donner grollt und der Wind heult. Diese Sprachen lassen sich erfahren und erlernen. Wenn wir jedoch länger, tiefer und anteilnehmender beobachten, dann erfahren wir: „Die Natur spricht durch ihr Schweigen." (Evola). Das Schweigen der Natur ist eine Sprache höherer Ordnung; wer sie verstehen können will, muß selbst ins Große Schweigen eingehen. Hier eignen sich Schweigerituale, die eine sehr alte Übung sind und die vielleicht älteste Form des Rituals darstellen. Setzt euch schweigend zusammen. Lauscht gemeinsam dem schweigenden Rauschen des Blätterwaldes, dann dem Schweigen des donnernden Gewitters, dem Schweigen des Kornfeldes in windstiller Zeit und schlußendlich dem Großen Schweigen des Geistes, der sich durch die Natur vermittelt.

Trefft euch an einem Waldweiher, setzt euch um ihn herum und schweigt. Laßt am Anfang einstimmend die Flöte ertönen oder den hohen Gesang und begrüßt so die Wassernixe, doch dann sitzt schweigend. Trefft euch am Felsabhang, sitzt an der Kante und schaut über das Land. Klettert auf die alte Eiche, sitzt in ihren Ästen, dankt ihr erst und schweigt dann mit ihr, seid Eiche. Trefft euch des nachts mit Booten auf dem See und zündet in jedem Boot eine Kerze an, so daß im großen Kreis die Lichter aufgehen. Sitzt im Boot und genießt das tiefgründige Schweigen, das aus den Wassern aufsteigt. Zu Beginn bringt ein Wasseropfer für den Geist des Ortes dar, denn das bildet immer den Anfang. Das Opfer schließt die Gruppe zusammen.

Die Einheit aller Naturen

Wenn es uns gelänge, die wirkliche Struktur einer Blume oder einer Pflanze zu erkennen, wären wir nahe daran, auch die wirkliche Struktur von uns selbst und unserem Schicksal zu erkennen.

- Julius Evola -

Betrachte die Narzisse, betrachte den Goldregen. Vereine dich im Ritual mit der Rotbuche und setze dich mit Laubfröschen zusammen. Was passiert dann? Wir erkennen bald Gemeinsamkeiten zwischen Mensch und Mohnblume. Zunächst können wir sie kaum bestimmen, denn für diese zarten, ungreifbaren Zusammenhänge fehlen uns die Worte. Deshalb dämmert halbbewußt die tiefe Gleichartigkeit, die prinzipielle Verwandschaft herauf. Nun sind Blumen nicht mehr Blumen und Menschen nicht mehr Menschen, sondern eine neue Spezies entsteht, die Spezies der Leibgewordenen, die sich aufgrund der Ähnlichkeit von materiellen Strukturen unterschiedliche Kleider zugelegt haben, die aber letztendlich nicht nur alle vom selben Schneider sind, sondern sogar nur verschiedene Sinnbilder für dasselbe, alles Analogien desselben. In der Analogieerfahrung erreichen wir die höchste Stufe der Wirklichkeitsmagie, aber das gelingt nur sehr wenigen und besteht in der Erkenntnis der Vielfalt der Formen, die alle aus dem gleichen Hintergrund hervorwachsen. Diese formrelativierende Schau ist die Essenz der Naturerfahrung und des Naturrituals. Also hört auf, ihr Pluralisten, von verschiedenen Lebewesen zu sprechen, wenn ihr noch nie die Einheit der Natur erschaut habt.

Rituale für die Verwandlung der Naturen

Beugt euch über ein zartes grünes Blatt und fühlt in Euren Fingern gleichsam das Pulsieren seiner feinen Fasern; atmet den süßen Duft einer flammenden Rose, wohl wissend, daß vielleicht schon morgen nur ein nackter Stengel davon bleiben wird und verstreute Blütenblätter; aber ebenso wissend, daß für kurze Zeit die Natur gelächelt hat in der Blume, die glücklich war, sich der Sonne zu öffnen, und daß die Natur als fruchtbringende, grenzenlose, niemals müde Mutter ihre Freuden darin gegossen hat.

In allem, was sich bewegt, keimt, wächst, sich ändert und stirbt,
muß man eine unsichtbare Kraft spüren.

- Julius Evola -

Naturvielfalt zeigt sich stets nur für einige Zeit und zerfällt, verblüht, erlischt, vertrocknet, stirbt dann. Überall das große Verwelken und Verdorren, der allseitige Tod. Naturrituale stellen den Tod in Rechnung und damit auch die Wiedergeburt, denn die Natur erblüht bald neu. Daher stellt das Naturritual den Wandel in den Vordergrund. Als Menschen, die ihre Lebensspanne nicht auf einmal überblicken können, haben wir Schwierigkeiten mit dem Tod und der Verwandlung in andere Formen. Wir meinen notgedrungen, ewig zu leben, weil wir die Zeit eines Menschenlebens nicht auf einen Blick erhaschen können. Doch jene Wesen, die kürzere Lebensspannen als wir haben, geben uns die Möglichkeit, über Geburt, Verfall und Wiedergeburt nachzudenken und uns selbst der Verwandlung in den Tod anheimzugeben. Du möchtest ewig dergleiche bleiben? Werde realistisch, träume von anderen, sei jetzt Maikäfer oder Laubbaum, von dem die Herbstblätter fallen! Die Liebe ist es, die uns über den Tod hinwegbringt, die Liebe zu anderen Lebensformen, die wir genau so gut selbst sein könnten. Es ist nicht nur das Menschsein gut. Also sind Verwandlungsrituale angesagt, die ernsthaft, lustig oder auch beides zugleich sein können. Wer ist Frosch, wer Spinne? Natürlich jene, die die Glitschigen und Langbeinigen nicht mögen. Es geht um die Einfühlung ins Andere.

Anrufung der Naturintelligenzen

Man beobachte das unaufhörliche Fließen eines Flusses, man spüre, wie das Wasser in der Erde strömt, gleich dem Blut in den Adern – gleich der Sonnenwärme, die Licht und Leben schenkt; gleich der Wärme im Körper. Oder am Ufer eines Sees, nach langem beharrenden Betrachten der Wasser, fühle man ein Etwas, das lebendig und wirklich ist, vom See her aufsteigt und näher kommt. Es ist nicht nötig, eine Vision zu haben oder den Genius weiter hervorzulocken; es genügt zu verstehen, wie die überall verteilten Wassermassen, die uns mehr oder weniger chemisch, wissenschaftlich etc. bewusst sind, Erscheinungen existierender, aber unsichtbarer, geistiger Intelligenzen sind.

- Julius Evola -

Wir müssen wieder lernen, Naturen als Lebewesen zu erkennen, wir müssen von der chemisch-physikalischen Betrachtung wegkommen, denn der Mensch ist nicht nur ein Kraftfeld flüssiger, gasförmiger und fester Energien. Natürlich ist er das, aber unter der Schirmherrschaft einer individuellen Intelligenz. Ein See ist also nicht eine Wasserlache in der Bergkluft, auch dann nicht, wenn sich dort zufällig Wasser angesammelt hat. Der Bergsee ist eine definitive individuelle Intelligenz, ebenso wie die Gipfel um ihn herum. Wer glaubt, von toten Erdformen umgeben zu sein, irrt nicht nur, sondern ist selbst als Individuum tot. Im Naturritual werden die Naturen als individuelle Geister angerufen, damit wir für sie erwachen und sie vielleicht auch für uns. Wir rufen Gipfel, Gletscher und Gesteine an, damit wir wach im Kreis der Existenzformen stehen und in tausend Lebensgestalten eingebunden sind. Das ist wahrhaft ein Ritual, und zwar das erste von allen.

Die Einheit in tausend Gestalten

In der Natur ist nicht nur unser körperliches Leben versinnbildlicht, sondern wir finden in ihren einzelnen Aspekten auch tiefe Analogien zu den Bewußtseinszuständen: Wir haben die Zornesausbrüche, die Ruhe, die Melancholie und die Grausamkeiten des Meeres, die Zartheit des Grases, das Ausgetrocknetsein und die Feuchtigkeit des Landes; das fantastische

Wirbeln des Windes. Im diamantenen Sternenglanz, so weit weg von der Erde, findet sich die Abgeschlossenheit wieder, die wir manchmal in uns im unzugänglichen und abyssalen Urgrund des Ichs verspüren.

- Julius Evola -

Indem wir ganz in der Welt sind, betreten wir ein unglaubliches Geheimnis. Die Welt überrascht zunächst durch ihre Vielfalt und Unterschiede. Tatsächlich jedoch bildet sie eine Einheit, ja ein einziges großes Wesen, das sich scheinbar durch tausend Analogien seiner selbst manifestiert, sich also durch tausend Wiederholungen seiner selbst den Anschein einer sich gegeneinander abgrenzenden Vielfalt gibt. Wer jedoch Augen hat zu sehen, der erkennt, daß es sich lediglich um Analogien, also um Wiederholungen eines Immergleichen hinter dem Gewand äußerlicher Vielfalt und Unterschiedlichkeit handelt. Warum nun aber dieser ungeheure Aufwand, wenn sich das Eine doch auch als eben nur eines darstellen könnte? Der Vorgang ist leicht zu deuten. Im Geist herrscht das Eine ohne Vielfalt, wenn es sich aber verdichtet und zur Plasmawelt oder energetischen Matrix gerinnt, multipliziert es sich nach der Eigenart des plasmatischen Stoffs. Das überträgt sich auf die Materie, wenn diese aus dem Plasma hervorgehend sich verdichtet. Es ist also nicht so, daß der Geist sich multipliziert, sondern daß mit einer fortschreitenden Verdichtung zum Plasma und zur Materie die diesen Stoffen innewohnende Struktur zu einer Vervielfältigung des einen Wesens führt und uns so die ungeheuerliche Vielfalt der Lebensformen und Daseinszustände vorführt. Der Mensch, der willens ist, die Wirklichkeit zu erfahren und sich nicht einfach dem bewußtlosen Leben ergibt, muß den Weg der Entwicklung zurückverfolgen, in die Plasmawelt eindringen und von dort ins Geistreich vorstoßen, wo er auf die Urformen oder *die* Urform allen Lebens trifft. Tatsächlich liegt jedoch keine Evolution vom Geist via Plasma zur Materie vor, sondern alles ist Geist, der sich jedoch je nach Kapazität des Betrachter als Materie, Plasma oder Geist darstellen kann. Je nachdem, wie wir wahrnehmen, enthüllt sich also eine scheinbar wahre Welt.

Die Einheit von Mensch und Natur

Haben wir so gelernt, zu erkennen, welche Lebenskraft, der unseren ähnlich, in allem steckt, was uns umgibt, vom Grashalm bis zum unsichtbaren Atom, vom Tautropfen bis zur leuchtvollen Kraft des Feuers, ist es ein leichtes, zum Verständnis der tieferen Bedeutung aller Dinge zu gelangen: Was für uns wirklich und sichtbar ist, stellt nur den projizierten Schatten dessen dar, was in gleicher Weise unsichtbar existiert.

- Julius Evola -

Oberflächlich gesehen unterscheiden sich die Naturwesen erheblich, weshalb wir auch große innerliche Unterschiede vermuten. Tatsächlich aber basiert alles Leben auf einer vorstofflichen Matrix, die von den Griechen als Plasma bezeichnet wurde. Dieses Plasma ist der Seelenstoff, eine feinstoffliche, energetische Masse, die aus Gefühlen besteht, die wiederum ein energetisches Muster bilden, das zur Grundlage der späteren Stofform eines Lebewesens wird. Die Naturbetrachtung richtet sich zunächst auf die äußere Gestalt und versucht über diese zur innerlichen energetischen Struktur vorzudringen. Das ist der eigentliche Sinn der Naturtherapie und jedes echten Rituals, der de facto jedoch nur selten erreicht wird. Auf der Ebene des Plasmas treffen sich Mensch und Natur. Aus dem Meer des Plasmas entstehen unzählige Lebensformen, die in der Materie unterschiedlich sein mögen, innerlich aber artverwandt sind. Hier berühren wir das Lebensgeheimnis – in der Verschmelzung aller Lebensformen zu einer Urform.

Über den Sinn der Form

Jeder Gegenstand besitzt in seiner Form eine besondere Prägung,
die seinen Sinngehalt zum Ausdruck bringt ...
- Julius Evola -

Keine Naturform ist zufällig. Die äußere Erscheinung verweist auf den inneren Sinngehalt, und der Formsinn kann nur durch reines Schauen erfahren werden. Wer lange in der Natur sitzt und die Naturen anschaut, gelangt schließlich zu ihrem inneren Wesen. Hier tut sich ein Lichtblick für die Ergründung des Wesens der Bäume und Sträucher auf, aber es ist ein schwieriges Unterfangen, zu dem nur schwer Aussagen gemacht werden können. Jeder ist sich selbst überlassen, wenn er über den Formsinn zum Sinn emporsteigt. Hier ruht ein tiefes Geheimnis des Seins. Das Ergründen des Formsinns kann leicht auf Abwege führen; dennoch ist eine Diskussion darüber wichtig. Man gehe so vor: Die Gruppe betrachtet einen Baum oder nur einen Teil des Baumes und bespricht die dabei auftretenden Empfindungen. Schließlich kann man diesen Baum in einem schönen Ritual nachstellen, sich wie er darstellen, um durch Nachvollzug tiefer in seine Welterfahrung zu gelangen. Hier tut sich ein ganzes Buch an Übungen und Diskussionen auf – ein weitreichendes Feld.

Das Ich als Fussabdruck des Pan

Der Mensch setzt sich im Kosmos fort und der Kosmos im Menschen.
Man kann sich nicht wirklich als sich selbst fühlen,
wenn man sich nicht nach außen hin erweitert fühlt.
- Julius Evola -

Die menschliche Wesenheit ist auch eine kosmische Wesenheit –
durch Ablösung von der Sinneswelt bei Aufrechterhaltung des vollen Bewußtseins
kann sie über die Stille zur Erkenntnis der kosmischen Uressenz kommen.
- Julius Evola -

Ein Individuum, das sich soweit irrt, daß es sich als bloßes Individuum fühlt, steht vor der Selbstaufgabe. Zunächst imponiert der Mensch in der Tat als Individuum, bei näherem Hinsehen jedoch löst sich dieses auf und zerfließt in einer Kette von Naturen, wird Übergang und fließende Kontinuität, wird ein großes Lebewesen, Natur genannt, ein kosmischer Pan mit tausend Facetten. Es ist uns angeboren, in der Dualität zwischen Individuum und dem Ganzen hin und her zu schwanken, das ist ein uns hin und her zerrender Drang, dem niemand entfliehen kann. Ich und Alles zu sein ist unsere Herausforderung und gipfelt in der Erkenntnis, im tiefen Seinsgefühl, ohne logischen Widerspruch beides gleichzeitig zu sein.

Punktum: Im Naturumfeld geht es uns um nicht weniger als darum, das Ganze zu sein. Ich grüße also den Weltgeist in dir, indem ich deine geschmeidige irdische Hand in die meine nehme.

DIE VEREINIGUNG DES GÖTTLICH-EROTISCHEN PAARS

EIN RITUALTRAUM

Umkreisung der Muttergöttinnen

Ich hatte in der Nacht zum 17. Februar 2004 nach meiner Rückkehr von Bali unten am Wasserfall in der Wutachschlucht bei klirrender Kälte ein Ritual durchgeführt und dann dort übernachtet. In der Schlucht hatte ich einen Initiationstraum, den ich nach dem Aufwachen sogleich auf Tonband aufnahm. Danach vergaß ich ihn vollkommen. Heute, am 20. März, entdecke ich ihn im Computer wieder, bin erstaunt – und sein Sinn enthüllt sich.

Ich nehme an einem Workshop teil, was mich wundert. Das Ganze vollzieht sich an einem Stausee oder an einem gestauten Fluß in unmittelbarer Nachbarschaft einer Großstadt, was mich irritiert, ebenso wie der Umstand, daß der See von einer Betonmauer sowie einem Staudamm umzäunt ist. Der Workshop wird von einem professionellen Theaterregisseur geleitet, der auf der anderen Uferseite steht und uns zuruft, worum es geht. Es ist eine recht ansehnliche Gruppe von Teilnehmern vorhanden; wir stehen unmitelbar am Wasser des Sees. Der Regisseur schwebt nun offenbar über dem See und unterrichtet uns auf diese Weise. Er hat sich statt der Unterhose einen Penis aufgesetzt, der eine riesige Erektion aufweist, was anscheinend seine Maske ist. Das erstaunt mich, und ich überlege, welchen Sinn das wohl ergeben soll. Nun, alles amüsiert sich darüber. Während er uns zu erklären versucht, worin das bald stattfindende Ritual besteht, flattert er durch die Luft wie ein Vogel. Doch das fällt niemanden so recht auf oder ist ganz normal. Natürlich befinde ich mich bei einem Ritual selbst oft in dieser Situation und möchte eigentlich nichts erklären, sondern sich die Situation einfach von selbst entfalten lassen. Man erklärt nichts, denn bei einem rechten Ritual entwickelt sich die Situation organisch von selbst. Im Grunde bin *ich* der Regisseur, ich fliege und habe eine Erektion kolossalen Ausmaßes, befinde mich also in einem erotischen Zustand.

Interessanterweise findet das Ganze am Wasser statt. Nun springt der Regisseur ins Wasser und breitet dort mit einem Wollknäuel Fäden aus, die schließlich wie ein Tuch den ganzen See bedecken. Erstaunlicherweise bildet sich erst eine Struktur und dann in dieser ein Muster heraus. Die Bildung des Musters ist analogisch, d.h. das Kleine bildete das Große vor, und ein mystischer Schauer überläuft mich angesichts dieser universellen Geometrie. Wie ein Gott wirft der Regisseur das allesverbindende Netz übers Wasser. Ich bin hingerissen vom kosmischen Analogismus und durchlebe eine richtige Erleuchtung. Von diesem Netz soll sich nun jeder etwas nehmen. Es bleibt jedoch offen, ob auch jeder alleine etwas für sich daraus komponieren oder ob sich Gruppen bilden sollen, und wenn ja, wie diese miteinander agieren sollen. Alles bleibt offen – wie eben auch bei meinen Ritualen. So ergibt es sich, das einzelne Teilnehmer ihr eigenes Stück entwickeln, während andere Gruppen bilden. Aber ich frage mich, wie auf diese Weise eine Gesamtkomposition entstehen soll. Mir ist das ein Rätsel.

Scheinbar sind einige Teilnehmer an Requisiten herangekommen; auf jeden Fall tanzen jetzt einige in phantastischer Verkleidung als Elefanten und allerlei Tiere herum. Alles hat sich von selbst entwickelt, und die Menschen scheinen in der Tat ihre Masken zu werden. Als erstes Bild ergibt sich folgendes: Die Teilnehmer bilden in ihren wunderlichen Gewändern einen Gang. Dann heben sie die Arme, damit die Masken paarweise in berauschender Schönheit durch diese Arkaden tanzen können. Die erotische Einheit jedes Paares ist stets zu spüren. Ich beobachte das Ganze von außen und bewundere die Leichtigkeit und Ästhetik, mit der das Ganze ausgeführt wird. Andere Gruppen entwickeln andere Bilder, nur *ich* habe noch nichts entwickelt, und mir fällt vor lauter Verzweiflung auch nichts ein. Ich habe als Requisit lediglich einen langen weißen Mantel ergattert, den ich nun anhabe. Er hat einen Stehkragen und ist vorne offen. Unter dem Wollmantel bin ich erstaunlicherweise nackt, und ich frage mich, ob es richtig ist, meine Genitalien zu zeigen. Aber nach einigem Zweifeln entscheide ich mich, daß das hier doch paßt. Es entstehen Impressionen, Bilder, Launen, Ideen, ein grandioses Zusammenspiel von Pointen. Ich denke dabei an die Malerei der Impressionsten: Der Augenblick stellt das ganze Weltdrama dar. Doch im Hintergrund gärt die Frage: Was mache *ich*? Bin ziemlich verschüchtert. Doch plötzlich ist da ein wunderschönes Paar, sie passen vollkommen zusammen. Die Schambehaarung der Frau ist sichtbar. Beide halte ich jetzt scheinbar an zwei Stricken – wie Zügel, mit denen man Pferde hält – und jetzt fliegen sie auf im Wind. Ich bin sprachlos. Es ist sehr schwierig, sie zu halten, wie sie in der Luft schweben, tanzen, gleiten. Es ist völlig klar, daß sie nicht weggleiten dürfen, sondern vom mir geleitet werden müssen. Paradoxerweise kann ich ihren majestätischen Flug aber nur lenken, indem ich ihren Bewegungen nachgebe, und so renne ich entlang der Betonmauer über den Staudamm. Ich muß auch den Elektroleitungen ausweichen, damit wir uns nicht darin verfangen. Alle schauen nun auf meine Vorführung, die an sich nicht ich komponiere, sondern der Zufall. Das archetypische Paar wiegt sich leicht und tänzerisch durch die Luft; sie entfalten verliebt und in vollkommener Einheit wundervolle Kapriolen im freien Flug. Auch der Regisseur ist restlos hingerissen; mit seinem erigierten Phallus steht er gebannt am Ufer. Alle staunen über die Schönheit des Augenblicks, der sich spontan und ohne Programm enthüllt. Genau darum geht es schließlich bei diesem Workhop – die Impressionen fliegen zu lassen. Mir wird nun klar, daß sich das Ganze deshalb entwickeln konnte, weil ich damit begonnen hatte, einen eigenartigen Pfeifton von mir zu geben. Diese Laute hatten das Paar erweckt und angezogen; und nun schweben sie nach meiner Melodie im Himmel. Ich weiß instinktiv, daß sie abstürzen werden, wenn ich zu trillern und zu zirpen aufhöre, was mich etwas verunsichert.

Ich trillere diesen eigenartigen Pfeifgesang, der das Paar wie ein mongolischer Kehlkopfgesang überhaupt erst angezogen hat und ihnen die Energie gibt, auf einer Art Ätherwind, einem durch dieses eigenartige Zirpen meiner Stimme erzeugten Luftteppich fliegen zu können. Es war mir gar nicht aufgefallen, daß ich sang, aber irgendwann hatte ich mich dem Gesang überlassen und mein Ego hingegeben, das eben noch nach einer Idee gesucht hatte. Und so ergibt sich alles von selbst – so, wie es beim Ritual sein sollte, denn die Energie soll ja hervorkommen. Doch das geschieht nur, wenn man aufhört, zu wollen und zu denken.

Wie Eros und Psyche schwebt das Paar über dem See; wie Sylphen wiegen sie sich in der Luft – Luftgeister, Ätherwallungen in Gestalt eines erotischen Liebespaars. Innerlich frage ich mich indessen, wie ich mit meinem weißen Gewand wohl auf die Zuschauer wirke. Wie bereits erwähnt ist es schwierig, das Paar durch die Unzahl von Stromleitungen zu lenken, und da verfängt sich auch schon mein linker Zügel, mit dem ich die Frau halte, in einem Kabel. Er reißt, und sie treibt ab. Es ist furchtbar. Vergeblich versuche ich, ihr nachzuspringen. Ich versuche nun, ihren Mann hinter ihr herzuschicken, indem ich ihm mehr Zügel gebe. Doch der archetypische weibliche Zwilling ist zu schnell und bewegt sich von selbst, vom Wind und den Wolken angetrieben. Alle sind erschrocken, Entsetzen liegt in der Luft. Aber worüber? Alle spüren, daß sich die Trennung vollzogen hat. Großer Gott! Das Königreich der Ehe spaltet sich, das Königreich der Liebe verfällt. Was die Welt zusammenhält, zerbricht. Der Traum der großen Liebenden zerbricht. Liebende müssen voneinander scheiden, denn nichts hält ewig. Doch nun kommt der Regisseur und drückt mir seine Glückwünsche und Bewunderung für diese Flugvorführung aus. Er ist hellauf begeistert und sieht das Ganze als eine gelungene Darstellung im Rahmen seines Workshops, was mich etwas ernüchtert, denn für mich war es die Wirklichkeit. Meine Stimmung hebt sich, weil ich es nun doch geschafft habe, etwas zum Ritual beizutragen. Ich blicke hinüber zu dem Paar, das auf der anderen Seeseite nackt am Ufer steht und ungeniert dabei ist, seine Ritualkleider abzulegen. Das Spiel ist vorüber. Beide wenden sich sogleich neuen Requisiten wie zum Beispiel Gesichtsbemalungen zu und bereiten sich auf eine neue Rolle vor. Mich erstaunt und erschüttert ihr schneller Wechsel. Er stimmt mich traurig, denn sie sind doch das archetypische Paar, die großen Liebenden. Kann all das nur Spiel gewesen sein?

Deutung

Stausee und gestauter Fluß kündigen einen Seelen- oder Plasmatraum an. Plasmaträume sind keine Träume im eigentlichen Sinne mehr. Die Seele hat nachts den Körper ein Stück weit verlassen und das, was sie nun erfährt, wird, weil sie ja noch mit dem Gehirn verbunden ist, durch die Gehirnmaschinerie und deren Informationsfeld gefiltert. Deshalb wird auch das Urgefühl der Großen Liebe gefiltert und mit irdischen Inhalten versehen. So kommt ein Traum zustande, dessen Inhalt nun gedeutet werden muß.

Wasser bezieht sich fast immer auf den superflüssigen Zustand der Nachbardimension, obwohl man den Gesamttraum im Auge behalten muß. Alle vorkommenden Ereignisse beziehen sich nun auf mich, den Träumer, auf mich in multipler Gestalt, denn alle vorkommenden Personen wie auch Zustände sind Assistenten meiner selbst.

Der Regisseur, der einen Ritualworkshop leitet, bin ich; in der Tat führe ich solche Veranstaltungen in der Natur durch. Treffenderweise schwebt der Regisseur über dem Wasser, meine Seele hat also im Eifer des Gefechts den Körper verlassen oder sich zumindest von den Gehirninformationen losgelöst. Wasser bezieht sich fast immer auf das Plasma, auf die Nachbardimension. Wasserträume sind häufig außerkörperliche Träume, auch wenn das nicht immer derart offensichtlich wird. Die Erektion weist darauf hin, daß es sich um eine erotische Situation handelt, was jedoch als Penismaske heruntergespielt wird. Die Erektion ist riesig, was auf das kommende erotische Ereignis verweist.

Der Regisseur – ich – taucht nun ins Wasser, also ganz ins Plasmatisch-Psychische ein, wodurch er auf der Wasseroberfläche aus einem scheinbaren Wollknäuel Fäden entfaltet, die er über das ganze Wasser spannt und zu einem Muster formt. Dabei handelt es sich jedoch nicht um ein gewöhnliches, sondern um ein analoges Muster; hier kommt eine universelle Geometrie zum Tragen, die sprachlich nicht dargestellt werden kann, denn jedes kleine Muster ist Teil eines größeren und so weiter ad infinitum – das heißt, daß jedes kleine zugleich auch das große Muster *ist*. Hier wird gesagt: Das Teil ist das Ganze. Und dieses Muster entwerfe ich gewissermaßen als Gottheit, denn mit dem Eindringen ins Wasser bin ich das ganze Sein geworden. Jeder der Teilnehmer soll sich nun von diesem universellen Analogiemuster etwas nehmen und daraus ein Ritual komponieren. Das sollte nicht schwierig sein, denn da jedes Teil das Ganze verkörpert, hat jeder das Ganze und damit die höchste Stufe der Vollkommenheit erhalten.

Alle Teilnehmer haben sich inzwischen von irgendwo Requisiten geholt und tanzen. Alle tragen Masken und werden zu Tieren; eine erste Gruppe stellt nun ihr Ritual vor. Ein Gang wird gebildet, Männer und Frauen erheben die Hände, und durch den so gebildeten Arkadengang defiliert immer das letzte Paar hindurch. Alle sind nackt und demonstrieren ihre gelungene erotische Vereinigung. Ich selbst schaue zu und habe einen weißen langen Mantel an, unter dem ich jedoch nackt bin. Auch ist mein Penis zu sehen. Die Nacktheit verweist auf die erotische Situation und darauf, daß die Einheit des Seins Eros ist. Auch der Tiertanz ist ein Hinweis auf Erotik und Befreiung. Mich quält jedoch die Frage, was ich darstellen soll. Aber da tut sich in meiner Verwirrung Rettung auf: Ein wunderschönes, nacktes Paar schwebt in der Luft. Ich halte es an langen Zügeln, damit es nicht abtriftet, denn es ist windig (Plasmawind!).

Das erotische göttliche Paar tanzt hinreißend in der Luft. Ich lenke vorsichtig. Auch der Regisseur mit Erektion – also ich – schaut begeistert zu. Bedeutsam ist nun, daß ich das Ganze durch Pfeiftöne und weniger durch die Zügel lenke, was äußerst schwierig ist. Von dieser Tonkomposition darf ich nicht abweichen, sie muß vollkommen sein; einmal hätte ich fast einen Fehler gemacht. Der Ton, die Schwingung ist also maßgeblich. Natürlich bin ich gleichermaßen der Regisseur, das Wasser und das Liebespaar. Mit diesen Bildern wird mir vermittelt, daß *ich* mich in einem erotischen Plasmazustand befinde und den Lebensquell gefunden habe, in dem alles auf analoge Weise miteinander verbunden und eins ist.

Der Pfeifton, den ich spontan thrillere, ist meine Rettung, denn dieser Ton ist die Vibration des Plasmas selbst; nach dieser Urschwingung tanzt das ganze Universum. Ich befinde mich im Schlaf und Traum also in der Plasmawelt oder habe zumindest Berührung damit.

Doch nun passiert es: Der linke, weibliche Zügel reißt, und die Frau driftet weg; um sie im Windsog zu retten, schicke ich ihren Mann, sprich mich, hinterher – doch sie ist schneller. Ein Traum zerbricht. Die erotische Vereinigung ist geplatzt. Scheinbar ist die Vorführung nun auch vorüber, denn der Regisseur bedankt sich bei uns, und das Paar geht bereits dazu über, sich auf eine neue „Rolle“ vorzubereiten, was mich schockiert, denn für mich war es kein Spiel, sondern Wirklichkeit.

Mit diesem schönen, tiefgründigen Traum ende ich und zeige noch einmal, wie die Wirklichkeit ein verflochtenes Netzwerk bildet, in dem sich alles durch Liebe zur Einheit verbindet, was sich im Traum als erotische Verbindung und Pfeiftonvibration zeigt. Die Ganzheit und Einheit des Seins wird hier in Form eines ihrer Echos – der Erotik – vorgeführt, als Archetyp des glorreichen göttlichen Paars. Ich hatte den Traum treffenderweise nach einer Reise nach Bali, wo ich mit meiner Freundin glückliche Tage verbracht hatte.

LITERATUR

Holger Kalweit: Transpersonal Anthropology and the Comparison of Cultures, In: *Phoenix: Journal of Transpersonal Anthropology*, 1981, V, 2: 97-105.

- (Hrsg.): Frank Hamilton Cushing. Ein weißer Indianer. Mein Leben mit den Zuni. Walter Verlag, Olten 1983.

- Der Trickster. Ein Nachwort zu „Castaneda". *Curare. Zeitschrift für Ethnomedizin,* 1983, Nr. 6: 91-92.

- Traumzeit und innerer Raum. Die Welt der Schamanen. Scherz Verlag, München 1984.

- Formen transpersonaler Psychotherapie bei nichtwestlichen Kulturen. In: *Integrative Therapie* 1984, 10 (3): 253-262.

- und Schenk, Amelie (Hrsg.), Heilung des Wissens. Forscher erzählen von ihrer Begegnung mit dem Schamanen - Der innere und der äußere Weg des Wissens. Goldmann Verlag, München 1984.

- Urheiler, Medizinleute und Schamanen. Lehren aus der archaischen Lebenstherapie. Kösel Verlag, München 1987.

- Himalaya Orakel. In: Kalweit/Schenk: *Heilung des Wissens.* Goldmann Verlag, München 1987, S. 260-287.

- Yin, Yang und die Drachenenergie. In: *Ethnopsychologische Mitteilungen*, 1987 (2), S. 109-145.

- When Insanity is a Blessing: The Message of Shamanism. In: Grof, Stanislav and Christiana (Hrsg.): *Spiritual Emergency. When Personal Transformation Becomes a Crisis.* Los Angeles, S. 77-97, 1989.

- Schamanische Psychotherapie. In: Zundel, Edith und Bernd Fittkau (Hrsg.), *Spirituelle Wege der Transpersonalen Psychotherapie*, Paderborn, 1989, S. 33-41.

- Lightening Shamans. *Jahrbuch für Ethnomedizin und Bewußtseinsforschung,* 1994, 3: 161-169.

- Schamanische Trance und die Theorie des Bewußtseinskontinuums. In: *Jahrbuch fürTranskulturelle Medizin und Psychotherapie.* Hrsg. R. van Quekelberghe & D. Eigner, 1994: 17-41.

- Der Sitz der Seele in traditionellen Kosmologien. *Ethnopsychologische Mitteilungen*, 1995, 4, 1: 37-71.

- Urschamanen und das Goldene Zeitalter. *Curare. Zeitschrift für Ethnomedizin,* (1995) 18, 1: 153-160.

- und A. Schenk: Der Doppelkörper als Grundlage der Trance in der tibetischen Psychologie. *Curare. Zeitschrift für Ethnomedizin* 18 (1995) 2: 467-496.

- Übertragung der Lebensenergie bei tibetischen Schamanen. *Ethnopsychologische Schriften* (Hrsg. R. v. Quekelberghe) Landau 1997, S. 25-52.

- Schamanische Energie-Ökologie: Das Bündnis von Seelen- und Naturfeld. In: Gottwald/Rätsch: *Schamanische Wissenschaften.* Diederichs Verlag, München 1998. S. 96-120.

- Dunkeltherapie. Eine traditionelle Selbstbefreiungsmethode und ihre Verwendung in der modernen Praxis. In: *Curare.* Ethnotherapien. Verlag für Wissenschaft und Bildung. Hrsg. C. E. Gottschalk-Batschkus & Ch. Rätsch S. 223-227, 1998.

- Der Schamane im Kraftfeld von Geist, Energie und Natur. In: Was ist ein Schamane? Schamanen, Heiler, Medizinleute im Spiegel westlichen Denkens. *Curare. Zeitschrift für Ethnomedizin.* Verlag für Wissenschaft und Bildung, Berlin. Hrsg. von Amélie Schenk & Christian Rätsch, Sonderband 13/1999. S. 43-60.

- Auf der Suche nach Heilung in der Unterwelt. Der Fjölswinngesang der germanische Lieder-Edda als Anweisung zu gesundheitlicher Ganzheit. In: *Jahrbuch für Transkulturelle Medizin und Psychotherapie* 1998/99, Verlag für Wissenschaft und Bildung, Berlin. Hrsg. von Stanley Krippner & Holger Kalweit, S. 175-206.

- mit Amélie Schenk: Schamanische Heilung durch Reisen ins Totenreich. In: *Jahrbuch für Transkulturelle Medizin und Psychotherapie* 1998/99, Verlag für Wissenschaft und Bildung, Berlin. Hrsg. von Stanley Krippner & Holger Kalweit, S. 103-124.

- Das Totenbuch der Germanen. Die Edda - die Wurzeln eines wilden Volkes. AT-Verlag, Aarau 2001.

- Das Totenbuch der Kelten. Das Bündnis zwischen Anderswelt und Erde. AT-Verlag, Aarau Herbst 2002.

- Vom Schamanentum zur modernen Naturtherapie. In: *Handbuch der Ethnotherapien.* Hrsg. C. E. Gottschalk-Batschkus und Joy C. Green. S. 37-45. München 2002.

- Die Anderswelt der Kelten: In: Felix von Bonin (Hrsg.) *Schamanismus und Märchen*, Param Verlag, Ahlerstedt 2003, S. 69-80.

- Naturtherapie. Meine Initiationsreise zur Erdmutter. Arun Verlag, Uhlstädt-Kirchhasel 2004.

- Dunkeltherapie. Vision des inneren Lichts. KOHA Verlag, Burgrain. 2004.

- Der Stoff, aus dem die Seelen sind. KOHA-Verlag, Burgrain. Herbst 2004

- Liebe und Tod jenseits der Zeit. KOHA-Verlag, Burgrain 2005

- Platons Totenbuch. Eminent Verlag, Prag 2005.

Holger Kalweit
Naturtherapie
Initiationsreise zur Erdmutter

Wenn wir wieder in die Wälder gehen, werden wir zittern vor Kälte und Furcht. Doch wir werden Dinge erleben, so daß wir uns selbst nicht mehr kennen; kühles wahres Leben wird sich auf uns stürzen und Leidenschaft wir unseren Körper mit Kraft erfüllen. Mit neuer Kraft werden wir aufstampfen, und alles Alte wird abfallen. Wir werden lachen, und Gesetze werden sich kräuseln wir verbranntes Papier.

– D. H. Lawrence –

192 S., 26 Abb., 17 x 24 cm, Broschur
ISBN 3-935581-48-3
€ 14,95 / 26,90 sFr

Bill Plotkin
Soulcraft
Die Mysterien von Natur und Seele

Soulcraft beschreibt ein breites Spektrum an Ritualen, die zusammen mit intensiven, teils archaischen Naturerlebnissen initiatisch wirken. Bill Plotkin zeigt dem Leser, wie er das Wilde tief in seiner Seele befreien kann, ohne dabei selbst wild zu werden.

Das Buch ist wie eine Reise über die Pfade des Unterbewusstseins, mit dem Herz eines Schamanen unter Nutzung der Kraft der Mythen, eingebunden in die Psychologie C.G. Jungs. Es richtet sich an alle, die auf der Suche nach Techniken zur Befreiung der wilden Seelenanteile sind.

368 S., 17 x 24 cm, Broschur
ISBN 3-935581-76-9
22,00 / 38,60 sFr

Reinhold Hermann Schäfer
MännerQuest
Die Reise ins Herz des Mannes

Reinhold Schäfer entwickelt entlang seiner Autobiografie (Alkoholabhängigkeit, Männerbewegung, etc.) das Konzept einer initiatischen MännerQuest.

Seine Kompetenz auf dem Gebiet der Sucht, des Theaters und der Rituale ist ein tragfähiger Boden für die Unterstützung von Männern.

Anhand der Übungen kann der Leser selbst seine verborgenen und verbogenen Seiten entdecken und den ersten Schritt des Weges wagen – hin zu einem neuen kraft- und gefühlvollen Mann.

Ein Praxisbuch für Männer, die die Reise ins eigene Herz wagen wollen!

256 Seiten, A5, Broschur,
ISBN 3-927940-93-3
15,50 / 27,70 sFr